Paixão de primavera

Copyright by © Petit Editora e Distribuidora Ltda., 2011-2024

7-08-24-100-27.800

Coordenação editorial: **Ronaldo A. Sperdutti**

Assistente editorial: **Renata Curi**

Capa: **Danielle Joanes**

Imagem da capa: **Nobilior e Rssfhs / Dreamstime.com**

Projeto gráfico e editoração: **Ricardo Brito / Designdolivro.com**

Preparação: **Ivânia Paula Leite Barros de Almeida**

Revisão: **Maiara Gouveia**

Impressão: **Renovagraf**

Dados Internacionais de Catalogação na Publicação (CIP)
(Câmara Brasileira do Livro, SP, Brasil)

Tolstói, Leon (Espírito).
Paixão de primavera / ditado pelo Espírito Leon Tolstói ;
psicografado pela médium Célia Xavier de Camargo. – São Paulo :
Petit, 2011.

ISBN 978-85-7253-196-2

1. Espiritismo   2. Psicografia   3. Romance espírita   I. Camargo,
Célia Xavier de.   II. Título.

11-05734   CDD: 133.9

Índices para catálogo sistemático:
1. Romance espírita : Espiritismo   133.9

Direitos autorais reservados.

É proibida a reprodução total ou parcial, de qualquer forma
ou por qualquer meio, salvo com autorização da Editora.

(Lei nº 9.610, de 19 de fevereiro de 1998)

Traduções somente com autorização por escrito da Editora.

Impresso no Brasil.

Prezado(a) leitor(a),

Caso encontre neste livro alguma parte que acredita que vai interessar ou mesmo
ajudar outras pessoas e decida distribuí-la por meio da internet ou outro meio,
nunca deixe de mencionar a fonte, pois assim estará preservando os direitos do
autor e, consequentemente, contribuindo para uma ótima divulgação do livro.

Paixão de Primavera

Ditado pelo Espírito
Leon Tolstói

Psicografado pela médium
Célia Xavier de Camargo

Av. Porto Ferreira, 1031 – Parque Iracema
CEP 15809-020 – Catanduva-SP
17 3531.4444
www.petit.com.br | petit@petit.com.br
www.boanova.net | boanova@boanova.net

Palavras do autor espiritual

PAZ EM JESUS!

A conclusão de uma obra é sempre gratificante, por representar o coroamento de um esforço intenso e exaustivo, longamente acalentado. Por isso, sinto-me deveras grato pela oportunidade que me foi concedida por Deus de realizar mais este trabalho com a colaboração da médium.

Parte da história que narrei foi extraída de minhas lembranças, quando ainda habitante do planeta; de outra parte, só tive acesso após o meu retorno à Vida Maior. Na sequência, por ventura, me foi permitido, assessorado por generosos benfeitores espirituais, auxiliar as personagens envolvidas para um melhor aproveitamento da existência terrena.

O drama narrado passa-se no século 19, em que as dificuldades eram imensas, tanto materiais quanto espirituais, especialmente para um grupo de Espíritos encarnados numa das aldeias dos montes Urais, muito distantes de qualquer área geográfica que consideramos civilizada.

Não obstante, as luzes do Alto jorram sobre o mundo pela presença maciça dos Espíritos do Senhor, que procuram chamar a atenção para a existência de outro mundo, o espiritual, que todos, após a morte, irão encontrar. Provocando fenômenos de efeitos físicos simples, toscos, grosseiros, mas que representam a porta de acesso ao conhecimento dessa outra realidade, que viria para modificar a humanidade encarnada em todo o nosso planeta Terra.

Assim, em 18 de abril de 1857, em Paris, foi lançada a primeira edição de *O Livro dos Espíritos*, que sintetiza a doutrina trazida pelos Espíritos Superiores, admiravelmente codificada por Allan Kardec, pseudônimo adotado pelo insigne professor Hippolyte Leon Denizard Rivail, e com o qual passou a ser mundialmente conhecido.

Essa obra veio revolucionar o mundo, estabelecendo os princípios da Doutrina Espírita e constituindo uma verdadeira ponte de luz ligando o Céu à Terra.

Algumas personagens puderam beneficiar-se dos esclarecimentos que a plêiade do Espírito de Verdade verteu sobre o planeta, fazendo luz sobre a imortalidade da alma, que preexiste e sobrevive à morte física; a existência do mundo espiritual, como uma consequência lógica desse princípio; a lei da reencarnação ou existências sucessivas, que auxilia na compreensão da Justiça Divina; a lei de causa e efeito, a que todos os seres estão sujeitos e que permite entender o porquê do sofrimento e da ventura, das diferenças individuais, intelectuais e morais existentes entre as pessoas.

Espero que a história aqui narrada possa calar fundo em todos os corações e mentes. Àqueles que dela vierem a tomar conhecimento, espero também possam convencer-se de que cada um colhe o que semeia. Ninguém será feliz se não der felicidade aos outros. Os erros são importantes na medida em que aprendemos com eles a não gerarmos novos sofrimentos para nós próprios.

Com as experiências, vamos descobrindo que o amor é nossa única via de acesso à felicidade que buscamos com tanto afinco. E esse amor terá que passar, fatalmente, pela reconciliação com os adversários e pelo perdão das ofensas. Enquanto não aprendermos essa lição evangélica, estaremos sempre presos ao passado e impedindo que o futuro seja mais cheio de bênçãos.

"O Reino de Deus está dentro de vós", afirma Jesus. E o que significa buscar o Reino de Deus? Significa agir de acordo com os postulados evangélicos.

E Jesus vai mais longe, esclarecendo-nos que, para atingirmos a perfeição, é imprescindível amar os nossos inimigos, fazer o bem aos que nos odeiam e orar pelos que nos perseguem e caluniam.

Neste ano de 2010, que marca a passagem do centenário do meu retorno à Verdadeira Vida, ocorrido em 9 de novembro de 1910, entrego esta obra aos possíveis leitores, ajoelhando-me espiritualmente para agradecer a bênção da oportunidade de servir.

Que o Senhor nos ilumine sempre,

Leon Tolstay (LEON TOLSTÓI)

ROLÂNDIA (PR), DEZEMBRO DE 2010

Sumário

1. Retorno da primavera, 11

2. Os cossacos, 23

3. O rapto, 33

4. No encalço dos cossacos, 45

5. No acampamento, 57

6. Maus presságios, 67

7. Novos amigos, 81

8. Em Moscou, 95

9. Madame Trussot, 107

10. Sonhando com a liberdade, 117

11. A fuga, 129

12. Novos rumos, 141

13. Nos cortiços de Moscou, 153

14. Gregory Fiodorovitch, 167

15. A visita, 179

16. Em busca de informações, 191

17. Decisão, 203

18. A longa viagem, 213

19. Novas esperanças, 225

20. Dimitri Alexeievitch, 237

21. Chegando ao destino, 249

22. Reencontro, 263

23. Explicações necessárias, 277

24. Na aldeia, 291

25. A caçada, 301

26. Consequências, 313

27. Tudo se resolve, 325

28. A chegada da primavera, 341

Epílogo, 355

CAPÍTULO UM

Retorno da primavera

O INVERNO RIGOROSO terminara, e a temperatura já se fazia mais amena. Os dias escuros e carregados, as tempestades de neve, que impedia a todos de sair, obrigando-os a se manter dentro das *isbas*[1], aquecidos pelo fogo da lareira, ficaram para trás. Sob os raios de sol, a neve derretia, caindo em gotículas e formando poças no início, depois, filetes de água, e, em seguida, um riacho, que corria rumorejante entre as pedras, no solo rochoso.

A terra cobria-se de gramíneas verdejantes, e os campos coloriam-se de flores de tonalidades variadas; as árvores, de galhos escuros e ressequidos, voltavam a florescer, repletos de vida. Essa cascata de luzes, num prenúncio de primavera, trazia a esperança de dias melhores e mais felizes. Pequenos animais atreviam-se a sair de suas tocas e esconderijos, aquecendo-se ao sol da manhã.

---

1. Pequena casa de madeira, geralmente de pinho, muito comum na Rússia.

Ao fundo, contrastando com o céu muito azul, os Urais, imponentes e intocáveis, deixavam-se ver à distância, cobertos de neve, numa paisagem belíssima e impressionante. Ao longe, o sol, incidindo nas ravinas, criava brilhos e sombras, permitindo visualizar cascatas iluminadas, como luzes a despencar das alturas, formadas do gelo que derretia.

Ainda fazia muito frio. Naquela manhã, na pequena vila de mujiques[2], os moradores saíam de suas *isbas*, animados e satisfeitos. Deixando as indumentárias mais pesadas e escuras, vestiam-se agora com roupas mais leves e coloridas. Os homens trajavam calças largas, amarradas na cintura e presas nos tornozelos; camisas abertas, sem gola, debaixo de casacos de lã; usavam botinas de couro, e, cobrindo a cabeça, um pequeno barrete. As mulheres vestiam saias rodadas, de cores vibrantes, blusas brancas de mangas compridas, sobre as quais colocavam grande xale franjado, sobre a cabeça e as costas, jogando-se um dos lados sobre o ombro; nos pés, calçados de couro grosseiro e resistente.

Na praça do vilarejo, que consistia apenas de um terreno limpo rodeado pelas *isbas*, semanalmente uma pequena feira agitava os habitantes. Durante o inverno, tudo era mais difícil e raro; mas agora, com dias melhores, voltavam a realizá-la.

As bancas, rústicas, restringiam-se a uma mesa pequena, onde eram expostos os produtos. Estes também podiam simplesmente ser colocados no chão, sobre uma toalha, e cada um oferecia o que tinha de melhor, fosse para vender ou para trocar. Havia frutas secas, castanhas, carnes, cereais, peixes salgados, pães, bolos e guloseimas, que atraíam especialmente as crianças, mas também roupas, calçados, ferramentas e outros produtos.

Como a vida social no vilarejo era bastante restrita, essa era a ocasião em que os moradores, reunindo-se, aproveitavam para conversar, saber das novidades, falar dos negócios, contar anedotas. Riam de tudo e de nada. Sentiam-se felizes, apenas.

---

2. Camponês russo considerado escravo, mas libertado, oficialmente, em 1861.

Naquela manhã, Macha também saiu de casa para ir à feira. Levava uma cesta de fibra trançada, acompanhada pela filha, Ludmila.

De braços dados caminhavam pela vila, rumo à praça. À passagem delas, todos se voltavam, admirados, para contemplar a graciosa Ludmila.

Jovem de apenas catorze anos, Ludmila, ou Mila, para os mais íntimos, atraía a atenção de todos por sua beleza e graça. Seu rosto era pequeno, delicado, a pele clara e acetinada; os olhos, escuros e amendoados, eram recobertos por longos cílios; o nariz, pequeno e benfeito, e a boca, vermelha como as romãs, era delicada e de contornos voluptuosos. Emoldurando o conjunto, uma massa de sedosos e longos cabelos negros, e, sustentando a cabeça soberba, um pescoço de cisne. Quando andava, seu corpo esguio parecia o de uma rainha, pelo porte e elegância naturais. Tudo isso, porém, que as outras pessoas notavam, passava-lhe completamente despercebido, uma vez que não se dava conta da profunda impressão que causava nelas. Quando alguém perguntava à mãe de Ludmila quem ensinara a ela tais maneiras, pois mais parecia uma princesa, a contrastar com o jeito rude das pessoas da vila, Macha respondia que eram naturais da filha, que sempre fora assim. Macha e o marido, pessoas do campo, sem qualquer instrução, não tiveram condições de orientá-la, e alguém que pudesse fazê-lo jamais se aproximara da menina. No fundo, as atitudes de Ludmila causavam espanto até mesmo na mãe e em Boris, seu esposo. Ninguém sabia explicar.

Ao chegarem à feira, foram envolvidas pelos amigos. Dimitri Alexeievitch, um jovem interessado na bela Ludmila, aproximou-se, gentil:

– Bons-dias! Como têm passado? Boris não veio?

– Bom dia, Dimitri! Boris está aproveitando a ocasião para plantar nabos. O tempo está excelente.

– Sem dúvida, Macha. Irão participar das festividades, à noite?

– Sim, certamente. Não poderíamos faltar. Ludmila só fala nisso!

A moça, tímida, baixou a cabeça, encabulada, e o rapaz corou de satisfação.

Na verdade, a família de Ludmila fazia gosto nesse interesse do rapaz pela filha. Dimitri era bom moço, trabalhador, honesto e filho dedicado; enfim, não havia partido melhor naquela região. Seguramente, se viessem a casar-se, Ludmila seria muito feliz com ele.

A jovem, porém, mantinha-se retraída, sem dar-lhe muitas esperanças. Quando Dimitri afastou-se, atendendo ao chamado do pai, Ludmila acompanhou-o com os olhos. Sim, tinha que admitir, ele era um rapaz bonito, gentil, tinha um lindo sorriso e era seu amigo desde a infância. Mas só isso. Ela não o amava, como não amava homem algum. Porém, resignada, conformava-se, pensando que acabaria por casar-se com ele. Com quem mais? Todos os outros moços do vilarejo, conquanto amigos, eram feios, sem graça, rudes, e ela nunca iria interessar-se por nenhum deles. Assim pensando, começara a olhar para Dimitri como seu futuro noivo. Pelo interesse dele em saber se compareceriam à festa, logo mais à noite, e o olhar com que ele a envolveu, notou que havia algo mais no ar. Talvez fosse até pedi-la em casamento! Quem sabe?

Ludmila suspirou, desalentada. Não era o que sonhara para sua vida, mas que fazer?

Alguém se aproximou de Macha:

– Correm boatos de que foram vistos guerreiros cossacos[3] passando pelas aldeias vizinhas e dizem até que estão acampados

---

3. "População da Rússia (região do Don, Norte do Cáucaso, Urais e Sibéria) e Ucrânia. Comunidades de camponeses livres instalados (século 15) nas estepes da Rússia meridional. Subjugados pelos russos em 1654, perderam a autonomia no século 18. Hostis ao poder soviético, foram dizimados na década de 1930. Foram oficialmente reabilitados em 1992" – (*Dicionário Enciclopédico Ilustrado Larousse*, 2007.)

aqui por perto. Será que Boris viu alguma coisa, algum movimento suspeito?

Surpresa, a boa mulher pensou um pouco e respondeu:

– Ignoro. No entanto, creio que Boris, se tivesse visto algo estranho perto da nossa casa, teria me alertado.

– Pode ser – insistiu o outro. – Sendo assim, não deixe de avisá-lo. Boris deve ficar de sobreaviso. Se realmente existem estranhos nas imediações da vila, precisamos ficar atentos. Não sabemos suas intenções. Será necessário tomar providências.

– Pode deixar. Falarei com meu marido.

Macha e Ludmila fizeram suas compras e logo estavam de volta. Antes de entrar em casa, encontraram Boris, que retornava da pequena plantação, todo sujo, mas contente pelo trabalho realizado.

Macha relatou-lhe o que ficara sabendo na feira e ele a tranquilizou:

– Acalme-se, mulher. Andei por aí e não vi ninguém, muito menos estranhos. Vamos entrar. Estou com fome.

– A refeição não tarda. Deixei tudo adiantado, é só esquentar. Vá se lavar que, enquanto isso, eu termino e coloco a panela na mesa.

Enquanto atiçava o fogo, ela se lembrava da recomendação que ouvira e, sem saber por que, uma sensação de perigo invadiu-a no peito. "Bobagem!", pensou, procurando esquecer o assunto.

Sentaram-se os três para a refeição que, muito simples, constava de um cozido de legumes, pão, leite e queijo de cabra.

– Boris, hoje à noite terá festa na aldeia. Não podemos faltar – disse Macha, lançando um olhar curioso para ver a reação da filha.

Mergulhado no prato de comida, ele apenas rosnou, o que Macha alegremente interpretou como um sim. Animada com o rumo dos acontecimentos, ela considerou, cortando um naco de pão:

– Encontramos Dimitri Alexeievitch. Acho até que ele nos fará uma surpresa esta noite.

– Que surpresa, mulher? – indagou, levantando a cara do prato e mantendo suspenso o braço com a colher.

A esposa deu uma risadinha. Ela era de pele bem clara, e seu rosto gordo e rosado ficou ainda mais corado de satisfação.

– Isso eu não sei. Vamos aguardar – disse, revirando os olhinhos.

– Você sabe de alguma coisa, filha? – questionou o pai.

– Não, meu pai. Não sei de nada – disse Ludmila, baixando a cabeça.

– Então, vamos comer em paz – resmungou, compreendendo que a mulher escondia algo, o que o deixava sempre incomodado.

Na verdade, Macha fazia gosto no casamento entre sua Ludmila e Dimitri Alexeievitch porque ele era o melhor partido da aldeia e filho de Alexei Grotienko, intendente do proprietário daquelas terras, que gozava de muito prestígio. Era Alexei quem resolvia todos os problemas da propriedade, visto que o *barine*[4], Conde Konstantin Kamerovitch, raramente visitava seus domínios, preferindo a agitação da corte. Podia ser encontrado ora em Moscou, ora em São Petersburgo, pois tinha residência nas duas cidades.

Cercada de carvalhos e de plátanos, em meio a um lindo gramado, erguia-se a grande mansão do conde. Não poderia dizer que fosse bonita, com seus tijolos vermelhos e suas paredes retas, mas era uma construção sólida e imponente, quase como uma fortaleza, construída no século 16, por um ancestral preocupado com ataques de bandoleiros, que a cercara com alto muro e um grande portão de ferro. Ladeando o portão, duas grandes tochas faziam a iluminação à noite.

O conde era um *bon vivant*, deixava tudo a cargo de seu intendente, que residia numa casa aos fundos da mansão. E, somente preocupado com as rendas que recebia por ocasião das

---

4. Senhor.

colheitas, permitia a seus mujiques, ao contrário de outros proprietários, terem as próprias plantações de verduras e legumes e até criação de pequenos animais, como porcos, galinhas e cabras. Diga-se de passagem, essa maneira de agir era diferente para a época, tendo em vista que, apesar de oficialmente extinta a escravidão na Rússia, em 1861, os mujiques ainda eram considerados verdadeiros escravos até aquela data.

Assim, eles trabalhavam nas *deciatines*[5] de trigo, aveia e cevada, que se estendiam por grandes acres de terra, mas também podiam cultivar suas hortas, de onde tiravam o alimento. Tudo o mais ficava a cargo de Alexei.

Lá pelo meio da tarde, trajados com suas melhores roupas, Boris Moriskov e a família tomaram o rumo da vila, encontrando outros habitantes das redondezas, que também se dirigiam à praça. Conversando animadamente, fizeram o resto do trajeto. Macha levara uma cesta de pãezinhos doces, recheados com geleia de maçã, apreciados por todos. Armavam uma grande mesa no centro da praça, e, ali, cada um que chegava ia colocando suas oferendas e quitutes.

Nessas ocasiões, era costume cada família trazer um prato diferente, para comemorar a chegada da primavera.

A noite ainda não chegara, mas a praça já estava cheia de gente. O vento parara de soprar. Fazia muito frio, mas estavam acostumados e ninguém se incomodava. Ao anoitecer, acenderam duas fogueiras, que iluminavam tudo ao redor, lançando reflexos avermelhados e aquecendo o ambiente.

Os músicos acomodaram-se e começaram a tocar, alegrando a noite e contagiando ainda mais o povo; as danças não se fizeram esperar. Cantaram, dançaram, comeram e beberam, enquanto as crianças brincavam.

A certa altura da festa, as moças da aldeia começaram a se apresentar, dançando para a assistência. Chegou o momento em que pediram à Ludmila que dançasse. A jovem, sempre tímida,

---

5. Medida agrária russa que vale mais de um hectare.

corando de vergonha, sem poder esquivar-se, dirigiu-se ao centro da roda. Os músicos começaram a tocar, e todas as atenções fixaram-se nela. Trêmula, ela fechou os olhos, para não ver nada à sua volta, e principiou a dançar; logo aos primeiros passos, a delicadeza dos gestos, a expressão do rosto, os movimentos sinuosos encantaram a plateia; aos poucos, ela foi se soltando e se deixando dominar pela música e pelo prazer da dança. A melodia, lenta a princípio, sincopada, ficou cada vez mais agitada e voluptuosa, sensual. Aos poucos, acompanhando a música cada vez mais alta, mais acelerada, mais exigente, a flama ardente que existia em Ludmila expressava-se em giros e volteios, e ela, com as mãos segurando delicadamente a barra da saia, deixava à vista as botinas, até finalizar, na ponta dos pés, com os braços levantados.

Aplausos e gritos de admiração surgiram de todos os lados.

Após a dança, como se voltasse a ser ela mesma, Ludmila foi sentar-se junto da mãe, tímida e insegura.

Ninguém se dera conta de que, em silêncio, um bando de guerreiros cossacos havia se aproximado do vilarejo. Evitando que os cavalos fizessem ruído, calados, entraram na vila e acercaram-se da praça, atraídos pelas fogueiras que podiam ser vistas à distância, pelo som da música e pelo vozerio alegre.

Chegaram justamente no momento em que Ludmila foi convidada a dançar. O chefe fez um gesto e todos estacaram, em respeitoso silêncio. Acobertados pelas sombras, visto que na noite escura apenas as estrelas brilhavam no firmamento, eles viam perfeitamente o que se passava na praça, à luz das fogueiras, apesar de ninguém conseguir vê-los.

Quando a dança terminou, eles estavam extasiados. O chefe do grupo aproximou-se em seu cavalo, lentamente. Ao chegar mais perto, o animal relinchou, alertando os aldeões. Foi visto por um dos moradores, que se pôs a gritar, gerando pânico nos demais.

– Socorro! Alerta! Estamos sendo invadidos!

Com um sorriso e um gesto de paz, o líder dirigiu-se ao povo, que já se pusera de pé, alarmado:

– Calma! Não se assustem. Não desejamos fazer mal a ninguém. Temos fome. Precisamos apenas comer alguma coisa.

Apeou lentamente do cavalo, sem fazer gestos bruscos, com tranquilidade. À medida que ele falava, os demais guerreiros se aproximaram, apeando também.

– Se vêm em paz, sejam bem-vindos – disse Alexei Grotienko, pai de Dimitri, o homem mais influente da vila. – Sirvam-lhes!

Os aldeões se apressaram a oferecer-lhes o que tinham: carne assada, pães, doces, tortas, frutas e *kvass*[6].

O grupo, constituído de duas dezenas de guerreiros, sentou-se e pôs-se a comer com voracidade. O silêncio era absoluto. Os moradores olhavam fixamente para os estranhos, sem saber que atitude tomar, paralisados, sem ação. O chefe, percebendo os olhares arregalados sobre eles e o clima de consternação geral, tirou uma perna de ave da boca e, apesar da voz máscula e forte, dirigiu-se aos músicos de forma amistosa:

– Por favor, voltem a tocar. Não tivemos a intenção de estragar a festa.

Os músicos trocaram um olhares entre si. Diante do pedido, que mais parecia uma ordem, recomeçaram a tocar, temerosos. Para colocá-los mais à vontade, o chefe puxou conversa com um dos presentes. Aos poucos, o ambiente, já mais calmo, voltou a se animar.

Após comer e beber, dando-se por satisfeito, o chefe levantou-se, dirigindo-se para onde estava a família de Boris. Inclinou-se perante eles e disse:

– Desejo prestar minhas homenagens à linda donzela que dançava quando aqui chegamos.

Retirando um broche de rubis que prendia seu manto, estendeu a mão à Ludmila, que não sabia o que fazer.

Ao ver o chefe dos cossacos, que se levantara e se dirigira à família de Boris, os demais pararam de conversar, curiosos para ver o que aconteceria.

---

6. Bebida fermentada feita de centeio e lúpulo, usada na Rússia.

– Pegue-o. É seu. Um humilde agradecimento pelos belos momentos que nos proporcionou com sua dança – insistiu o cossaco.

Boris fez um gesto de assentimento, e Ludmila pegou o broche, agradecendo com uma ligeira inclinação de cabeça. Estava tão apavorada que não conseguia falar.

Sem cerimônia, o estranho sentou-se na relva, ao lado deles, e indagou:

– Como é seu nome, bela jovem?

– Ludmila, senhor.

Pela primeira vez, ouvindo-lhe a voz, ele se encantou como se tocado em suas fibras mais profundas. Depois, lembrando que ainda não se apresentara, desculpou-se:

– Perdoem-me a indelicadeza. Sou George Vanilevitch, mas todos me conhecem por Yuri. Eu e meus homens não comíamos há dois dias e duas noites. Não somos violentos. Viemos de uma região próxima de Omsk[7], onde estávamos combatendo inimigos de nosso povo, apenas respondendo às agressões e defendendo nossas terras.

Yuri Vanilevitch dirigiu-se a Alexei Grotienko, solicitando:

– Somos gratos pela comida e pela bebida. Contudo, ainda precisamos de mais uma gentileza. Poderíamos pernoitar nas imediações? Viajamos muito, estamos exaustos e, se nos permitirem, em qualquer lugar montaremos nossas tendas e amanhã mesmo iremos embora.

O intendente trocou olhar com os homens da vila, que cochicharam entre si. Depois, fizeram um gesto afirmativo com a cabeça. Mesmo sem ter escutado o que os aldeões conversaram, Alexei sabia o que refletiam: se os cossacos estavam bem armados, se eram homens acostumados a guerrear e tinham fama de ferozes, de que modo eles, gente pacífica, poderiam resistir-lhes? Então, dirigiu-se ao chefe:

---

7. Cidade da Rússia localizada na Sibéria Ocidental.

Paixão de Primavera

– Yuri Vanilevitch, tem nossa permissão para pernoitar com seus homens em nosso território. Existe um local, aqui perto, onde poderão montar as tendas. Venha, eu mesmo mostrarei.

Os mujiques, respirando aliviados, sentiam-se satisfeitos por resolver, em paz, essa questão tão delicada. Sentaram-se em torno das fogueiras, agora mais fracas, quase se apagando, para trocar ideias, sem ânimo de retornar às *isbas*.

CAPÍTULO DOIS

Os cossacos

NAQUELA NOITE, no vilarejo, ninguém conseguiu dormir. Os aldeões permaneceram na praça, calados, sem coragem de falar. De vez em quando, alguém atiçava o fogo, para que não sentissem o frio ainda incômodo apesar da primavera, até que Alexei retornou, um tempo depois, e serenou-os, afirmando que poderiam voltar em paz para suas casas. Tudo estava bem. Os cossacos comprometeram-se a pernoitar e, na manhã seguinte, levantariam acampamento.

Todos se mantiveram em silêncio, pensando. Boris fez-se porta-voz dos demais, perguntando o que estes não tinham coragem de falar:

– Alexei Grotienko, acreditou em Yuri Vanilevitch?

Alexei respirou fundo, abriu os braços num gesto de dúvida e impotência, antes de responder:

– Só nos resta acreditar, Boris. O que mais podemos fazer?

Sentou-se entre eles e se manteve pensativo, como os demais, olhando o fogo que crepitava. Todos estavam em choque. Os fatos recentes vinham modificar completamente suas pacatas existências, assim como a segurança que gozavam na aldeia e na região. Ali todos se conheciam, se estimavam, confiavam uns nos outros; vez por outra, se desentendiam ao beber um pouco mais, porém, no dia seguinte, tudo voltava ao normal. Mas, agora, nada voltaria a ser como antes. A segurança de suas vidas fora quebrada. Sentiam-se fragilizados, invadidos, ameaçados. Tinham dado conta de que hoje fora esse grupo de cossacos, amanhã poderiam ser outros a colocar em risco suas vidas, suas famílias, suas *isbas*. Alexei Grotienko pensou que, ao retornar para casa, deveria escrever uma carta ao Conde Kamerovitch, comunicando-lhe o acontecido e, logo cedinho, despachar um portador para São Petersburgo.

Dimitri, esperto jovem, sugeriu:

– Não podemos ficar aqui sem tomar providências. Eles podem não ter más intenções para conosco, no entanto, não devemos permanecer inertes. Precisamos nos prevenir.

– Dimitri tem razão. O que sugere, filho? – disse Alexei.

– O mínimo que podemos fazer é colocar vigias, meu pai, de modo que, a qualquer movimento suspeito deles, os demais sejam avisados.

Alexei concordou, sugerindo:

– Muito bem. Vamos colocar vigias em pontos estratégicos. Todos concordam?

Diante da anuência geral, voltou a perguntar:

– Quem se apresenta?

Dimitri foi o primeiro a levantar a mão, seguido de Boris, Sergei e Anatole.

– Então, se armem com facas, paus, com o que puderem. Estabeleçam uma senha para alertar os demais. Como Dimitri é o mais jovem e ágil do grupo, ele correrá para dar o aviso. Escolham pontos estratégicos, a uma distância que possam ver o acampamento e, ao mesmo tempo, se manter em segurança. De onde, em caso de perigo, possam contar com tempo suficiente para fugir – recomendou Alexei.

Dimitri, Boris, Sergei e Anatole escolheram como senha o pio do mocho, mais fácil de imitar e que não causaria desconfianças entre os cossacos. Depois, despediram-se dos demais e foram para seus postos.

Nada mais tendo a fazer ali, os mujiques tomaram o rumo de suas *isbas*, porém dispostos a permanecer alerta para proteger suas casas e famílias.

Macha e Ludmila, apoiadas uma na outra, fizeram o trajeto de volta, preocupadas com Boris, que permaneceria de vigia durante toda a noite.

Ao chegarem à *isba*, procuraram fechar bem as portas e as janelas. Precisavam estar preparadas para o caso de um ataque. Macha pegou um facão e colocou-o sob o travesseiro, entregando outro, menor, à filha, que o rejeitou com um gesto de cabeça.

– Não saberia o que fazer com ele, minha mãe.

– É preciso, filha. Guarde-o mesmo assim. Poderá ser útil numa emergência.

A jovem não acreditava em nenhuma violência por parte de Yuri. O coração lhe dizia que o cossaco nada faria contra os moradores da vila. Não desejando discutir com a mãe, docilmente pegou o facão e colocou-o debaixo da cama.

Deitaram-se sem trocar de roupa. Não conseguiam conversar, imersas nas próprias preocupações.

A jovem Ludmila não queria admitir nem para si mesma, porém sentia-se tocada por algo diferente, desde que vira o chefe guerreiro. Sua voz máscula e forte, ao mesmo tempo branda, calou fundo em seu íntimo. Com a presença dele, todo o seu corpo emanava força, segurança e determinação. Em sua mente, ficara gravada a figura dele em tintas indeléveis: o belo semblante, os olhos escuros encimados por grossas sobrancelhas, a boca grande de lábios finos e benfeitos; a cabeleira até o pescoço, com mechas para trás, como se batidas pelo vento; o pescoço firme, os ombros largos.

Ludmila suspirou ao lembrar-se da mão que se estendera para entregar-lhe o broche, mimo que trazia agora apertado contra o peito. A princípio sentira um grande medo na presença dele, mas quando a mão grande e forte tocara a sua, ela experimentou um frêmito de prazer jamais imaginado; seus olhos se cruzaram num relance, o suficiente para que ela soubesse que nunca mais iria esquecê-lo.

Que sentimento seria esse que a tomava de assalto, avassalando-a por inteiro, qual a torrente impetuosa do rio, ou a força do vento que passa nas intempéries, carregando o que encontra pela frente?

Ludmila não tinha coragem de confessar nem para si mesma, mas o pensamento segredava-lhe que estava atraída por ele. Ouvira dizer que o amor arrasta, envolve e deixa a criatura entregue, submissa. Seria isso amor?

Na escuridão do pequeno quarto, sob a manta de lã, segurava o broche bem apertado. Levou a mão até o rosto, sentindo-o quente e corado; acariciou as pedras frias de encontro à face e fez com que a peça de ouro escorregasse até seus lábios, depositando um beijo nela. Corou ainda mais de vergonha. Naquele gesto solitário, teve a sensação de estar beijando o próprio cossaco.

"Meu Deus! O que está acontecendo comigo? Não me reconheço mais. Estou confusa. Como pode um homem que eu vi uma única vez, que não sei quem é, como é, se é confiável, provocar uma reação tão intensa em mim? No entanto, ardo de desejo de vê-lo novamente e, ao mesmo tempo, sinto certa repulsa por ele, desejando que se afaste. Porém, só o fato de pensar que poderei não vê-lo nunca mais, tira-me a razão! Nossa Senhora de Kazan, socorrei-me!"

No acampamento cossaco, a situação não era diferente.

Os guerreiros, agitados pela presença das jovens aldeãs, queriam conversar, trocar ideias e até invadir a aldeia de mujiques, para subjugar todos e carregar as jovens, ébrios de desejo. O chefe Yuri, porém, foi taxativo:

– Dei minha palavra. Respeitaremos a hospitalidade dos aldeões. Amanhã tomaremos nosso rumo. Vamos dormir.

Um dos companheiros de Yuri Vanilevitch questionou-o, após se deitarem lado a lado:

– Notei que ficou impressionado com a beleza da jovem bailadeira, no que lhe dou razão. Jamais vi outra mais bela. Por que não a leva consigo? Roubá-la não deve ser difícil.

Yuri manteve-se em silêncio por alguns instantes, contemplando o manto estrelado, depois disse, em voz quase inaudível:

– É apenas uma criança. Agora, cale-se. Estou exausto e com sono. Tivemos um dia bastante puxado.

O outro silenciou, e Yuri logo percebeu, pelo ressonar, que dormia. Na verdade, ao contrário do que dissera, ele não sentia sono. Desejava ficar só, em silêncio, para poder pensar em tudo o que acontecera naquela noite.

Ao cruzar os braços atrás da cabeça, com os olhos postos no céu, o cossaco só conseguia ver o rosto da jovem Ludmila. Até o cansaço desaparecera. Revia o momento em que entraram no vilarejo e, atraídos pela luz das fogueiras, aproximaram-se da praça, justamente no instante em que a jovem caminhava para o centro da roda e começava a dançar. Na tela da memória, ele a via dançando de novo, ao som da música. Depois, encantado, sentiu desejo de aproximar-se dela. Arrumando um pretexto, lembrou-se do belo broche de ouro e rubis que prendia seu manto. Não teve dúvidas. Retirou-o e, caminhando até onde ela estava com a família, ofereceu-lhe o mimo, como agradecimento pelo momento de prazer que lhes concedera com sua dança. Tímida, ela sequer conseguiu levantar os olhos e fitá-lo. O pai, diante da situação, com um gesto ordenou-lhe que aceitasse e, então, finalmente, ele pôde ter a satisfação de olhá-la nos olhos, ouvir sua voz maviosa e sentir seu perfume de lavanda.

Respirou fundo. "Ah... como gostaria realmente de levá-la comigo!"

Com a imaginação desatada, ele já se via em seu cavalo, cavalgando rápido; aproximava-se dela e arrebatava-a para si, fugindo com ela em seus braços. E ela, ardente de paixão, entregava-se aos seus beijos e às suas carícias. Sentiu-se inflamar. Ao mesmo tempo, pensava: "Nunca experimentei nada igual por mulher nenhuma. O que está acontecendo comigo? Sempre me mantive cavaleiro da situação. Amava as mulheres que se me apresentavam, no ardor da paixão, esquecendo-me delas no momento seguinte. Será isso amor? Se for, estou perdido, porque ela não poderá pegar garupa em meu cavalo e ir comigo, ou mesmo interessar-se por mim. E, ao mesmo tempo em que ela me atrai, que me arrebata de paixão, sinto que não posso confiar nela. Algo me diz que poderá trair-me, tripudiar do meu amor. Mas isso é um absurdo! Por que tais pensamentos invadem minha cabeça? Que bobagem! Sempre fui o mais forte e dominei as mulheres, por que estaria agora preocupado com uma aldeã que mal conheço?"

Virou-se no leito improvisado, puxando ainda mais o manto de lã de carneiro, para cobrir a cabeça, protegendo-a contra a friagem da noite. Depois, resmungou para si mesmo:

— Tolice! Não adianta ficar pensando nela. Preciso dormir e esquecer. Amanhã, conforme prometi, iremos embora e nunca mais a verei.

Ainda muito cedo, Yuri levantou, espreguiçou-se e chamou o amigo que dormia a seu lado:

— Acorde, Féodor, e desperte os demais. É preciso partir. Temos um longo trajeto pela frente.

O outro se ergueu rapidamente, esfregando os olhos. Logo, a agitação tomou conta do acampamento. Nisso, um dos cossacos aproximou-se do chefe:

— Temos um problema, Yuri.
— Sim? O que está acontecendo?
— Venha comigo.

O companheiro o levou até uma carroça, que pendia perigosamente de um lado, e mostrou-lhe uma das rodas, quebrada.

Yuri deu um murro na carroça, praguejando.

– O que faremos, chefe?

– Por aqui deve haver alguém que conserte. Vou falar com Alexei Grotienko.

Ao deixar o acampamento, Yuri tomou o rumo da mansão do conde, à procura de Alexei. A casa ficava do lado oposto, e precisaria atravessar a aldeia.

De repente viu, caminhando ao seu encontro, um vulto conhecido. O coração começou a bater apressado, e uma agitação incomum tomou-o de assalto.

Era Ludmila, que, carregando uma trouxa de roupas, surgia como se fosse uma aparição. Ao vê-lo, a jovem titubeou, também com o coração aos saltos. Assim, à luz do sol, cujos raios incidiam sobre seus cabelos, iluminando-os, estava ainda mais bela.

"Veja se não é nossa bela bailadeira! Que prazer encontrá-la logo cedo" – pensou em dizer, todavia manteve-se mudo, como se inesperada timidez o dominasse.

Ludmila, por sua vez, envergonhada, queria explicar-se, como se o fato de estar ali merecesse uma explicação:

"Vim à vila tão cedo porque precisava levar estas roupas para entregar a Kátia, uma amiga." No entanto, sentia-se travada. As palavras não saíam da boca e só conseguia manter os olhos presos no olhar do cossaco.

Quando se aproximaram mais, Yuri murmurou baixinho:

– Pensei que nunca mais fosse vê-la.

– Eu também. Temia que já tivessem ido embora – balbuciou ela no mesmo tom de voz.

O guerreiro sorriu, enquanto uma agradável sensação de calor espalhava-se por todo o seu corpo. "Então, ela também ficou impressionada comigo..." Tinha vontade de gritar sua alegria, de dizer o que sentia por ela em voz alta, para que todo o Ural soubesse disso e sua voz ressoasse no eco das montanhas.

– Uma das rodas de nossa carroça quebrou – justificou-se ele.

Fitaram-se e, pelo brilho dos olhos e o sorriso radiante de ambos, via-se que estavam felizes. Felizes pelo dia de sol, pelo frio que fazia, por terem se encontrado, por estarem juntos, pela descoberta do amor, até pela roda quebrada da carroça.

Nesse momento, Yuri viu que Alexei aproximava-se em seu cavalo. Certamente vinha conferir se os guerreiros cossacos já tinham partido. Ao vê-lo, junto de Ludmila, estranhou e disse, entre surpreso e incomodado:

— Conforme acertado ontem, Yuri Vanilevitch, vocês deveriam ter deixado a região logo cedo.

— É verdade, Alexei Grotienko. Um problema, contudo, nos impediu. Ia justamente procurá-lo para pedir ajuda, quando encontrei a jovem Ludmila.

— O que aconteceu para precisar novamente da minha ajuda? – retrucou o intendente, contendo a irritação.

— Infelizmente, uma das rodas da nossa carroça quebrou-se. Há alguém pelas imediações que possa consertá-la?

Mais tranquilo, Alexei respondeu:

— Sim, temos um bom homem que pode resolver esse problema. Leve-me até o carroção. Vamos ver o que aconteceu.

Inclinaram-se, num cumprimento dirigido a Ludmila, e afastaram-se rumo ao acampamento cossaco. Observando a carroça, Alexei concluiu que, realmente, precisariam buscar alguém que pudesse deixá-la em condições de rodar. Prontificou-se em mandar-lhe o encarregado desses consertos. Como ele tivera que fazer um serviço numa outra vila, provavelmente só retornaria no dia seguinte.

Nesse meio tempo, praticamente todos os habitantes da aldeia estavam preocupados com a demora, visto que os cossacos, não podendo partir, teriam de permanecer na região. Somente Yuri e Ludmila ficaram felizes com a dificuldade, certos de que o céu estava a favor deles.

Alexei providenciou víveres para os cossacos. Água não era problema, pois a uns quinhentos passos, abaixo do acampamento, corria um rio.

Após o almoço, Ludmila lavava roupas para sua mãe, num riacho que passava no fundo do terreno da casa. Com o degelo, aproveitavam para lavar roupas, visto que no inverno isso não era possível, pois tudo ficava congelado e eram obrigados a aquecer o gelo para derretê-lo. Agora, a água ainda estava bastante fria, mas agradável. Em dado momento, ela percebeu um movimento, como se alguém se aproximasse. Ergueu-se, olhando em torno, atenta. Teve a impressão de que um vulto se escondera, de repente. Assustada, ela iria gritar, quando alguém, por detrás, tapou sua boca:

– Não grite! Sou eu, Yuri.

Ludmila, apavorada, acalmou-se ao ver que era o cossaco. Ele explicou, em voz suplicante:

– Queria vê-la, Ludmila. Não suportava mais sua ausência.

Ao perceber seus olhos mais tranquilos, Yuri retirou a mão que fechava sua boca, e ela pôde respirar melhor:

– Como descobriu nossa casa?

– Conversando com alguém na vila. Fiz um monte de perguntas e acabei encontrando a *isba* de Boris. E aqui estou.

– Não deveria ter vindo. Se meu pai o encontra...

– Ele não saberá. Não é?

Ela baixou a cabeça, tímida. Yuri estava tão próximo que ela podia sentir o calor do corpo dele.

– Veja como está molhada. Suas mãos são duas pedras de gelo! – disse ele, tomando-as entre as suas para aquecê-las.

Somente nesse instante, Ludmila percebeu que se molhara. O cossaco abraçou-a com carinho, tentando transmitir-lhe seu calor. A proximidade dele produzia-lhe uma agradável sensação. De repente, ele ergueu seu rosto e beijou-a nos lábios, palpitantes de amor.

– Mila! – Ela ouviu a voz da mãe que a chamava e despertou daquele devaneio.

– Vá embora! Não pode ficar aqui.

E, soltando-se dos braços dele, correu para casa. Vendo-a ofegante, Macha indagou, surpresa:

– Está tão afogueada! Onde está o cesto de roupas?

– É que ouvi seu chamado, minha mãe, saí correndo e esqueci as roupas. Vou buscá-las.

CAPÍTULO TRÊS

O rapto

LUDMILA CORREU de volta para a margem do riacho, escondendo com dificuldade a alegria. A cesta que deixara permanecia lá, mas o cossaco desaparecera. Acabou de torcer as peças já lavadas e retornou. Estendeu-as no varal e, pegando o cesto vazio, entrou em casa.

A mãe não pôde deixar de notar que a filha se mostrava mais animada, mais satisfeita, mais sorridente.

– O que aconteceu, minha filha?

– Nada, minha mãe. Dormi bem e acordei contente.

A mulher balançou a cabeça, revirando os olhinhos para o alto, e reclamou:

– Pois eu não dormi nada. A presença ameaçadora desses estranhos, tão próximos da aldeia, deixou-me muito preocupada. E se eles nos atacassem, aproveitando-se da escuridão da noite? Ah! Que Nossa Senhora de Kazan nos proteja!

Ludmila sorriu e respondeu com vivacidade:

– Pois eu tinha certeza de que não iria acontecer nada!

– Ah, é? E por quê? Pelos belos olhos do cossaco?

– A senhora também notou? – disse a moça, dando uma risada.

– Me respeite, Mila! Acho que você ficou impressionada com o belo cossaco. Pensa que não vi o olhar que trocaram? Ele ficou fascinado por você, minha filha, mas tenha cuidado. Nada de bom pode vir de um grupo de guerreiros que anda por aí, metido em problemas. Ainda bem que seu pai não percebeu, senão...

– Não se preocupe, mãe. Logo eles partirão e nunca mais os veremos – disse, com voz trêmula.

Ao segurar, a custo, as lágrimas que ameaçavam cair, deu uma desculpa e saiu da cozinha, onde a mãe amassava os pães. Não queria que ela percebesse o quanto estava interessada em Yuri. Sim, e ele também interessado nela.

Deitou-se no leito para, sozinha, dar livre vazão às lembranças. O beijo que ele lhe dera, à beira do riacho, continuava em sua boca. Sentia o calor de sua presença, a barba que roçava sua pele, o cheiro dele, e os lábios que tocaram os seus.

Suspirou de felicidade, corando. Aquele tinha sido o primeiro beijo de toda sua vida! Jamais o esqueceria, mesmo que nunca mais visse o cossaco. A emoção daquele momento ficaria para sempre gravada na mente e no coração.

Macha entrou no quarto da filha e estranhou:

– Deitada a esta hora do dia? – perguntou surpresa, aproximando-se e colocando a mão na testa da filha. – Está com febre! Deve ter-se resfriado, ficando tanto tempo a lavar roupas na água gelada.

– Não é nada, mãezinha. Estou bem. Apenas me deu vontade de descansar um pouco. Não se preocupe.

– Tem certeza? Na dúvida, vou fazer-lhe um chá de melissa e um escalda-pés.

– Aceito o chá, mãe. Quanto ao escalda-pés, não há necessidade.

Macha foi à cozinha e voltou, pouco depois, com uma caneca de chá fumegante, que Ludmila tomou com prazer. Como

Paixão de Primavera

a mãe insistisse para que ela permanecesse deitada, concordou. Tudo o que desejava era ficar quieta e sozinha, para poder pensar em seu amado.

Não teve mais notícias do grupo de cossacos. Naquela noite, seu pai voltou da lida e sentaram-se à mesa para a refeição, que contava com uma sopa de legumes, pão fresco e uma caneca de leite de cabra. Enquanto se servia de sopa, pela segunda vez, o pai comentou, irritado:

– Os estranhos ainda não foram embora.

– Não é possível! Segundo ouvi dizer, uma carroça quebrou. Porém, já deveria ter sido consertada! – desabafou a esposa.

– Pois não foi o que aconteceu. Oskar, sempre tão ágil nesses consertos, não foi visto na aldeia. Foi atender um chamado em outra vila e não voltou! Assim, a carroça continua quebrada, e eles não podem partir.

Ouvindo isso, Ludmila exultou. Baixou a cabeça, aproximando-a mais do prato, para poder rir, sem que os pais notassem.

Macha olhou-a severa:

– Ouviu o que seu pai acabou de contar, Mila?

– Sim, minha mãe.

– Isso significa que você deve permanecer em casa. Não é seguro andar por aí enquanto esses desconhecidos estiverem nas imediações.

– Mas mãezinha, amanhã cedo eu queria ir à casa de minha amiga Sônia!

– Só se for acompanhada por mim ou por seu pai.

– Está bem, mãe. Estou com sono e vou dormir. Boa noite!

– Boa noite, filha!

Ludmila dirigiu-se ao seu quarto e jogou-se no leito. Queria apenas ficar a sós para poder pensar em seu amado, Yuri Vanilevitch.

Por precisar de ar, abriu a pequena janela e ficou a contemplar a noite. Não havia uma nuvem e o firmamento parecia pontilhado de estrelas.

Deitada em seu leito, próximo à janela, ela gostava de contemplar o céu. Com o olhar perdido na imensidão, a jovem refletia sobre quantos lugares diferentes existiriam no mundo. Ouvira falar de outras terras, de cidades grandes e movimentadas, onde a vida era completamente diferente; de lugares lindos, em que as pessoas se vestiam luxuosamente e passeavam em carruagens, belas e felizes. Fazia uma ideia, pelas vezes em que o *barine* conde Kamerovitch visitava seus domínios e trazia a família e alguns convidados.

Nessas ocasiões, dava muitas festas, e em toda a aldeia podia-se ouvir música, e todos se vestiam luxuosamente. Certa vez, quando trouxera muita gente, e o movimento era grande, fora chamada para ajudar a servir e pôde encantar-se com os trajes, as joias e os perfumes que as damas usavam. Comparara tudo com sua vida tão monótona, tão pacata, em que nada acontecia. As mesmas paisagens, tendo por fundo os Urais, o mesmo frio cortante, o mesmo trabalho nas *deciatines*, onde cultivavam o trigo, a aveia, o centeio e a cevada. De repente, o grupo de cossacos chegara para alterar a morna existência dos mujiques daquela vila, acrescentando mais vida e animação.

Por longo tempo, ela ficou ali, lembrando-se do cossaco e do beijo que ele lhe dera, ainda sentindo os lábios dele nos seus, assim como seu calor, sua presença.

De súbito, Ludmila notou um ruído quase inaudível lá fora. Levantou-se e espiou pela janelinha. A noite escura não lhe permitiu ver coisa alguma.

"Deve ser um animalzinho" – pensou. Nisso, ouviu novo ruído e apurou a visão. Queria gritar, chamar o pai, mas não teve tempo. Uma voz sussurrou bem próxima:

– Não se assuste, Ludmila. Sou eu, Yuri.

– Como se atreve? Se meu pai o encontrar aqui vai matá-lo!

– Não se preocupe. Seu pai está dormindo há bom tempo. Daqui de fora, dá para ouvir seus roncos.

Realmente. A moça estava tão acostumada ao ronco do pai que nem se dera conta.

– O que deseja?

– Conversar.

– Não posso.

– O que a impede? Venha para fora e conversaremos!

Ludmila tremia da cabeça aos pés e sentia o coração descompassado dentro do peito, batendo forte. Tinha consciência de que não deveria atender aos seus apelos. Todavia, tudo nela ansiava por estar com ele. Entre a razão e o coração, venceu o último.

– Está bem. Mas só por alguns minutos!

Sem fazer ruído, fechou a janela, calçou os *laptis*[8] e, colocando um grande xale sobre a cabeça, para se proteger do frio, deixou o quarto. Na ponta dos pés, caminhou até a cozinha. Abriu a porta e, imediatamente, dois abraços agarraram-na com paixão.

– Não, Yuri!

– Não me rejeite, Mila! Jamais amei mulher alguma como amo você.

Abraçou-a com loucura, beijou-a nos lábios carnudos. Ludmila sentiu-se também dominar pela paixão e entregou-se a seus beijos.

Quando ele se tornou um pouco mais afoito, ela assustou-se e, desprendendo-se dos braços dele, correu para a *isba*.

– Não fuja, Ludmila! Fique comigo! – murmurava ele.

A jovem, porém, já fechara a porta, apavorada. Deitou-se a tremer, sentindo ainda em seu rosto, em seu pescoço e em sua boca, os beijos do cossaco. Toda a sua pele ardia e seu corpo queimava de paixão por ele.

Naquela noite, Ludmila não conseguiu dormir. O alvorecer de um novo dia encontrou-a insone, cansada e pálida.

Macha notou a mudança que se operara na filha e comentou:

– Mila, desde ontem você não está bem. Vou fazer um escalda-pés. Resfriou-se, com certeza.

---

8. Calçado trançado com uma palha especial, muito usado pelos mujiques.

Fez um chá com algumas ervas curativas que tinha em casa, para essas ocasiões, e, adoçando com mel, entregou-o à filha.

– Beba, filha. Vai fazer-lhe bem.

Docilmente a jovem tomou o chá e voltou para a cama. Naquele dia ela não iria trabalhar com o pai, como de costume.

Mais tarde, ela quis sair de casa para visitar a amiga, mas a mãe não permitiu. E assim, não teve oportunidade de rever o cossaco. Nervosa e, em lágrimas, ela passou o resto do dia ali.

– O que está acontecendo com você, filha? – perguntou a mãe, preocupada.

– Nada, mãe. Estou nervosa, apenas. Não poder sair, ser obrigada a ficar em casa, trancada, irrita-me.

– Você não está trancada, minha filha. Está doente, e, quando se está doente, é preciso guardar repouso. Não se deve sair, para sarar o mais rápido possível.

A jovem estava desesperada. Sentia um medo terrível de pensar que já poderiam ter consertado a carroça, e assim, Yuri já teria ido embora com seus homens.

De tardezinha, Boris chegou da lida. Na hora da refeição, costumavam conversar, e o pai relatava as ocorrências do dia. Era a oportunidade que Ludmila aguardava para saber notícias. Ela, porém, não se atrevia a perguntar, para não demonstrar interesse. A mãe veio em seu socorro, curiosa:

– Boris, os cossacos já foram embora?

O marido meneou a cabeça negativamente, descontente:

– Não. Parece que o problema da carroça é mais sério. Oskar não conseguiu consertá-la.

Ludmila vibrou com a informação. Então, nada estava perdido. Poderia vê-lo ainda, nem que fosse uma última vez!

Naquela noite, cheia de expectativa, ela o esperou. Ouviu um ligeiro toque na madeira da janela e sabia que era ele. Arrumou-se e deixou a *isba*, caindo nos braços do cossaco. Com menos medo, por um tempo mais longo, permaneceram juntos, conversando à beira do riacho.

Paixão de Primavera

– O que será de mim quando você se for? – ela indagou temerosa.

– Acredita mesmo que eu a deixaria aqui? Venha comigo! Não posso mais viver sem sua presença, Mila. Nós nos casaremos na minha terra e seremos felizes juntos. O que a impede?

Ludmila pôs-se a chorar, aflita. Não queria deixar a mãe e o pai, a sua aldeia natal, os amigos...

– Por que não fica aqui comigo, Yuri? Se sua intenção é casar-se, meu pai o aceitará como genro!

– Luz da minha vida! Não entende que não posso ficar? Tenho compromissos assumidos. Preciso voltar para minha terra. Venha comigo! Depois, retornaremos. Seus pais acabarão compreendendo e perdoando.

Entre o desejo de partir com ele e o medo de deixar a família, Ludmila oscilava como um pêndulo. Ao se despedirem, dando-lhe um último beijo, ele disse:

– Pense bem, minha querida. Não teremos muito tempo. Se amanhã estiver resolvido o problema da carroça, não terei mais desculpas para continuar aqui.

Pensativa, Ludmila entrou, deitou-se e não conseguiu adormecer, preocupada com a decisão que precisava tomar. O dia já estava claro quando conseguiu cochilar um pouco. Acordou muito tarde. A mãe preparava o almoço.

– Sente-se melhor, minha filha?

– Não, mãe. Tive dificuldades para dormir.

A mãe, observando-a cuidadosamente, constatou:

– Realmente, não está com bom aspecto. Está abatida, pálida, desanimada. O que há com você, filha?

– Não sei, minha mãe.

Na manhã seguinte, conforme informação de Boris, finalmente os cossacos partiriam. Como Ludmila estivesse bastante agitada, os olhos vermelhos e inchados de tanto chorar, os pais não dormiram, preocupados com ela. Assim, a jovem não pôde encontrar-se com o cossaco.

39

Yuri esteve nas imediações da *isba* de Boris, viu luz acesa durante a noite toda e percebeu logo que algo estava acontecendo. Afastou-se pela madrugada, sem ter conseguido avistar Ludmila. O que estaria ocorrendo?

Na manhã seguinte, todos se dirigiram para o centro da aldeia, desejosos de ver partir os cossacos.

Contra a vontade de seus pais, Ludmila também se preparou e saiu com eles. Ansiosa, queria ver Yuri pela última vez.

Os cossacos desmontaram o acampamento e, montando em seus cavalos, puseram-se em marcha. Como eles teriam de passar pela aldeia, os mujiques ficaram aguardando para vê-los. Lentamente, os guerreiros aproximaram-se da praça e, diante dos moradores reunidos, pararam. À frente, estava o intendente Grotienko. Yuri, inclinando-se, falou solene:

– Alexei Grotienko, eu e meus homens seremos sempre gratos pela acolhida que tivemos nesta aldeia.

– Partam em paz! – respondeu o outro, inclinando-se.

Yuri respirou fundo, espraiando o olhar pela assistência. Procurava alguém. Ao divisar Ludmila junto dos pais, inclinou-se numa reverência, sem desprender os olhos dos dela. Ambos estavam sofrendo. Nada havia a ser feito. Ludmila procurava conter-se, todavia, no semblante, trazia as marcas da luta íntima: a dor da separação, o desespero de não vê-lo nunca mais e, especialmente, o amor que a dominava por inteiro.

Yuri titubeou, amargurado. Em seguida aprumou-se, permanecendo firme. Ergueu o braço e fez um gesto, dando ordem de partir. Lentamente colocou o animal em marcha e os demais o seguiram, tomando o rumo da pequena estrada. Os aldeões os acompanhavam com os olhos, esperando vê-los desaparecer ao longe.

De súbito, porém, quase na saída da aldeia, notaram que os cossacos haviam parado. Alguns segundos se passaram, até que um deles voltou-se e, decidido, esporeando o animal, em desabalada carreira, retornou sobre seus passos. Os mujiques, perplexos, não sabiam o que estava acontecendo, e esperaram. O cavaleiro, que era Yuri Vanilevitch, aproximou-se rapidamente, e os aldeões, ao vê-lo, afastaram-se estupefatos, para não serem atropelados pelo cavalo. Chegando perto e escorregando um pouco pela sela, o cavaleiro abaixou-se de repente e agarrou a jovem Ludmila, que, assustada se pôs a berrar como louca, enquanto o cossaco se afastava com a mesma rapidez. Os moradores, aparvalhados, ficaram parados. Depois, Boris e Macha começaram a gritar, em vão, por ajuda. Tudo foi tão rápido que ninguém pôde fazer nada!

Com Ludmila, que lutava e gritava em seus braços, o cossaco afastou-se a galope, seguido de seus companheiros, que o aclamaram, entusiasmados. Aquele era o chefe que eles conheciam e admiravam!

– Ponha-me no chão, Yuri! Largue-me! Não tem o direito de arrastar-me contra a vontade! Suplico-lhe, deixe-me retornar para minha casa!

Ele não respondia. Mantinha toda sua atenção direcionada para o trajeto que estavam fazendo. Haviam se embrenhado por um caminho, no meio da floresta, e qualquer descuido poderia ser fatal.

Exausta de gritar, de pedir e de chorar, Ludmila acabou desmaiando. Ajeitando-a melhor em seus braços, ele pôde cavalgar com mais tranquilidade.

Com os olhos fixos na estrada, intimamente ele se questionava: "O que me fez decidir no último instante?" Féodor havia dito várias vezes que ele deveria roubá-la, já que a amava. No entanto, ele resistia com firmeza de propósitos, fiel à sua consciência, que lhe dizia que o correto seria respeitar a vontade dela. Naquele último olhar que trocaram, todavia, ele percebera nela um amor tão intenso, o medo de partir e, ao mesmo tempo, o desejo de segui-lo. Não resistiu mais. "Que me importa o resto? Eu a quero para mim e a terei!"

Então estacara e, fazendo meia-volta, iniciara a desenfreada corrida para pegá-la nos braços e partir com ela. "Sem Ludmila a vida não teria mais sentido!"

Quando a jovem acordou, estava acomodada em uma esteira e coberta com uma manta de lã de carneiro. Abriu os olhos e, num primeiro momento, não se lembrou do que tinha acontecido. Era noite. Relanceou o olhar ao redor. À luz de uma fogueira, viu homens em torno dela, comendo; outros andavam de um lado para o outro, ajeitando as coisas. Nisso, sentiu um braço que envolvia sua cabeça e virou-se para trás.

– Yuri?

– Sim, minha querida Ludmila! Sou eu, quem a ama acima de tudo!

– Ah! Sonhava com você... estarei sonhando ainda?

– Não, minha bela! Você não está sonhando.

Ela ergueu o corpo e balbuciou:

– Mas... mas... sonhei que você havia me raptado...

Balançando a cabeça, ele discordou:

– Não é sonho. Realmente eu a raptei. Agora, vamos viver juntos e seremos felizes.

De um pulo, ela colocou-se de pé. Arfava de indignação, de raiva. Os demais pararam o que estavam fazendo ao ouvir seus gritos.

– Então, você teve coragem de raptar-me sem meu consentimento? E meus pais? Com certeza, estão sofrendo agora, sem saber o que aconteceu comigo. Leve-me de volta, já! – ordenou autoritária, batendo o pé no chão.

Os cossacos deram uma gargalhada. Com carinho, Yuri retrucou:

– Agora é impossível, querida. Mas não se inquiete por isso. Logo voltaremos e explicarei tudo a seus pais. No momento, você precisa alimentar-se um pouco. Viajamos muitas horas e...

– Não quero! Leve-me para casa! É uma ordem!

Os cossacos riram novamente. Ele respirou fundo e, com voz pausada, explicou:

– Infelizmente, estamos muito longe da sua aldeia. Viajamos o dia inteiro e estamos cansados. Acalme-se. A noite é boa conselheira. Vamos dormir e amanhã conversaremos.

Ao ver que não conseguiria fugir, com tantos homens a vigiá-la, e, mesmo se o conseguisse, não conhecia a região e não saberia para onde ir, calou-se. Sentou-se e, aceitou um pedaço de pão, um naco de carne e uma caneca de vinho, que ele tinha lhe oferecido.

Reconheceu que estava exausta e faminta. Comeu e sentiu-se melhor; o vinho esquentou-a por dentro. Deitou-se novamente e adormeceu.

CAPÍTULO QUATRO

No encalço dos cossacos

NA ALDEIA, os mujiques estavam arrasados. Cobravam-se mutuamente por terem permitido a permanência dos cossacos em seu território; cobravam de si mesmos por não terem percebido o perigo, não terem sido mais atentos, e, especialmente, cobravam de Alexei Grotienko, que aceitara a permanência deles, acampados nas imediações.

Defendendo-se, o acusado chamava-os à responsabilidade, lembrando-os de que todos haviam sido consultados e concordaram com a decisão, mesmo porque, não havia mais nada a fazer. Se os cossacos quisessem, armados como estavam, guerreiros acostumados a combates, poderiam tê-los exterminado com facilidade, reduzindo a pó toda a vila. O que era absolutamente verdadeiro. Os mujiques, trabalhadores do campo, eram de paz e não tinham armas, somente instrumentos que utilizavam para lavrar a terra. Jamais, portanto, levariam a melhor. Além disso, durante os dias que ali permaneceram, os estranhos sempre se comportaram bem. Eram afáveis, risonhos e brincalhões.

O próprio chefe dos cossacos, Yuri Vanilevitch, sempre se portara de forma cortês e gentil, despertando sentimento de amizade naqueles com quem conversava. Como prever o que acabaria acontecendo?

Reunidos no meio da praça, discutiam o que fazer. As ideias eram desencontradas. Alguns propunham que o proprietário daquelas terras fosse avisado incontinenti.

– Com certeza, eu o farei saber do acontecido – afirmou Alexei. – Porém, o que o *barine* poderá fazer? A nossa mãe Rússia é muito grande! Como saber a direção que eles tomaram?

Outros sugeriam que fosse criado um grupo para partir em perseguição aos cossacos, trazendo a pobre Ludmila de volta, ao que Alexei ponderava:

– Muito justo. No entanto, como fazer isso? Todos somos mujiques e não temos liberdade de andar por aí, viajando por outras terras, mesmo que fosse para encontrar alguém. E, ainda, se o fizéssemos e os encontrássemos, o problema seria o mesmo: não somos guerreiros! Como combater homens fortes e ágeis na luta? Perderíamos a vida, sem conseguir resgatar nossa Ludmila e trazê-la aos braços de seus pais.

Um pouco afastados dos demais, Boris e Macha choravam abraçados, sem coragem de regressar para casa, ouvindo a discussão. Lançando um olhar sobre eles, Sergei perguntou:

– Boris! Macha! O que pensam sobre o assunto?

Os demais se voltaram para o casal, inconformado por ter perdido a única filha. Enxugando os olhos, após alguns instantes, Boris comunicou:

– Se há alguém que precisa tomar uma decisão aqui, sou eu. Estou resolvido a partir em socorro de minha querida Ludmila e não descansarei enquanto não a trouxer de volta para nossa aldeia, sã e salva. Não suporto pensar que minha filha está nas mãos daqueles homens grosseiros e violentos, capazes de qualquer coisa. A cada minuto que passa, ela fica mais longe de nós. Estou decidido a arrumar minhas coisas e partir o quanto antes.

Todos se calaram. Era um pai desesperado, que tinha o direito de defender a filha adorada. Macha, debulhada em lágrimas, gritou:

– Vá, Boris! Vá resgatar nossa filha das mãos daqueles bárbaros! No entanto, aqui dentro do peito, algo me diz que será inútil. Você não voltará com vida e eu terei perdido tudo o que mais amo nesta existência: a filha e o marido.

Os demais, emocionados, ouviram as palavras dela e baixaram a cabeça, sentindo-se impotentes diante da decisão que ele tomara.

Ao erguer-se e dar o braço à mulher, Boris informou:

– Vou levar Macha até nossa *isba*, pegar algumas coisas indispensáveis para uma viagem, depois partirei. Que Nossa Senhora de Kazan nos proteja! Até um dia!

Alexei aproximou-se dele e disse:

– Respeitamos sua decisão. Vá com Deus, Boris! Cuidaremos de sua esposa. Vou até a mansão pegar algum dinheiro, pois você certamente vai precisar, e o levarei até sua casa o mais rapidamente possível.

Em seguida, os demais se despediram de Boris e tomaram o rumo de suas casas. Alexei montou seu cavalo, apressado, tomando o rumo da mansão. Aproximava-se da aristocrática construção quando, à luz das estrelas, viu alguém que caminhava à sua direção. Chegando mais perto, reconheceu um criado da mansão.

– Alexei, trago-lhe um bilhete de Dimitri – informou o rapaz, entregando-lhe um papel.

– Meu filho? O que houve com ele? – perguntou intrigado, ao mesmo tempo em que pegava o bilhete. Abriu-o e leu com dificuldade na escuridão:

"Meu querido pai,
não ignora que sou apaixonado por Ludmila e que já a considerava como minha noiva. Não posso viver sem ela. Vou atrás do bando de cossacos e não voltarei enquanto

não a encontrar para trazê-la de volta, em segurança, para alegria de todos nós, e, especialmente, de seus pais. Não se preocupe comigo. Sei defender-me. Mandarei notícias.

Sua bênção, meu pai.

Dimitri Alexeievitch"

Somente naquele instante, Alexei se deu conta de que não vira Dimitri junto aos demais, quando estavam resolvendo o que fazer. Sabia que o filho tinha uma grande afeição pela jovem Ludmila, mas não pensava que chegasse a tanto.

Com o coração apertado, mas também com imenso orgulho, Alexei compreendeu que ele tomara a decisão que julgava acertada. Então, nada havia a ser feito.

Olhou para o criado que aguardava:

– Quando ele partiu?

– Há mais ou menos uma hora. Pediu que eu lhe entregasse o bilhete somente depois desse prazo.

Ao ouvir aquilo, Alexei entendeu perfeitamente. "Este é o filho que eu conheço. Tomou precauções para não ser detido por ninguém." Dobrou o bilhete, colocando-o na algibeira e olhou para o rapaz:

– Obrigado. Volte para a mansão.

Em seguida, Alexei fez meia-volta e cavalgou em direção à *isba* de Boris. Lá chegando, contou-lhes o que tinha acontecido. Diante da surpresa e da emoção de ambos, ele considerou:

– Agora acalme-se, amigo Boris. Meu filho Dimitri sabe o que faz. É habilidoso com as armas, sabe lutar como ninguém e é muito esperto. Podemos confiar nele.

Agradecido, Boris abraçou o amigo, enquanto Macha, em lágrimas, levantava as mãos para o céu, aliviada, e também agradecida a Dimitri.

Dimitri, cavalgando como se perseguido por mil demônios, vencia as distâncias, sem descanso, sem deter-se. Em meio da mata cerrada, não via perigos nem se incomodava com os ferimentos e arranhaduras causadas pela vegetação. Horas depois, no entanto, houve um momento em que foi obrigado a parar. Seu fiel cavalo não conseguia dar mais um passo, de tão exausto; as pernas tremiam e acabaram dobrando-se ao peso do cavaleiro, caindo no solo.

Diante do obstáculo intransponível, Dimitri resignou-se. Tirou os arreios, deixando o animal à vontade, e deu-lhe de beber um pouco da água que trazia. O importante era deixá-lo descansar. Em seguida, procurou o necessário para fazer uma pequena fogueira para proteger-se de animais noturnos e do frio. Já sentindo o calorzinho gostoso das chamas que crepitavam, abriu o saco de couro de carneiro e tirou um bom pedaço de pão, um naco de carne e queijo, que comeu com vontade. Trazia dois odres, um para água e outro, menor, com *kvass*; abriu-o e tomou alguns goles, o que fez com que se sentisse mais aquecido. Cansado, pegou a manta que trouxera e acomodou-se entre as raízes de um grande carvalho, dormindo em seguida.

Acordou com os ruídos da mata. Na fogueira quase apagada, apenas algumas brasas ainda fumegavam. Era dia, embora os raios de sol não conseguissem penetrar a ramaria das árvores. Olhou em torno e viu que seu cavalo pastava ali perto. Respirou aliviado. Seu fiel companheiro estava bem.

Sabia que deveria ter água nas imediações. Apurou os ouvidos e, acompanhando a depressão do terreno, logo encontrou um riacho de águas mansas e cristalinas. Recolhendo a água gelada nas mãos em concha, bebeu com satisfação, lavou o rosto e reabasteceu o odre de água.

Juntou seus pertences, que ajeitou no animal, e logo estava de novo a cavalgar. Diante de alguma bifurcação do caminho, parava, observava as marcas existentes, os vestígios da passagem do bando de cossacos, depois prosseguia. Assim, descobriu onde tinham parado para pernoitar, pelos restos da fogueira e de comida que encontrou. Como hábil caçador, reconhecia qualquer vestígio, qualquer indício, como importante para atingir seu objetivo, e sabia como ninguém seguir um rastro, pelos sinais que encontrava no trajeto, fosse um ramo de árvore, uma folha quebrada, um pedaço de tecido; enfim, analisava bem tudo o que encontrava e seguia em frente.

Dificultava seu trabalho a rapidez com que o bando de guerreiros viajava. Não obstante, ele seguia no encalço deles, aproximando-se cada vez mais.

Sete dias depois, Dimitri sentia-se eufórico. Sabia que se aproximara tanto de seus inimigos que, a qualquer momento, poderia divisá-los.

Por essa ocasião, já atravessavam uma região diferente e tinham saído das florestas. Apesar de avistar montanhas ao longe, o trajeto tornara-se mais descampado, o que o obrigava a redobrar a vigilância, mantendo maior distância entre ele e os cossacos. Depois de longo percurso nas estepes, aproximaram-se das montanhas, contornando-as.

Em certo momento, ao fazer uma curva, tendo montanha de um lado e precipício do outro, logo à sua frente, a uma distância de uns mil e quinhentos passos, Dimitri viu os cossacos, que cavalgavam mais tranquilos, certamente supondo-se livres de possíveis perseguidores.

Com cuidado, Dimitri fez o animal parar, retornar sobre seus passos, e escondeu-se atrás da curva, pois, se seu cavalo relinchasse ou se um deles olhasse para trás, fatalmente seria visto. Agora, todo cuidado era pouco. Precisava manter uma distância maior.

Então, saindo da estradinha, entrou à esquerda e embrenhou-se pelo mato; caminhou uns duzentos passos, aproximando-se mais da grande parede rochosa. Procurou um lugar seguro e abrigou-se no sopé da montanha. Embora o sol brilhasse num céu sem nuvens, a sombra que o contraforte da montanha produzia tornava o lugar sombrio e gelado. Enquanto o cavalo pastava, acomodou-se. Cansado, Dimitri colocou a mochila sob a cabeça, cobriu-se com a manta, deitou-se e dormiu.

Paixão de Primavera

De repente, acordou assustado. Uma sensação de perigo iminente o fez tentar erguer-se, como se mais alguém ali estivesse. Não conseguiu. Ao primeiro movimento, viu-se cercado por três cossacos que o agarraram com força. Enquanto se debatia, tentando se soltar, eles o arrastaram e amarraram-no numa árvore.

Um deles, mascando um pedaço de capim, deu uma risada, trocando um olhar com os outros:

– Eu não disse que tinha percebido alguém nos seguindo?

– Pois você tinha razão – concordou Féodor e, com expressão de quem não pressagiava nada de bom, aproximou-se mais do preso. – Agora vamos fazê-lo falar!

Com uma faca na mão direita, enquanto agarrava o pescoço de Dimitri com a esquerda, ordenou:

– Fale, miserável! Por que estava nos seguindo?

Tentando salvar-se, Dimitri negou:

– Não estava seguindo ninguém. Apenas fazendo o mesmo trajeto. Meu pai fez-me portador de um recado a um amigo dele que mora por estas bandas.

– Não diga! Que recado é esse? – indagou o cossaco, sarcástico.

– Isso eu não posso dizer. É segredo.

– Pois se é segredo, você vai morrer, miserável!

O terceiro cossaco, vendo Féodor levar a faca ao pescoço do prisioneiro, com real intenção de matá-lo, ponderou em voz baixa:

– Féodor, não seria melhor levar o rapaz para nosso chefe? Ele não gostará de saber que você tomou a decisão de matar, sem ordem expressa dele, o filho de Alexei Grotienko.

O outro parou o que estava fazendo, pensativo, sem desviar o olhar do prisioneiro. Depois, afastando-se um pouco de Dimitri, concordou:

– Está bem. Levem-no.

Bem a tempo. Dimitri, que prendera a respiração ao ver a faca tão próxima de seu corpo, soltou o ar, aliviado. Um filete de sangue vivo e quente escorreu-lhe pelo pescoço, empapando a veste. Mais um pouco e ele teria morrido. Sentia-se inconformado por ter sido apanhado assim, como um principiante. Logo ele, caçador exímio, deixara-se vencer pelo cansaço.

Os cossacos retiraram-no da árvore, mantendo-o amarrado com uma corda fina, mas resistente, e levaram-no ao encontro de Yuri.

～

Recostado numa pedra, à sombra de belo olmeiro, Yuri descansava. A seu lado, estava Ludmila, deitada na relva e de olhos fechados.

— Apesar da vida cansativa que levamos, você está cada vez mais linda, minha querida.

A jovem não respondeu. Inquieto, ele chegou mais perto dela, fazendo-lhe um carinho na face. Ela não reagiu. Preocupado, interpelou-a:

— O que se passa, querida? O que a aflige?

Ela respondeu irritada, erguendo o tronco com vivacidade, enquanto sentava:

— Acha que esta é a vida que escolhi para mim, Yuri? Cavalgar o tempo todo, sentir o corpo moído de cansaço, ao final do dia, não ter nunca um teto para abrigar-me, um leito macio e aquecido para dormir? Acha realmente que gosto desta vida?

Ele aproximou-se mais ainda, abraçou-a com profundo amor, depois a beijou com paixão.

— Isso é tudo de que se lembra? E das noites em que deitados lado a lado, sentindo o calor um do outro, e trocamos juras de amor, sob a luz das estrelas, e nos amamos com loucura? Dos momentos em que, afastados dos demais, nos banhamos nos rios, passando horas de agradável convívio, rindo e conversando, brincando e correndo como duas crianças? Ou das noites primaveris, perfumadas pelas flores, quando reunidos à luz da fogueira, com meus comandados, bebemos *kvass* e comemos, conversamos e dançamos até altas horas, sentindo o prazer de estarmos juntos? De nada se lembra? Pois nessas horas você me parecia bem feliz!

Ludmila, fitando-o com carinho, murmurou:

– Não posso negar que fui muito feliz ao seu lado. Não pense você que eu tenha me esquecido de tudo o que houve entre nós. Todavia, Yuri, isso não me basta! Será pedir demais viver como todo mundo, ter uma casa para morar, um teto que nos abrigue do vento, do frio, da neve e da chuva? Será pedir demais, ter um lugar fixo para viver e poder saber onde estaremos amanhã? Ter vizinhos, amigos e poder sonhar com uma família?

Com intenso amor, ele respondeu:

– Não, minha amada, não é pedir demais. Você terá tudo isso, quando chegarmos às terras de meu pai.

Preparava-se para descrever a região das estepes em que havia nascido, quando o grupo liderado por Féodor chegou, trazendo o prisioneiro.

Num primeiro momento, Ludmila não reconheceu o amigo e candidato a noivo, naquele ser imundo, de cabelos desgrenhados e camisa suja de sangue, que os cossacos arrastavam, jogando diante do chefe.

– Yuri, veja quem nós encontramos! Reconhece este infeliz? – indagou Féodor, com sorriso orgulhoso, satisfeito pela captura.

Yuri fitou o prisioneiro.

– Levante a cabeça! Olhe para mim! – ordenou.

O prisioneiro obedeceu, com dificuldade. Ao ver seu semblante, o chefe bradou:

– O filho de Alexei Grotienko! Estava nos seguindo?

Nesse momento, Ludmila levou a mão ao coração, tentando conter as batidas apressadas, e indagou:

– Dimitri! O que faz aqui?

Sem olhar para ela, Yuri, que ouvira as notícias que corriam na aldeia, de que Dimitri era candidato à mão da bela Ludmila, enciumado, murmurou com voz autoritária:

– Não se meta, Ludmila. Eu faço as perguntas! – Depois, ordenou aos homens: – Coloquem-no de pé!

Um cossaco obrigou-o a levantar-se, e o chefe continuou:

– Muito bem. Agora vamos ao que interessa. Estava seguindo-nos, espreitando a melhor ocasião para roubar-me Ludmila?

Dimitri pensava, estudando sua situação. Se admitisse que fora atrás da jovem, seria morte certa. Então resolveu mudar de tática.

– Asseguro-lhe que não era essa minha intenção – respondeu com voz fraca.

Os cossacos, que acompanhavam a conversa, divertindo-se com a situação, caíram na risada.

– Meus homens disseram que você leva um recado de Alexei Grotienko a um amigo que mora aqui por perto. Isso é verdade?

– Não. Eu menti. Não existe recado algum.

Irado, Yuri ergueu-se, pegou a adaga e gritou:

– Miserável! Confessa que mentiu? Então, fale a verdade agora, se não deseja morrer como um cão sarnento.

Cada vez mais, sentindo dificuldade para manter a consciência, em virtude da perda de sangue, Dimitri disse:

–Vim seguindo vocês porque... desejava mudar de vida. Aquela aldeia me sufocava... sempre as mesmas pessoas, nada de diferente. Meu sonho... era conhecer lugares novos... belas cidades...

– Você acha que me engana? Quer que eu acredite nisso? Todos sabem que era apaixonado por Ludmila e que pretendia casar-se com ela.

Dimitri, quase desfalecendo, ainda conseguiu balbuciar:

– Isso... é o que todos pensam. A verdade é que meu pai... e os pais dela desejavam este casamento. Não eu. Sempre... fomos amigos, apenas...

Nesse momento, Dimitri rodopiou e caiu pesadamente no solo. Diante da impossibilidade de prosseguir no interrogatório, Yuri ordenou:

– Levem-no e tratem da ferida dele. Se o prisioneiro morrer, vocês pagarão com a vida.

Os três homens afastaram-se, levando Dimitri, e Yuri sentou-se num pequeno banco, pensativo. Ludmila, inquieta pela sorte do amigo de infância, arrastou-se para perto dele, aconchegou a cabeça no regaço do cossaco e perguntou com voz macia:

– O que você vai fazer com ele, Yuri?

– Ainda não sei. Isso a interessa muito, não é? Você o ama?

Ela balançou a cabeça, fazendo os longos cabelos se agitarem:

– Não, meu querido. Amo você somente.

Yuri levantou o queixo dela para fitar seus olhos escuros, tentando devassá-la no íntimo:

– É verdade o que ele disse sobre a história do casamento?

– Sim, é verdade! Meus pais e o pai dele tentavam nos aproximar, pensando em um futuro compromisso entre nós. Nunca, porém, houve qualquer interesse meu ou dele. Crescemos juntos, somos amigos. É só.

Ela parou de falar, trocou um longo olhar com ele, e afirmou:

– Amor, eu só senti quando o conheci. Você se lembra quando chegou à vila e eu...

– Você estava dançando e me encantou. Jamais mulher alguma despertou em mim tanto sentimento como você, naquela hora. Senti que era a mulher de minha vida.

Assim dizendo, ele inclinou-se e beijou-a longamente. Ficaram ali abraçados, trocando juras de amor, esquecidos do acampamento, do prisioneiro, de tudo.

CAPÍTULO CINCO

No acampamento

AMANHECERA. Dimitri despertou, abriu os olhos e percebeu que estava no meio do acampamento cossaco, rodeado de seres hostis. Naquele momento, lembrou-se dos fatos da véspera. Como ninguém ainda notara que ele havia acordado, permaneceu quieto, fingindo dormir, enquanto examinava todas as possibilidades de uma fuga. Sentia-se humilhado perante a própria consciência. Como não percebera a aproximação dos cossacos? Estava exausto, sem dúvida, mas isso não justificava sua falta de cuidados.

As cordas, muito apertadas, provocavam dores horríveis nas mãos. Essa situação, porém, não duraria muito; a paciência deles teria um limite e, certamente, logo viriam buscá-lo. Tinha que estar preparado.

Algum tempo depois, foi levado novamente à presença de Yuri. Diante dele, o chefe indagava aos companheiros como tinham encontrado o prisioneiro, e eles relatavam o acontecimento em minúcias, divertindo-se a valer.

O chefe voltou-se para Dimitri e torna a questionar, repetindo as mesmas perguntas:

– Confesse. Veio em busca de Ludmila e pretendia arrebatá-la de nós, levando-a de volta à aldeia, para seus braços.

– Não, Yuri Vanilevitch, não é verdade. Ludmila e eu somos amigos de muito tempo, mas nada há entre nós. Tanto da parte dela quanto da minha só existe amizade.

– Pois se é assim, qual motivo que o levou a seguir-nos?

Antes de responder, o prisioneiro suplicou:

– Yuri, eu vou contar a verdade, porém, ordene que me soltem as mãos. As cordas molhadas apertam-me cada vez mais os pulsos, e a dor é insuportável. Peço-lhe, em nome da acolhida que receberam em nossa aldeia. Além do mais, o que teme? Que eu fuja? Como poderia fugir cercado pelos seus homens?

O chefe pensou um pouco e fez um leve sinal para um dos homens que se encontrava atrás do prisioneiro. Pegando a faca, ele cortou as cordas. Aliviado, o cativo agradeceu, esfregando as mãos roxas.

– Obrigado, Yuri. Agora vou responder a sua pergunta. Só quem viveu a existência inteira num pequeno vilarejo perdido na imensidão dos Urais pode entender o que sinto. Cansei de ver sempre as mesmas pessoas, nos dias sempre iguais, sem novidades, sem mudanças. Jovem, eu desejava mais para minha existência. Até que vocês chegaram à nossa aldeia, trazendo animação, vida nova. Na véspera de sua partida, lembra-se que ficamos conversando em torno da fogueira, até altas horas? Pois bem. Eu estava para falar-lhe de meu desejo de seguir com você e seus guerreiros. No dia seguinte, porém, me faltou oportunidade. Sempre havia alguém por perto, e eu não queria que soubessem, pelo menos, não antes que eu partisse.

Dimitri fez uma pausa, massageou as mãos e prosseguiu:

– Naquela manhã, quando todos aguardavam sua partida, não me perdoei por não ter falado com meu pai, sobre pedir-lhe autorização para segui-los rumo a novas aventuras.

Paixão de Primavera

Parou de falar por alguns instantes, depois deu de ombros e concluiu:

– Depois, você sabe o que aconteceu. Partiram, após despedir-se de nós. De repente, estando quase fora de nossa visão, você parou, retornou sobre seus passos, e arrebatou Ludmila. Todos ficaram desnorteados, e, na confusão que se estabeleceu, meu pai pediu-me que fosse atrás de vocês e trouxesse Ludmila de volta.

– Então confessa, miserável, a sua pretensão? – gritou o chefe, colérico.

– Não, Yuri Vanilevitch! Não entende que apenas me aproveitei da ocasião para realizar o que pretendia, pois não tivera coragem suficiente para fazê-lo?

Dimitri parou de falar, olhou para a jovem, que, de olhos arregalados, ouvia suas explicações, e prosseguiu:

– Pelo que posso ver, minha amiga Ludmila está bem aqui e não deseja voltar para a vida de antes. Noto que entre vocês existe amor e que estão felizes assim. Quanto a mim, consegui o que queria e não pretendo mais voltar para a existência insípida e monótona de antes. Se me aceitar, gostaria de fazer parte de seu contingente.

Ao olhá-lo longamente, o chefe tentava perscrutar suas reais intenções. Depois, com voz pausada, indagou:

– E o que o faz pensar que eu confiaria em você?

Dimitri abriu os braços num gesto largo, fitando-o nos olhos, sem temor:

– Isso só a convivência dirá.

– Por que eu o aceitaria como parte do grupo? Você não é cossaco!

– É certo. No entanto, sou descendente de antigos ciganos cossacos. Além disso, posso ser-lhes de grande utilidade. Sou caçador experiente.

– E se deixou apanhar como uma criança – completou Yuri, dando uma boa risada.

A exemplo do chefe, os demais caíram na gargalhada, fazendo pilhérias sobre o prisioneiro. Não se deixando intimidar, Dimitri também deu uma risada.

– Admito. Fui ingênuo. Reconheço a capacidade de seus homens. Ninguém jamais conseguiria capturar-me assim, como eles fizeram.

Diante da atitude firme e humilde do cativo, e até bem--humorada, ao reconhecer seu erro, os guerreiros começaram a olhá-lo com mais condescendência e certa simpatia. Yuri trocou um olhar com os companheiros mais chegados, e, entendendo que esta era a vontade deles, decidiu dar ao prisioneiro uma oportunidade.

– Muito bem, Dimitri. Vou conceder-lhe um voto de confiança. Poderá seguir conosco, se realmente é este o seu desejo. Advirto-lhe, porém, que, à menor desconfiança, morrerá sem apelação.

Dimitri, respirando aliviado, escorregou para o chão. Cansado e faminto, nada tinha comido desde o dia anterior. Percebendo seu estado de fraqueza, o chefe mandou que lhe dessem de comer e de beber, depois completou:

– Féodor, ele ficará sob seus cuidados.

– Certo, Yuri. – Depois, dirigindo-se ao novo membro do grupo, avisou: – Quando terminar de comer, vem comigo. Vou mostrar-lhe suas obrigações. Aqui, todos trabalham.

Logo Dimitri já estava caminhando pelo acampamento cossaco. Levando-o até uma tenda de pele de carneiro, Féodor explicou:

– Você ficará aqui comigo. Deixe suas coisas e siga-me. Sua obrigação será tratar dos animais e cortar lenha para as fogueiras, mantendo-as acesas.

Em seguida, deixando Dimitri ocupado com suas novas atividades, Féodor foi procurar Yuri.

– Nosso novo agregado já está ocupado nas tarefas que lhe dei. Se ele mentiu, tentará fugir, pois lhe dei todas as condições para isso. Os homens estão atentos e, a qualquer passo em falso, já sabem o que fazer: matá-lo.

Ambos jogaram a cabeça para trás e deram uma sonora gargalhada. Ludmila que, um pouco afastada, não conseguia entender o que estavam conversando, aproximou-se e escutou a exclamação de Yuri:

– Então, meu amigo, logo ficaremos sabendo!

Nova risada. Ao vê-la, o chefe sorriu, fazendo um gesto para que se aproximasse.

– Ficarão sabendo de quê? O que estão tramando? – perguntou.

– Nada, minha adorada. Logo ficaremos sabendo se seu amigo Dimitri serve para as tarefas que foram confiadas a ele.

– Ah! E quais são elas?

– Cuidar dos animais e manter as fogueiras acesas.

– Ora, isso é fácil. Ele não terá problemas – respondeu ela, sem dar maior atenção ao fato.

No entanto, Ludmila percebera perfeitamente a intenção deles e tremeu intimamente. Precisava conversar com Dimitri, mas sabia que era melhor manter distância para não despertar suspeitas. Não ignorava que ambos estariam sendo observados.

Levantou-se com displicência e, dando alguns passos, ouviu Yuri perguntar:

– Aonde vai, Mila?

– Andar um pouco. Temos cavalgado quase que o tempo todo e, não estando habituada, canso-me muito. Preciso exercitar as pernas.

– Então vá, querida. Quer que a acompanhe?

– Não é preciso. Sei que tem assuntos a resolver com Féodor. Não vou longe, fique tranquilo.

Ela saiu caminhando lentamente, sem destino, observando tudo, parando para fazer algum comentário com alguém, olhando as panelas que fumegavam nas fogueiras.

Desconfiado, num gesto quase imperceptível, Yuri ordenou a um de seus homens que a seguisse. Se ela fosse encontrar-se com Dimitri estaria perdida. Ambos estariam perdidos. Nada disso, porém, aconteceu. Esperta, ela se limitou a percorrer o acampamento, depois caminhou no meio do mato, tendo o cuidado de ir para o lado oposto àquele onde vira Dimitri entregue às suas ocupações. Voltou cerca de quarenta minutos depois, tranquila e com as faces rosadas pelo esforço.

Yuri a recebeu com imenso carinho, abraçando-a com amor. Passou a demonstrar até maiores atenções à sua amada, como que se penitenciando por ter duvidado dela. Ludmila, viva e observadora, entendeu perfeitamente que ele se sentia culpado por não ter confiado nela.

~

Após uma semana, Dimitri conquistara a confiança do grupo. Mostrava-se sempre prestativo, atento e cuidadoso, não apenas com suas tarefas, mas com todas as atividades do acampamento. Alegre e folgazão, tornara-se amigo de todos, sobretudo do chefe.

Conversava bastante com Féodor, especialmente quando se recolhiam à noite. Dimitri percebeu que o companheiro, apesar de supostamente admirar e ser considerado o melhor amigo de Yuri Vanilevitch, no fundo, tinha inveja dele: da autoridade, da competência na chefia do grupo, da força e, principalmente, de sua relação com a bela Ludmila.

Evidentemente Féodor não admitia esse fato, mas, Dimitri percebera muitas vezes que, diante da jovem, ele ficava diferente, olhava-a disfarçadamente, quando não se sabia observado, e, quando Mila estava brincando pelo acampamento com um cão que aparecera um dia, e que Yuri permitira que ela o adotasse, seu olhar intenso a seguia sem perdê-la de vista.

Durante as viagens, muitas vezes Dimitri aproximava-se de Féodor, cavalgando junto dele, e conversavam bastante. Quando paravam, assentando acampamento, geralmente ele saía com Féodor para caçar, provendo a alimentação do bando. E à noite, quando se sentavam em torno da fogueira, cantando e divertindo-se, no momento em que Yuri pedia para Ludmila dançar, Féodor mudava; uma expressão de encantamento, de adoração e até de desespero, surgia no semblante dele, não deixando dúvidas quanto aos sentimentos que nutria pela bela bailadeira.

Aos poucos, Dimitri estimulou que ele se abrisse e falasse de si, do que trazia no íntimo. Certo dia, enquanto se encontravam recolhidos na tenda, preparando-se para dormir, com astúcia, Dimitri tocou no assunto que incomodava o companheiro.

– Féodor, meu amigo, tenho percebido o quanto você se dedica a nosso chefe. Mas...

Atento e interessado, o outro o incentivou:

– Continue. Pode falar. Somos amigos ou não?

– Exatamente por isso não sei se devo dizer o que penso – murmurou o outro, como se temeroso.

– Pois rogo-lhe que fale.

– Muito bem. Já que insiste... Não sei se nosso chefe tem a mesma deferência por você. Tenho notado, por pequenas coisas, que ele não confia muito em sua pessoa.

– Acha mesmo? – indagou, preocupado.

Dimitri, erguendo-se e apoiando-se no cotovelo, mostrou-se compungido:

– Não me leve a mal, Féodor. Talvez não devesse ter-lhe dito isso. Bobagem minha. Devo ter entendido mal. Vamos dormir. Boa noite. Amanhã teremos um dia cheio. Vamos levantar acampamento e prosseguir viagem.

Porém Féodor, agora sumamente curioso, não aceitou:

– Peço-lhe, amigo Dimitri, fale. Agora não pode deixar-me ignorar o que está acontecendo.

– É justo, Féodor. Vou dizer-lhe o que penso. No fundo, Yuri tem inveja de sua destreza, de sua competência em tudo. Sinto que ele teme vê-lo assumir o comando.

– Isso seria impossível! Nossos homens são fiéis a ele.

– Eu não teria tanta certeza. Já ouvi muitas reclamações...

Com os olhos brilhando de entusiasmo, Féodor deitou-se novamente. Por alguns minutos, permaneceu calado, depois voltou a indagar, lentamente:

– Acha que os homens me aceitariam como chefe?

– Acho.

Féodor apagou a vela, e nada mais conversaram. No escuro, porém, Dimitri tinha certeza de que ele estaria pensando em como conseguir assumir o comando.

Na manhã seguinte, levantaram-se, e cada um foi cuidar de suas obrigações. Yuri tinha decidido não partir naquele dia, mas na próxima manhã. Também marcou uma reunião com o conselho cossaco, do qual Dimitri agora também fazia parte, e que tomava as decisões pelo grupo.

Durante a manhã, Dimitri não perdeu de vista seu companheiro. Notou-o sério, compenetrado, de poucas palavras. À hora da reunião, sentaram-se em círculo na tenda do chefe. Yuri abriu um mapa tosco, no centro da roda, mostrando aos irmãos de raça onde estavam e que, um pouco adiante, dois caminhos bifurcavam-se. Relanceando os olhos por todos, disse:

– Na urgência de partir, tomamos um rumo diferente daquele que faríamos em condições normais. Em vista disso, estamos num trajeto desconhecido. Agora precisamos escolher qual rumo tomar. Ambos conduzirão ao mesmo destino, segundo nos informou Dimitri, contudo as condições são diferentes. O que se bifurca à esquerda é mais curto, porém mais perigoso. Teremos de atravessar uma ponte, de que não sabemos as condições, em virtude do degelo. O rio é grande e pode ter transbordado.

– E o da direita? – indagou Féodor.

– É mais longo e também apresenta perigos. Ouvi dizer que existem salteadores que aguardam os incautos para roubá-los e, não raro, tirar-lhes as vidas.

Cada um dizia o que pensava, ou pedia mais informações a Yuri, estudando o mapa. As dúvidas eram muitas. Féodor sugeriu:

– Yuri, por que não tomamos o caminho da esquerda? Se pudermos passar pela ponte, muito bem. Caso contrário, voltamos e tomamos o rumo da direita.

– Seria a melhor solução, meu amigo, se a ponte não estivesse tão longe. Para voltar, perderíamos muito tempo. É local deserto. Para atravessá-lo, teríamos que nos abastecer de víveres, no vilarejo mais próximo, antes de chegarmos a essa bifurcação. Se não pudermos atravessar a ponte, não teremos como nos reabastecer para voltar.

Todos se calaram, pensativos. Dimitri sugeriu:

– O chefe tem razão. Então, façamos o trajeto da direita.

– Tudo bem. Só que nos arriscamos a cair nas mãos de salteadores – respondeu Yuri.

Féodor, que parecia descontente e nervoso, levantou a cabeça orgulhosamente, como querendo desafiar Yuri:

– E desde quando os cossacos têm medo de salteadores?

Yuri fitou-o, estranhando a reação de seu imediato e amigo mais chegado. Porém, com calma, respondeu:

– Tem razão, Féodor. Os cossacos não temem bandidos. Contudo, nesse caso, eles agem em bandos bem armados, fortes, e geralmente não dão chances de as vítimas se defenderem. Ficam em cima das árvores e caem todos ao mesmo tempo. A ação deles é rápida e violenta. Já ouvi falar sobre eles e, exatamente por isso, estou submetendo o assunto ao conselho. Se julgarem que é a melhor opção, submeto-me à decisão do grupo.

– Quanto a mim – afirmou Dimitri –, não temo nada nem ninguém. Estou acostumado a enfrentar animais nas florestas e conheço bem como agem. Os homens não são diferentes deles.

Ainda discutiram por mais algum tempo e depois colocaram a questão em votação. Eram cinco os componentes do conselho. Decidiram que tomariam o caminho da direita, e as palavras de Dimitri foram fundamentais para essa resolução.

Yuri estava um pouco apreensivo, mas não perdeu o bom humor. Terminada a reunião, procurou conversar com Féodor.

– O que está acontecendo com você, irmão? Noto-o inquieto, nervoso.

– Não consegui dormir direito essa noite. Talvez preocupado com a viagem. Só isso.

Yuri colocou a mão no ombro dele e disse:

– Fique tranquilo, amigo. Tudo dará certo. Você ouviu as palavras de Dimitri. Tenho confiança nele. É um companheiro de valor.

Ao escutar aquelas palavras, Féodor tremeu por dentro. "Miserável! Tanto tempo juntos e ele agora confia mais num recém-chegado do que em mim. Sua hora chegará. Você não perde por esperar!"

Dimitri estava contente com o rumo dos acontecimentos. Fizera questão que resolvessem pelo caminho da direita porque já tinha planos em mente. Agora só precisava trabalhar mais os sentimentos do outro contra Yuri.

À noite, deitados em suas esteiras, Féodor indagou:

– Acha que decidimos com acerto?

– Sem dúvida. Pode confiar em mim. Estou com umas ideias na cabeça.

– Que ideias são essas, Dimitri?

– Não posso revelar-lhe agora. Mas diga-me: você estaria disposto a assumir o comando do grupo?

– Claro!

– O que faria para conseguir essa posição?

– Tudo.

– Qualquer coisa?

– Qualquer coisa.

Ambos se calaram. Cada qual pensando em como agir. Féodor já se imaginava comandando os cossacos, tomando as decisões, sendo obedecido e admirado por todos. Dimitri arquitetava planos para que isso pudesse acontecer. No fundo, odiava Yuri e desejava matá-lo. Não suportava ver o rival abraçado a Ludmila, beijando-a e privando-o de seus carinhos. Tudo faria para poder fugir com essa mulher, voltando para a aldeia nos Urais.

Nenhum dos dois conseguiu dormir naquela noite. Quando amanheceu, eles se levantaram. Era preciso desmanchar acampamento e seguir viagem.

CAPÍTULO SEIS

Maus presságios

Os cossacos arrumaram seus pertences, prepararam as armas, afiaram as lâminas e partiram. Estavam todos calados, tensos. Só se ouvia o ruído dos cascos dos cavalos, no solo de terra firme, ou o barulho quando resvalavam em alguma pedra.

Algumas horas depois, aproximaram-se da bifurcação tão temida. Dois caminhos surgiram. Yuri, que ia à frente, ergueu o braço, e o grupo todo parou. Dando meia-volta, ficou face a face com os guerreiros enfileirados. Fitando um a um, buscou ainda mais uma vez a confirmação do trajeto, e os homens, com um sinal de cabeça, ratificaram a decisão. Então, com um suspiro resignado, Yuri ordenou que tomassem o caminho à direita.

Ele não saberia precisar o porquê da angústia que dominava em seu peito, constringindo-lhe o coração. Intimamente sentia-se envolvido por maus presságios. A razão lhe dizia que não deveriam tomar aquele rumo, porém a decisão do grupo era soberana, e ele tinha de submeter-se. Desgostoso e preocupado, refletia sobre a situação. Não era medo, visto que enfrentara com coragem situações mais difíceis. O que seria?

À medida que avançavam, porém, Yuri tranquilizou-se. A estrada estava limpa e descampada, com um sol radioso a permear as árvores. Mais descontraídos, os cossacos puseram-se a conversar e a brincar uns com os outros.

Depois de algumas horas, fizeram uma breve parada. Precisavam alimentar-se e tratar dos animais. Logo, reiniciaram a marcha. Aos poucos, contudo, o caminho foi se modificando, sem que se dessem conta. Lentamente, a paisagem bela e ensolarada foi sendo substituída por trechos mais fechados, onde a luz do sol quase não conseguia penetrar. De repente, aquele lugar bonito, apesar de sombrio, foi ficando cada vez mais fechado e escuro. A temperatura baixou bastante, e eles começaram a tremer de frio.

A certa altura, Yuri notou um ruído quase imperceptível e fez um gesto de silêncio. Os homens ficaram mais atentos. Com os sentidos desenvolvidos pela prática, eles tinham a percepção de estarem sendo observados, embora, por mais que apurassem os olhos e os ouvidos, nada conseguissem perceber na ramaria fechada.

De súbito, o último cossaco notou um estalido insignificante às suas costas e virou-se, mas não teve tempo de se defender. De uma árvore, como um felino, saltou um homem que o agarrou, apunhalando-o pelas costas; a lâmina, varando as costelas, atingiu seu coração, fazendo com que tombasse desamparado do cavalo, enquanto o sangue jorrava da ferida aberta, sem ruído.

Não pôde defender-se e nem gritar, mas soltou leve gemido, pouco mais que um sopro, o suficiente para ser percebido pelo companheiro que estava mais próximo, logo à sua frente, o qual se virou e, ao vê-lo no chão, gritou, alertando os outros. Tarde demais, porém. Como se aquilo fosse um sinal, das árvores saltaram homens encapuzados que caíam sobre os cossacos, derrubando-os dos cavalos e atingindo-os de forma brutal.

Guerreiros fortes, ágeis e corajosos, os cossacos rapidamente se organizaram, e quem podia, defendia-se, travando um combate com os salteadores. Estabeleceu-se uma grande confusão, com os gritos de desespero dos cossacos feridos que tombavam na luta, sob os brados de incentivo de Yuri. Ao ver o tumulto, Dimitri não perdeu tempo. Correu em defesa de Ludmila, colocando-a entre uma carroça e um cavalo caído, onde ficaria mais protegida. Um pouco além, Yuri vira sua ação, agradecido por saber que sua amada estaria em segurança. Nesse exato momento, o cavalo de Yuri foi atingido, jogando-o por terra. Dimitri relanceou os olhos pelos combatentes e, vendo Yuri no chão, correu para socorrê-lo. Arrastou Yuri para fora da estrada e colocou-o sentado, atrás de um arbusto, recostado e em segurança. O chefe dos cossacos preparava-se para agradecer-lhe pela ajuda, quando percebeu algo estranho. Naquele instante, ao olhar para o amigo, viu que Dimitri o fitava de maneira diferente, fria. Depois, ainda sem tirar seus olhos dos dele, Dimitri o atingiu com sua faca de caçador, enterrando-a até o cabo. Quando a lâmina rasgou-lhe as carnes, Yuri sentiu uma dor intensa, dilacerante, mas continuava a fitá-lo, entre surpreso e decepcionado, sem saber o que estava acontecendo, qual o motivo daquela atitude agressiva do amigo, até que desabou no meio da vegetação, perdendo a consciência. Estava morto.

Com grande frieza, sem sentir a menor piedade por aquele que o considerava amigo, que confiara nele e que ele traíra, matando-o barbaramente, Dimitri deixou o corpo escondido e voltou para junto dos demais, atirando-se ao combate, com todo o vigor de sua natureza jovem, e auxiliando os cossacos com sua bravura.

Não demorou muito, o chão estava juncado de cadáveres, de ambos os lados. Ao perceber que estavam em desvantagem, os bandidos fugiram rapidamente, desaparecendo no meio da mata.

Cansados, mas aliviados, os cossacos foram verificar as baixas sofridas e socorrer os feridos.

– Alguém viu Yuri? – perguntou um dos homens.

Féodor, que se recuperava recostado numa árvore, somente naquele instante se deu conta de que só vira o chefe no começo da refrega; depois, preocupado em se defender, esquecera o amigo.

Ninguém sabia dizer o que tinha acontecido com Yuri. Puseram-se todos a procurá-lo no meio do mato e acabaram por encontrá-lo atrás de um arbusto.

A tristeza tomou conta daqueles homens rudes, mas companheiros dedicados.

– Morreu como um valente. O que será de nós agora? – dizia um.

– Estamos sem chefe. Quem nos comandará? – perguntava outro.

– Como chegaremos até nossa terra sem ele? Como contar a seu pai, velho e doente? – indagava um terceiro.

A consternação era geral.

Yuri despertou algum tempo depois e percebeu que sangrava muito. Segurando a ferida aberta, na tentativa de estancar o sangue, pôs-se a caminhar no meio dos destroços. O solo estava coberto de cadáveres, e neles fixou os olhos, horrorizado. De repente, ouviu que conversavam ali perto e aproximou-se. Eram seus homens que discutiam quem seria o novo chefe. De súbito, lembrou-se do que tinha acontecido.

Perplexo, incapaz de acreditar no que ouvia, acercou-se mais e bradou:

– *O que estão dizendo? Eu estou vivo! Estou ferido, é verdade, mas ainda estou vivo e continuo sendo o chefe! Quero alertá-los de que entre nós há um traidor, que foi recebido generosamente como amigo em nosso grupo.*

E, apontando com o dedo em riste, acusou:

– *Dimitri! Foi ele que me atingiu com sua faca, não um dos salteadores! O miserável feriu a mão que o alimentou: Dimitri! Sim, ele é o culpado e merece a morte!*

No entanto, ninguém o ouvia ou percebia sua presença. Aquilo o deixou irritado e nervoso. Nesse momento, Dimitri, falso e traidor, cansado daquela lamentação sem-fim, dirigia algumas palavras aos sobreviventes do grupo, sugerindo com firmeza:

Paixão de Primavera

– Companheiros! Estou triste e também sinto a morte de nosso líder tanto quanto vocês. Porém, vencemos uma batalha! Não podemos ficar aqui lamentando a situação. Nosso chefe, Yuri Vanilevitch, não aprovaria. Temos de pensar em sair daqui o mais rápido possível, antes que os salteadores voltem com reforços. Eles sabem que estamos enfraquecidos, que nosso grupo reduziu-se bastante. Depois resolveremos quem será o novo líder. Agora, precisamos urgentemente enterrar nossos mortos e partir.

Ao ouvir tudo aquilo, Yuri não se conteve ante tal desfaçatez:

– *Meus amigos, não acreditem nele. Suas palavras parecem sábias, mas são falsas. Repito, ele deve estar a mando de alguém. Não estranharia que estivesse de acordo com os salteadores que nos atacaram. Ouçam-me! Por que não me respondem? Ele os conquistou a tal ponto que desprezam a mim, que sempre fui o apoio e a segurança de vocês, meus bravos cossacos?*

Apesar de suas ponderações, ninguém respondeu nem atendeu às suas súplicas. Parecia mesmo que sequer o enxergavam!

Profundamente decepcionado, Yuri viu que todos concordaram com Dimitri, mudando de atitude. Com prontidão, abriram covas para enterrar os mortos.

Sem saber o que estava acontecendo, aterrorizado, Yuri viu-se arrastado para dentro da cova, alucinado de dor, sentindo ainda o sangue que jorrava da ferida aberta gritou de desespero, enquanto sentia jogarem terra sobre seu corpo.

– *Não! Não façam isso! Por piedade! Estou vivo! Estou vivo!* – gritava ele, apavorado, julgando ter enlouquecido. – *Isso não pode estar acontecendo comigo! Além de não me darem ouvidos, ainda querem me enterrar junto com os mortos!*

Perdeu novamente a consciência, enquanto os cossacos recolhiam o que sobrara do ataque e partiam a galope, em silêncio. Durante o resto do trajeto mais perigoso, não tiveram outros problemas.

Yuri retornou à consciência, sem se dar conta de que não estava mais na cova. Viu-se novamente cavalgando ao lado de seus homens. Tentou falar ora com um, ora com outro, sem qualquer resultado, até que desistiu. Vez por outra, perdia a noção das coisas, caindo em sono profundo. Em certo momento, despertou e viu que acampavam em algum lugar, já fora da floresta densa. A região era mais aberta e ensolarada. Certamente, sentindo-se mais seguros e confiantes, os cossacos resolveram parar para descansar.

Notou quando Dimitri aproximou-se de Ludmila, que, recostada numa árvore, chorava sem parar. Yuri postou-se ao seu lado, para socorrê-la em caso de necessidade. O traidor sentou-se perto dela e permaneceu calado, apenas fazendo-lhe companhia. Depois de algum tempo, ele disse com voz suave:

– Lamento, Mila, vê-la sofrer tanto. Coragem! Você é jovem, bela e tem a vida pela frente.

– Engana-se, Dimitri. Minha vida acabou. O que será de mim agora?

– Não, Mila. Eu estou aqui e tomarei conta de você. Sabe que pode confiar em mim. Sempre fomos amigos.

Cheio de cólera ante tal desfaçatez, Yuri gritou, tentando alertar sua amada:

– *Não acredite nele, Ludmila! É um covarde que traiu nossa confiança! Foi ele que me feriu. Veja como estou sangrando! Tudo culpa dele.*

Como os demais, Ludmila parecia fingir não escutá-lo e não respondeu. Baixou a cabeça e murmurou, amargurada:

– Ninguém pode me ajudar.

Dimitri preparava-se para responder, quando alguém veio chamá-lo. Féodor convocava os membros do conselho para uma reunião. Além de Yuri, outro membro do conselho estava morto. Seria preciso apresentar outros dois nomes para recompor o conselho e depois fazer a escolha do líder. Yuri reagiu diante dessa informação:

– *Já disse que não estou morto! Por que não me escutam?*

Deixou Ludmila e dirigiu-se também ao local da reunião. Os cossacos, reunidos, analisaram os nomes sugeridos e votaram. Depois, os escolhidos foram convocados a comparecer. Juntos, teriam de decidir quem seria o novo líder. A princípio, a votação apontou dois votos para Féodor e dois para Dimitri. Féodor ficou nervoso, agitado; ele sabia que ainda faltava o voto de Dimitri, que não votara, e julgou ter perdido a eleição. Yuri também ficou preocupado. *"Se o conselho está fazendo uma votação para decidir quem será o novo chefe, que seja Féodor! O traidor, eu não permitirei jamais!"*, pensou ele.

Nesse momento, Dimitri pediu a palavra e, para surpresa de Yuri e dos demais, disse:

– Companheiros, meu voto é para Féodor. Ele deve ser o novo chefe. Tem todas as condições para isso, além de ser o substituto natural de Yuri, que confiava nele como em si mesmo. Quanto a mim, estou bastante desolado com a morte de Yuri Vanilevitch e de outros companheiros sinto-me sem condições de prosseguir viagem com o grupo.

"Maldito! Com certeza tem outros planos. O que estará querendo fazer?", refletiu Yuri, observando-o, intrigado.

– E para onde vai? – indagou Féodor, respirando fundo, visivelmente mais aliviado.

– Retornarei para minha aldeia. Creio que me curei de aventuras. Percebi que tudo isso nada significa para mim. Tenho, porém, um pedido a fazer-lhes.

Féodor, agora como novo líder, concordou:

– Pois faça, caro irmão. O que podemos negar a você, que tanto nos ajudou?

– Quero levar Ludmila comigo. Afinal, ela amava nosso querido Yuri e agora não tem motivos para continuar com o grupo.

Yuri levou as mãos à cintura, revoltado. *"Então, era isso o que ele pretendia! Bem que eu achava que era apaixonado por minha Ludmila."* Sem conter-se, avançou para ele aos socos.

– *Cão maldito! Minha mulher não será sua. Ela me ama e jamais me trairá.*

No entanto, o traidor parecia não sentir o peso de seus punhos. Por mais que tentasse atingi-lo, não conseguia, e Yuri acabou por desistir, afastando-se e deixando-o em paz. Mas sabia por que o safado escolhera exatamente aquele momento para fazer esse pedido: Dimitri não ignorava que tal pedido dependeria de uma decisão do conselho e, submetido à votação, Féodor não teria como negar-lhe a solicitação, uma vez que ganhara a liderança por voto dele, do traidor.

Dimitri fez uma pausa, olhou cada um e perguntou:

– Qual a decisão do conselho?

Rapidamente, cada um deu sua opinião, aprovando o pedido. Ele agradeceu efusivamente. Percebeu, pela fisionomia fechada de Féodor, que este não tinha gostado da decisão, porém nada podia fazer. Além disso, sabia que devia seu cargo de líder a Dimitri, que, se quisesse, seria o novo chefe, e Féodor não queria correr o risco.

Amuado num canto da tenda, desanimado, Yuri ouvia a conversa deles sem interferir.

Ficou decidido que Dimitri e Ludmila iriam com o grupo até a próxima cidade, onde colheriam informações a respeito das condições da ponte, se já estaria dando passagem. Seria temerário voltarem pelo mesmo caminho, que sabiam estar dominado por salteadores, sujeito a novos ataques.

– E se o rio transbordou e não der para atravessar a ponte? – perguntou um dos conselheiros.

– Só nos restará permanecer na cidade e esperar o rio baixar, o que, certamente, não deve demorar.

Ficou decidido que Dimitri e Ludmila prosseguiriam viagem até a cidade com o grupo. Lá chegando, foram informados de que a travessia da ponte fora normalizada. Eles despediram-se dos novos amigos e continuaram viagem, agora sozinhos, em retorno à aldeia nos Urais.

De uma forma que não sabia explicar, Yuri parecia "sentir" que Dimitri estava satisfeito; intimamente, sabia que ele regozijava por ter conseguido realizar o que planejara. Livrara-se de Yuri, mantivera a amizade dos cossacos, e sua amada Mila voltara para seus braços, agradecida. E, de quebra, ainda saíra como herói desse trágico episódio.

Yuri, ao perceber o que se passava pela cabeça do traidor, sentiu-se mal. Ao mesmo tempo, tinha consciência de que não adiantava reagir, pois ninguém parecia notar sua presença, ignorando-o por completo. Enojado de tudo, percebeu-se extremamente cansado, e a ferida doía-lhe horrivelmente. Deixou a tenda e procurou uma árvore, deitando-se debaixo de sua copa, afastado de todos. Ali, vencido pelo sono, voltou a dormir.

∼

Certo dia, Yuri despertou repentinamente. A ele, parecia que alguém o chamava. Quanto tempo teria dormido? Viu-se atraído para certo lugar. Olhou em torno. Que lugar seria aquele? Percebeu estar no meio de uma estrada. A cerca de uma centena de passos, notou Ludmila chorando, de cabeça baixa. Era a voz dela que ouvira, agora não tinha nenhuma dúvida.

Viu Dimitri que, um pouco além, recostado num tronco de árvore, a observava, decepcionado. Tanto lutara para retornar a sua aldeia, nos Urais, e ficar com Ludmila, mas sentia-se desesperançado. Esperava que ela mudasse de comportamento, tornando-se mais receptiva aos seus carinhos. No entanto, apesar de seus esforços e do passar do tempo, Mila não voltou a ser o que era. Vivia chorando, de cabeça baixa, como se consumida por secreta dor. Os dias e noites passavam, e ele não conseguia aproximar-se dela como gostaria. Ela não era mais uma donzela, tinha pertencido ao cossaco Yuri! Por que não poderia ser dele também? Ele era um homem honrado e casaria com ela ao chegarem à aldeia. Não havia o que discutir! Afinal, agora ela era dele, e ninguém mais a roubaria.

Às vezes, tentava abraçá-la com carinho, mostrando-lhe o quanto a amava, porém ela se esquivava. Sempre triste e calada, permanecia indiferente ao que se passava a seu redor.

Yuri não entendia como podia saber o que se passava no íntimo de Dimitri, por que conhecia os sentimentos dele. Entendeu que o traidor tinha resolvido fazer mais uma tentativa de aproximar-se de Ludmila.

Viu Dimitri chegar perto dela para conversar, trazendo-lhe algo para comer.

– Querida Mila, você precisa fazer um esforço para alimentar-se. Está pálida e enfraquecida. Não pode continuar assim.

Ela puxou o xale, cobrindo a cabeça, e murmurou com voz desalentada:

– Deixe-me, Dimitri. Cuide de sua vida. Você nada pode fazer por mim. Quero morrer...

– Não, Mila, eu jamais permitirei isso. É um absurdo o que está dizendo. A vida continua! Yuri morreu, mas você é muito jovem e merece ser feliz.

– Não posso. Não vê que estou desonrada? Pertenci a um homem e tudo se acabou para mim. Não serei aceita em lugar algum, nem pelos amigos de nossa aldeia e nem mesmo pelos meus pais.

– Não! Nada acabou para você. Eu estou aqui. Sempre a amei, e, para mim, nada mudou. Quero casar-me com você!

Apesar de acostumado a não ser percebido por ninguém, Yuri aproximou-se para dar-lhe uma surra, cheio de cólera e de ciúmes, quando notou a reação de Ludmila, que ergueu os olhos, surpresa, e depois meneou a cabeça:

– Não. Impossível.

– Impossível por quê? Por que não pode ser minha esposa?

Ela desviou o olhar do dele, daquele olhar ardente, que parecia devassá-la, como se não tivesse escutado. Inconformado, Dimitri voltou a perguntar, agora a agarrá-la pelos ombros:

– Por que não pode ser minha? Diga!

Ela respirou fundo e, lentamente, levou a mão à barriga:

– Dentro de mim existe uma vida.

Perplexo, ele largou-a, dando um pulo para trás. "Não! Não posso acreditar! Ela está esperando um filho daquele miserável, ladrão de donzelas indefesas?"

– Você quer dizer...

– Yuri morreu, mas trago um filho dele aqui, em meu ventre.

Ao ouvir aquelas palavras, Yuri fitou-a enternecido e aproximou-se para enlaçá-la em seus braços, cheio de amor. Jamais pensara na possibilidade de Ludmila estar esperando um filho seu. A reação do outro, porém, fez com que estacasse admirado. Dando outro pulo para trás, Dimitri apertou a cabeça com as mãos, incapaz de aceitar o que ela lhe dizia. Com os olhos vermelhos, estupefato, ele reagiu cheio de desespero, gritando:

– Você não podia ter feito isso comigo! Não podia! Maldita!

Yuri percebeu que ele estava alucinado, fora de si, e o olhar ardente e apaixonado fora substituído por uma expressão de ódio, causando medo em Ludmila, que se encolheu. Dimitri, que sempre fora um rapaz gentil, delicado e atencioso, agora mostrava uma face, que ela não conhecia. Ele continuou falando:

– Depois de tudo o que fiz por você! Depois de tudo o que sofri por você! Tem ideia do que passei para encontrá-la? Do que sofri nas mãos daqueles cossacos?

Em pranto, agora ajoelhada e de mãos postas, ela suplicava:

– Por Nossa Senhora de Kazan! Perdoe-me, Dimitri! Perdoe-me! Não pensei que estivesse tão ferido. Mas não tenho culpa. Simplesmente aconteceu!

Desnorteado, com a cabeça fervilhando, ele revirou febrilmente sua bolsa, até encontrar o que procurava: uma garrafa de bebida, que se pôs a beber, completamente alucinado, chorando e falando sozinho.

– Perdoe-me, Dimitri! Pelos anos que passamos juntos em nossa aldeia e que fomos amigos... – prosseguia ela, amargurada ao ver seu único amigo naquele estado.

Ao olhá-la, furioso e meio enlouquecido, revidou:

– Perdoá-la? Você não merece perdão, criatura vil. Agora, carrega em seu ventre esse miserável, que só quer me atrapalhar a vida.

Incapaz de conter-se, ao vê-lo referir-se ao seu filho daquele jeito, Yuri pulou sobre ele, agredindo-o com socos e pontapés. O celerado não sentiu os golpes, porém assimilou a ira, as emanações pesadas, destiladas em forma de agressão. Enquanto isso, em lágrimas, Ludmila defendia seu bebê, dizendo:

– Não diga isso, Dimitri. É apenas uma vida que está começando! Ele não tem culpa de nada!

– Ainda o defende? – gritou ele, aproximando-se com ódio no olhar.

Mila encolheu-se de medo, percebendo a violência que crescia dentro dele. Erguendo o braço, Dimitri deu-lhe um bofetão no rosto. Atingida, Ludmila gritou de dor e rodopiou, sendo arremessada ao solo, quase desfalecida. Completamente descontrolado, o outro abaixou-se e repetiu o gesto, atingindo-a na outra face, enquanto ela tentava arrastar-se no solo para fugir, gritando, desesperada e atônita. E Yuri, igualmente dominado pela ira, sentindo o sangue ferver em suas veias, jogou-se sobre o mujique, atacando-o com furor. Embora o miserável parecesse não sentir os golpes, alguma coisa aconteceu.

Dimitri começou a sentir-se mal, arrepios gelados percorriam seu corpo, e uma intensa dor de cabeça o acometeu. Estava assustado. Notou que alguma coisa estranha tinha acontecido quando agredira Ludmila. Então, parou, procurando conter-se e, mantendo distância dela, com gestos bruscos, recolheu as coisas e pegou o cavalo. Depois, com voz rouca, disse:

– Fique aí, vadia! Suma de minha frente! Não quero mais saber de você.

Apesar da violência e das agressões que sofrera, ao perceber sua intenção, Mila pôs-se a suplicar:

– Por misericórdia, Dimitri, não vá embora! Não me deixe aqui sozinha nesta escuridão. O que será de mim? Serei atacada pelos lobos e animais noturnos. Por piedade, não me deixe! Perdão! Perdão!

– *O que é isso? Deixe-o ir, minha querida. Ainda deseja ficar ao lado do miserável que a agrediu? Ele é que deveria pedir-lhe perdão!* – gritava Yuri, incapaz de acreditar que ela ainda o desejasse por perto.

Dimitri, porém, não estava em condições de raciocinar. Montado em seu cavalo, afastou-se, desaparecendo nas sombras da noite, enquanto a pobre moça desesperava-se ao ver-se sozinha. Sem saber o que fazer, ela ficou ali gritando por ajuda, com a esperança de que aparecesse alguém para socorrê-la.

Yuri tentou aproximar-se e consolá-la, mas em vão. Ela sentia medo. Então, procurou manter-se um pouco afastado, para não incomodá-la, mas protegendo-a, sem perdê-la de vista.

CAPÍTULO SETE

Novos amigos

DURANTE TODA A NOITE, ela não dormiu, tremendo de medo. Temia que a pequena fogueira se apagasse e os lobos se aproximassem. Não conseguia levantar-se. Todo seu físico doía intensamente: o rosto, atingido pelos bofetões; os ossos, pela violência do tombo, e a barriga, em que uma dor aguda se instalara, fazia com que ela temesse pela vida do bebê.

Por mais que pensasse, não conseguia entender a reação de Dimitri. O que teria acontecido com ele? Que a amava, ela sabia de longa data. Todavia, durante o tempo em que permaneceram com os cossacos, jamais mostrara por qualquer gesto, expressão ou olhar o que estava sentindo! Ela ficara grata ao vê-lo preocupar-se em levá-la de volta à aldeia, agora que seu querido Yuri estava morto, mesmo porque ele sempre a tratara com carinho, respeito e gentileza. De repente, ao saber que estava esperando um filho de Yuri, havia perdido a razão, comportando-se como um louco e agredindo-a brutalmente. O que teria acontecido com ele? Talvez fosse a bebida que subira à cabeça.

Ludmila acomodou-se melhor, recostada numa grande pedra, debaixo de uma árvore, e pôs-se a pensar no que fazer de sua vida. Num primeiro momento, acreditou que Dimitri, passado o efeito do álcool, voltaria para buscá-la. Ele pediria perdão e ela aceitaria. Entendia perfeitamente que ele estava fora de si ao agredi-la, em virtude da bebida.

A uma dor mais forte, levou a mão ao ventre, suplicando a ajuda de Nossa Senhora de Kazan, até que melhorou. Mais tranquila, continuou pensando, temendo a reação das pessoas: "E se Dimitri não voltar? Deveria retornar para a aldeia? Como seria recebida por todos? E por seus pais? Ou deveria tomar outro rumo e iniciar vida nova?"

Exausta, acabou por adormecer. Despertou com o trinado de um pássaro, que estava no alto de uma árvore à sua frente. Havia amanhecido. Com o corpo todo dolorido, ergueu-se e juntou suas coisas, colocando-as no animal, que pastava ali perto. Sentia muita fome, mas nada encontrou para comer, nem mesmo um pedaço de pão duro.

Antes de iniciar a viagem, elevou os olhos para o céu e fez uma prece: "Estou numa situação na qual não sei o que fazer, que caminho tomar. Senhor Deus, confio no Senhor e em Nossa Senhora de Kazan. Deposito meu destino em Suas mãos, e entrego-me aos Seus cuidados. Estou pronta a aceitar o que me estiver destinado. Por misericórdia, mostre-me o caminho, Senhor!"

Assim, mais reconfortada, preparou-se para prosseguir. Porém, a dor e a fraqueza eram tão grandes que não conseguiu montar em seu cavalo. Resolveu ir caminhando, até sentir-se melhor. Sem forças, logo parou para descansar um pouco. E, assim, de trecho em trecho, lentamente foi vencendo o trajeto.

Quando chegou em determinada região, entrou numa aldeia movimentada. Bateu à porta de uma *isba* e explicou sua situação à mulher, terminando por suplicar:

– Por piedade, ajude-me. Estou com fome.

Ao ver que a bela jovem estava pálida e quase desfalecendo, a mulher encheu-se de compaixão e trouxe-lhe um prato

Paixão de Primavera

de comida, um pedaço de pão e uma caneca com água. Ludmila devorou tudo num instante.

– Quer mais um pouco? – ofereceu a dona da casa, penalizada.

– Não, agradeço-lhe – respondeu, embora o desejo fosse aceitar. Não queria, porém, abusar da boa vontade dela.

– Por que uma jovem tão bonita está viajando sozinha?

– Fui visitar uma irmã de minha mãe que estava doente, e agora estou voltando para casa – justificou-se, inventando a história.

– Ah! E a sua tia, melhorou?

– Não, senhora. Ela morreu.

– Lamento.

Ludmila agradeceu novamente a boa mulher e reiniciou a caminhada.

Dias e noites se passavam sempre iguais. Às vezes, ela encontrava pessoas generosas que a ajudavam e que até permitiam que dormisse em um abrigo, num celeiro ou num estábulo. Às vezes, porém, passava dias sem alimentar-se, comendo as plantas que medravam na beira da estrada, ou alguma fruta que, por felicidade, encontrasse. Os pés estavam em chagas, e ela os trazia sempre embrulhados em panos.

Certo dia, não sabia mais o que fazer. Estava exausta e faminta. Chegou a uma hospedaria, à beira da estrada, e pediu comida. O proprietário, homem rude e ambicioso, propôs:

– Dou-lhe comida, mas terá de pagar-me com serviço.

– Aceito – respondeu aliviada, sentando-se.

O estalajadeiro, porém, avisou-lhe que primeiro ela teria de dar conta do serviço, e, somente depois, seria dado um prato de comida.

No entanto, seu estado de fraqueza era tão grande que, apesar do esforço que fez para executar suas tarefas, não conseguiu. Caiu desacordada, e um criado chamou o patrão. Ao voltar a si, viu o dono da estalagem debruçado sobre ela.

83

– Desculpe-me, senhor. Estou muito fraca – murmurou.

O homem, que era bastante esperto, sugeriu:

– Já que não conseguiu trabalhar, vou propor-lhe outra coisa. Vejo que tem um belo animal, minha jovem. Venda-me o cavalo e, em troca, darei toda a comida que quiser.

– Mas, senhor, eu não posso! Como voltarei para minha casa a pé? Meus pés estão em chagas...

– Isso é problema seu. Se quiser, faço o negócio já.

Ludmila não queria desfazer-se do animal, todavia, estava faminta e a ponto de desmaiar novamente.

– Está bem, senhor. Quanto me oferece pelo cavalo?

– Dou-lhe comida e duas moedas.

– Está bem, aceito, mas quero também um canto para dormir e um par de sapatos.

– Tudo bem. Zamira, traga comida para a jovem.

Bem a tempo. Ela não suportaria ficar mais um momento que fosse de pé. Ludmila sentou-se a uma mesa e aguardou a comida. Quando chegou o prato, comeu com voracidade. Ao terminar, a moça levou-a para o quartinho onde iria dormir.

Ludmila deitou-se e apagou. Estava tão exausta que só acordou na tarde do dia seguinte. Foi para a sala de refeições e mandou chamar o estalajadeiro.

– Vejo que dormiu bastante. Muito bem. Aqui estão suas moedas e seus pertences, como também um par de botinas.

– Cuide bem de meu cavalo.

– Não se preocupe.

– Posso despedir-me dele?

– Está lá fora.

– Obrigada. Adeus.

Ludmila pegou suas coisas e saiu, protegendo os olhos do sol, em seguida, procurou o animal. Logo o viu, do lado de lá da cerca. Aproximou-se dele, passando a mão por seu pelo macio.

– Adeus, meu amigo. Vamos nos separar. Não vou me esquecer de você. Foi um grande companheiro. Obrigada. Adeus.

Deu-lhe as costas e começou a caminhar. Ouviu um relincho atrás de si, e voltou-se. Parecia que o animal tinha entendido suas palavras e que também dizia adeus.

Agora, realmente, sentia-se sozinha. O cavalo sempre fora um amigo para ela. Fizera-lhe companhia quando não tinha mais ninguém. Enquanto tivera esse amigo, aprendera a confiar nele, a conversar com ele, a sentir-se mais segura enquanto dormia, porque estava por perto. Agora não tinha mais ninguém.

Grossas lágrimas desceram pelo rosto. Sentia-se frágil e insegura. Estava só no mundo.

Não notou a presença de Yuri que, sempre ao seu lado, muitas vezes, chorava ao presenciar as desventuras, sem nada poder fazer para ajudá-la.

~

Após algum tempo de caminhada, Ludmila não era mais do que sombra do que fora. Tomava banho nos riachos que encontrava. Quase sem roupas para trocar, lavava-as e deixava-as secar durante a noite, embrulhando-se na pequena manta de lã. Sem os cuidados com a pele e os cabelos, a que antigamente estava acostumada, parecia uma mendiga.

Certo dia, encontrou um bando de ciganos e pediu-lhes ajuda. O chefe examinou-a de cima a baixo e indagou o que ela sabia fazer.

– Eu danço! – respondeu ela.

– Pois me mostre. Se for útil ao bando, seguirá conosco.

A um leve sinal de Igor, os acordes de uma melodia invadiram o ar. Ele sentou-se, aguardando. Apesar de cansada e enfraquecida, com os pés feridos, embora calçados, Ludmila posicionou-se, desejando dar o melhor de si.

Com um sorriso no rosto, ela volteava, e os movimentos da dança atraíram a atenção dos ciganos, que deixaram suas ocupações e aproximaram-se, encantados. Ao terminar, aplausos surgiram de todos os lados. Igor observava-a, pensativo:

– Quem é você, bela jovem? Por que viaja sozinha, exposta a tantos perigos?

Ludmila fitou o homem à sua frente, cujo olhar parecia devassá-la intimamente. A princípio pensou em contar-lhe a mesma mentira de que, vez por outra, se servia, porém teve medo. Então, sentou-se ao lado dele e disse:

– Minha história é longa.

– Temos tempo. Pode falar que eu a escuto.

– Pois bem. Nasci numa das aldeias de mujiques no Ural. Meus pais...

Lentamente, ela contou aos seus ouvintes o drama que vivia, e encerrou:

– Assim, depois da morte de Yuri Vanilevitch, os cossacos libertaram-me e saí pelas estradas tentando retornar ao meu lar.

Os ciganos, emotivos e dramáticos por natureza, ficaram comovidos com a história da bela jovem. Igor propôs:

– Ludmila, pelo que nos contou, também corre em suas veias o sangue cigano. Venha conosco e terá o amparo de nosso povo. No momento, não estamos indo para aqueles lados, porém somos nômades e chegará a hora em que passaremos por lá. O que me diz. Aceita?

– Aceito com prazer e agradeço-lhe a generosidade.

– Aqui, porém, todos trabalham. Você dançará quando for requisitada e ajudará no serviço do acampamento. Depois, alguém a ensinará a ler as cartas. É assim que sobrevivemos.

Igor chamou uma das mulheres do grupo e murmurou algo em seu ouvido. Soraya fez um sinal de assentimento. Aproximou-se de Ludmila e, com ar arrogante, ordenou:

– Acompanhe-me. Vou arrumar-lhe algumas roupas. Tomará banho e depois vamos sair para trabalhar na vila próxima.

Ludmila seguiu-a docilmente até sua tenda. A cigana abriu um grande baú de madeira e remexeu, até encontrar uma roupa que pareceu ser adequada à recém-chegada.

– Este vestido deve servir-lhe – disse, entregando-o para a outra.

Ludmila dirigiu-se ao riacho próximo, banhou-se e vestiu-se. Depois, penteou os longos cabelos e sentiu-se novamente mulher, após tanto tempo vagando pelas estradas.

Soraya examinou-a. Achou-a muito pálida e abatida. Abrindo uma caixa, dela retirou cremes e produtos de toucador. Coloriu suas faces e seus lábios. Em seguida, abrindo outra caixa, branca e brilhante como o interior das conchas, retirou colares e pulseiras, que colocou em Ludmila. Olhando-a, com ar entendido, exclamou:

– Ah! Está bem melhor agora! Vamos. Temos muito que fazer.

Saíram da tenda e Soraya seguia à frente; haviam caminhado poucos passos, quando Ludmila desabou no chão. Ao ouvir o ruído do baque, a cigana virou-se e deu com Ludmila desacordada.

– Acudam! Socorro! A estranha está mal!

Um dos ciganos agarrou-a nos braços, transportando-a para debaixo de uma árvore. Imediatamente chamaram Igor.

– O que houve?

– A moça está desmaiada – disse Soraya.

– Talvez esteja com fome. Está tão pálida! – alguém lembrou.

– É verdade. Como não pensamos nisso? – concordou Igor.

– Vamos afrouxar suas roupas e tirar as botinas – sugeriu outra cigana, que, imediatamente, soltou os colchetes. Depois, tirou as botinas. Assustou-se diante dos pés dela, bastante feridos e sangrando.

– Com certeza essa pobre mulher caminhou muito por essas estradas.

Uma velha cigana trouxe um líquido e despejou algumas gotas nos lábios de Ludmila. Logo em seguida, ela abriu os olhos e, vendo-se cercada pelos ciganos, ficou surpresa, sem entender o que acontecia.

– Minha jovem, há quanto tempo não se alimenta? – indagou Igor.

– Há dois dias – respondeu num sopro, envergonhada.

Compungidos, os ciganos trouxeram um caldo, pão e vinho, para levantar-lhe as forças. Em seguida, como precisassem trabalhar, deixaram-na aos cuidados da cigana idosa. No acampamento, permaneceram apenas as crianças e os velhos. Tudo ficou tranquilo, e Ludmila entregou-se ao sono benéfico.

Horas depois, eles retornaram com o resultado do dia, trazendo comida e moedas. Como a recém-chegada estivesse dormindo, não a incomodaram, deixando-a descansar. Ludmila despertou apenas na manhã seguinte.

Ao acordar, abriu os olhos e olhou em torno, estranhando o ambiente. Aos poucos, as lembranças voltaram. Recordou-se, inclusive, de que contara sua vida ao cigano Igor, omitindo apenas que esperava um filho de Yuri Vanilevitch.

A realidade da gravidez, porém, se impunha. Como manter esse fato em segredo? Logo os ciganos perceberiam seu estado, diante do ventre que aumentaria gradativamente. "Não importa", – pensou ela – "não espero ficar muito tempo com eles. Antes que percebam, já terei dado um rumo à minha vida."

Por algum tempo permaneceu no acampamento, sob os cuidados da idosa cigana, que, todos os dias, cuidava dela, renovando os curativos dos pés. Recuperando-se e já podendo andar, Ludmila passou a sair junto com os ciganos para fazer apresentações. Enquanto ela ou outras ciganas dançavam, Igor passava o chapéu, recolhendo as doações. Ao mesmo tempo, outras andavam no meio do povo, oferecendo-se para ler a sorte nas mãos ou nas cartas.

Com o passar dos dias, Ludmila começou a gostar dessa vida. Afinal, dançar sempre fora sua paixão e, agora, podia fazê-lo sem problemas.

O tempo foi passando sem que ela desse conta.

Um dia, ela percebeu que a anciã olhava-a mais detidamente. Ludmila embrulhou-se no xale, para disfarçar a barriga que já aparecia. Em seguida, viu a velha cigana dirigir-se a Igor, que estava sentado à frente de sua tenda, e conversar com ele em voz baixa. A distância não permitia que ouvisse o que falavam, mas percebeu que ela segredava algo a seu respeito.

Paixão de Primavera

Não demorou muito, o chefe dos ciganos aproximou-se. Temerosa, aguardou. Igor sentou-se à sua frente.

– Ludmila, você está prenhe?

Como não adiantava negar, ela enfrentou a situação:

– Estou esperando um filho, sim.

– Por que não me contou?

– Quando aqui cheguei, ainda não sabia, Igor. Não tive a intenção de enganá-lo.

Igor pensou por alguns instantes, depois considerou:

– Ludmila, no seu estado, não poderá permanecer conosco. Logo não poderá dançar, e, depois que a criança nascer, será outra boca para alimentar. Espero que compreenda. A vida dos ciganos é difícil, ganhar nosso sustento é trabalhoso. Além disso, temos de guardar recursos, pensando no inverno, quando ficamos impedidos de trabalhar.

Ludmila jogou-se aos pés do cigano, suplicando:

– Por piedade, não me mande embora, Igor. O que será de mim? Continuarei dando conta de minhas tarefas e, quando não puder mais dançar, farei comida, lavarei roupas e...

– Não, Ludmila. Durante esse tempo, passei a apreciá-la. Tem sido uma grande companheira e nos tem ajudado bastante, assim como nós também a ajudamos. No entanto, é regra de nossa tribo: não podemos manter quem não trabalha, a não ser que seja parte do grupo.

O chefe fez uma pausa. Sua voz estava rouca, e ele lutava consigo mesmo para não se deixar convencer. Penalizado e com o coração apertado de dor, via a jovem à sua frente, em prantos.

– Deverá deixar o acampamento ainda hoje. Daremos tudo o que precisa para alimentar-se por alguns dias, e poderá levar suas roupas. Vá em paz.

Igor levantou-se e saiu caminhando rápido. Não queria que ela notasse o quanto aquela atitude lhe custava.

Ludmila chorou bastante. Depois, ergueu-se, foi até a tenda que dividia com Soraya e colocou num saco algumas roupas que ganhara, deixando as pulseiras e colares, que seriam mais úteis para as ciganas. Tudo pronto, saiu da tenda e caminhou pelo acampamento. Um dos ciganos trouxe-lhe um saco com alimentos, que ela guardou, agradecendo.

Os ciganos haviam parado suas atividades. A notícia da partida de Ludmila espalhara-se pelo acampamento, e todos queriam despedir-se dela. Os mais chegados aproximavam-se e entregavam-lhe uma lembrança, que podia ser um amuleto, um par de brincos, um colar, um lenço, um pente para os cabelos. Somente Igor ausentou-se.

Um jovem e belo cigano, que se tomara de amor por ela, chegou-se e, pegando sua mão, propôs:

– Ludmila, case-se comigo. Como minha esposa, não precisará ir embora.

– Não posso, Ivan. Agradeço-lhe o carinho e o desejo de me ajudar, porém não posso aceitar sua proposta. Você merece alguém que realmente o ame. Obrigada, meu amigo. Jamais esquecerei de você.

Com o rosto lavado de lágrimas, Ludmila percebeu quantos amigos fizera.

Saiu do acampamento sem olhar para trás. O coração estava destroçado, em pedaços. Fora uma fase feliz em sua existência. Adaptara-se, perfeitamente, ao modo de vida cigano e sentiria falta da convivência com eles.

Continuou seu trajeto, agora sentindo mais do que nunca sua solidão. Nem sabia para onde ir. Quando aparecia uma carroça, pedia ajuda e ia para onde o destino a levava. Outras vezes, era uma caravana que passava, e ela seguia junto.

Os meses se passaram. Certa ocasião, começou a sentir-se mal. Dores insuportáveis no baixo ventre. Ao longe, viu as torres de uma cidade. Lutou para chegar até lá, onde encontraria ajuda, mas não conseguiu. Sem poder andar, deitou-se no chão, à margem da estrada, aconchegada à gramínea macia. Lembrava-se da mãezinha que ela tanto amava, do pai, da *isba* pobre, mas acolhedora, e chorava de dor e de saudade, pensando que, se estivesse em sua casa, teria todo o socorro possível.

– Nossa Senhora de Kazan, ajude-me! – implorou – Não peço por mim, mas por meu filho que vai nascer!

As dores aumentavam continuamente, e ela gritava por socorro, sem obter resposta. Até que, a uma dor mais lancinante, gritou e perdeu os sentidos.

Quanto tempo ali permaneceu, sozinha? Não saberia dizer.

Quando deu por si, ouviu vozes e abriu os olhos. Um casal de velhinhos debruçava-se sobre ela. A mulher viu o recém-nascido que ainda mantinha-se ligado à mãe pelo cordão umbilical.

– Veja, meu velho, precisamos ajudá-la. Traga-me a faca.

A boa senhora cortou o cordão umbilical e enrolou o bebê numa manta que trazia consigo. Em seguida, notou que a mãezinha abrira os olhos.

– Ah! Ela despertou! Como está?

– E meu bebê? – indagou Ludmila.

– Está bem. É um lindo menino – disse a senhora, colocando o recém-nascido nos braços da mãe, que chorava de alegria. – Como vai chamá-lo?

– Meu filho terá o nome do pai, George, mas para mim é Yuri.

– Yuri! Bonito nome. Consegue levantar-se? Precisamos colocá-la na carroça. Não podemos deixá-la aqui, neste ermo, com seu filhinho. Logo vai anoitecer e é perigoso.

Ludmila levantou-se, com a ajuda do casal, e deitou-se na carroça, sobre umas cobertas com que o homem havia forrado a madeira. Após acomodar-se, Ludmila adormeceu novamente. Sentia-se fraca, após o esforço do parto. Quando acordou, havia chegado a uma casa pequena e acolhedora.

Seus benfeitores ajudaram-na a descer e levaram-na até um quarto, onde deitou-se num leito macio.

Logo o cheiro de comida invadiu a casa. A bondosa senhora fizera-lhe uma canja, que Ludmila tomou com satisfação. Ao ver o bebê chorar, colocou-o no peito e ele sugou o leite que descia como milagre dos céus. Ela voltou a dormir e só acordou no dia seguinte. Mais fortalecida, agradeceu o socorro que recebera.

– Sei que já dei muito trabalho a vocês. Preciso partir – ela disse, embora não muito convencida. No fundo, estava com o coração apertado ao pensar que voltaria a ficar sozinha, ainda mais agora, com um bebê nos braços.

– Não, absolutamente. Fique conosco por mais algum tempo, Ludmila. Somos sozinhos e sua companhia será um prazer, ainda mais com este lindo bebê.

Ludmila respirou fundo. Permanecer numa casa era o que mais queria. Ah! Há quanto tempo não sabia o que era ter uma casa!

– Bem, se não os incomodo, aceitarei. Obrigada.

O casal, Simeon e Judite, trocaram olhares, satisfeitos. Os filhos estavam longe e sentiam saudade da presença dos entes queridos. Além disso, Ludmila era muito parecida com a filha deles, e se tomaram de amor por ela.

Foi um tempo bom aquele. Com o passar dos dias, Ludmila sentia crescer em si o afeto pelos novos amigos, que, na verdade, tratavam-na como filha do coração.

Durante esse tempo, ela ficou sabendo que estavam numa pequena cidade, perto de Moscou. Aquela informação atiçou sua curiosidade. Sempre desejara conhecer a grande cidade.

Um mês depois, chegou uma carta trazendo más notícias. Era do marido de Nina, filha de Simeon e Judite, contando que a esposa estava muito doente dos pulmões e desejava ver os pais.

Desesperado, o casal resolveu viajar para Novgorod, onde a filha morava. Em meio à confusão que se estabelecera pela notícia, Judite tranquilizara Ludmila, afirmando:

– Minha filha, vamos viajar para Novgorod, porém esta casa é sua também. Pode ficar aqui.

Ludmila entendeu a generosidade do casal, mas seria impossível aceitar a oferta. Afinal, haviam se conhecido há pouco mais de um mês e não queria abusar da hospitalidade.

– Agradeço-lhe, minha boa Judite, mas não posso aceitar. Na verdade, já permaneci tempo demais aqui. Segundo disseram, terão de passar em Moscou. Então, se me permitirem, irei junto com vocês até Moscou, onde ficarei com meu filho. Certamente não me faltará serviço na cidade grande.

Assim estabelecido, arrumaram as bagagens e puseram-se a caminho. Após alguns dias de viagem, Ludmila pôde ver ao longe as torres da cidade, sob o fundo azul do céu. Seu coração batia acelerado.

Num local onde duas estradas encontravam-se, Simeon fez a carroça parar e avisou:

– Ludmila, aqui nos despedimos de vocês. É só seguir por esta outra estrada e chegará a Moscou.

Desceram e despediram-se, emocionados.

– Minha filha, se Moscou não for propícia a você e quiser voltar para nossa casa, ela sempre estará de portas abertas para recebê-la. Deixamos a chave com nossa vizinha de confiança. Então, não se acanhe. Mesmo que não estejamos lá, a casa é sua – afirmou Judite.

Ludmila abraçou-a com imenso carinho:

– Judite, você tem me tratado como filha, e eu, que estou distante de minha mãe, agradeço. Obrigada por tudo. Se algum dia precisarem de mim, estarei à disposição. Desejo-lhes uma boa viagem e que encontrem sua filha Nina bem melhor. Assim que tiver um endereço em Moscou, mandarei uma carta contando tudo.

Judite beijou o pequeno Yuri, abençoando-o. Ludmila despediu-se também de Simeon, agradecendo-lhe por tudo o que fizera.

O casal, com os olhos úmidos, tomou assento na carroça e partiu. Antes de virar na próxima curva, pouco adiante, Judite e Simeon voltaram-se e acenaram com as mãos.

Ludmila pôs-se a chorar. Estava novamente sozinha.

CAPÍTULO OITO

Em Moscou

DEPOIS DE ALGUM tempo ali parada, Ludmila entendeu que não poderia ficar no meio da estrada, sujeita a perigos; encheu-se de coragem, enxugou os olhos e, fitando o pequenino, murmurou com ternura:

– Como posso pensar que estou sozinha, quando tenho você, meu tesouro?

Yuri abriu-se num lindo sorriso, parecendo ter entendido as palavras da mãezinha.

Ao aconchegá-lo ainda mais ao peito, agradeceu a Deus por tê-lo enviado, pois era seu anjo. Por ele, faria tudo. Quando chegasse a Moscou, não seria difícil encontrar lugar para ficar e um serviço honesto, pensava ela, cheia de esperança e otimismo.

Assim, ao aproximar-se da grande cidade, ficou encantada ao ver as ruas apinhadas de gente e o intenso movimento de carruagens. Todos pareciam muito ricos e, certamente, não faltaria lugar onde pudesse ficar com seu filho.

Estava cansada, com fome, e sentou-se numa via pública para descansar e amamentar o bebê. Como a fome aumentasse de forma insuportável, envergonhada, mas decidida, ela passou a suplicar aos transeuntes apressados:

– Ajude-me, minha senhora! Tenho fome!

Ao que a dama, elegante e orgulhosa, lançou-lhe um olhar de desprezo:

– Era só o que me faltava! Pois sim! Sendo tão jovem e bela, precisa é de trabalho e não de mendigar na rua.

– Tem razão, senhora. É exatamente o que desejo! Um serviço para poder manter-me e cuidar de meu filho.

Mas a dama que fizera o comentário, desinteressada pelos problemas da pobre moça, já estava longe e nem ouvira sua resposta. Apesar de não obter resultado, Ludmila não esmoreceu e continuou suplicando ajuda. Os cavalheiros, ao passarem, mediam-na de alto a baixo e faziam propostas indecorosas. Logo as pessoas começaram a ficar incomodadas com a sua presença, desviando-se dela.

O sol já estava quase se pondo, e a pobrezinha não sabia o que fazer. Conferiu o saldo do dia: apesar das dificuldades, ganhara duas pequenas moedas e um pedaço de pão, que comeu esfomeada. "Por agora me basta" – pensou. – "Amanhã será outro dia e tenho esperança de que seja diferente."

Precisava de um lugar para abrigar-se. Levantou-se e caminhou pelas imediações. Encontrou uma viela, onde um prédio formava uma reentrância que serviria para passar a noite, protegida do vento e do frio da madrugada. Recobriu a pedra fria com uma manta, ajeitou-se como pôde, amamentou o pequeno, agasalhou-se com a manta que Judite lhe dera e, logo depois, exausta, entregou-se ao sono.

Acordou assustada, com o ruído das carroças que levavam produtos para o mercado. Esfregou os olhos. Num primeiro momento, não entendeu o que acontecia, até que a lembrança voltou.

"Então não era sonho! Estava realmente sozinha, numa cidade grande e completamente desconhecida. O que fazer?"

O bebê espreguiçou-se e chorou de fome. Ludmila deu-lhe o peito e, imediatamente, ele se aquietou. Precisava trocar suas roupas sujas. Se estivesse numa estrada, certamente encontraria uma fonte ou um pequeno regato para lavá-lo. Na cidade, porém, onde encontrar água?

Ludmila resolveu caminhar pelas ruas. Afinal, numa cidade como Moscou, certamente haveria uma bica de água em algum lugar. Andou por algum tempo, admirada dos prédios, dos monumentos, das estátuas, até que viu, ao longe, um repuxo de água. Apressou o passo e, chegando perto da fonte, que não era grande, viu, na única parede, a cabeça de um leão que despejava água pela boca e formava uma piscina no meio das pedras. Ficou maravilhada! Lavou o bebê e trocou suas roupas.

Achou que o local, bastante movimentado, seria bom para ficar. Permaneceu por ali, suplicando ajuda dos transeuntes. Embora o resultado não fosse grande coisa, no final do dia sempre tinha o que comer.

Tornou-se uma moradora de rua. Com o tempo, passou a conhecer um pouco da cidade, já não se perdendo em suas vielas. Serviço, nada. Agora, Ludmila lavava suas roupas e as do bebê na fonte, estendendo-as para secar em um muro, gradil ou qualquer outro lugar banhado pela luz do sol.

Certo dia, uma mulher bem-vestida, perfumada, de rosto muito branco, cuja pintura exagerada parecia uma máscara, toda coberta de joias, passou em sua carruagem. Em outras vezes, Ludmila já notara a dama, que tinha por hábito fazer sempre aquele trajeto, sem se deter. Nessa tarde, a carruagem passou lentamente, e a dama olhou-a de forma especial. Aliás, sempre a fitava com interesse, mas nunca se aproximara.

Após passar por ela, a dama deu uma ordem ao cocheiro, e o veículo parou pouco mais adiante. A dama apeou e, retornando alguns passos, caminhou com elegância para o local onde estava Ludmila, que já se esquecera dela, entretida a conversar com seu bebê. Assim, ela levou um susto ao ouvir uma voz de mulher, às suas costas:

– Que criança linda!

Ludmila voltou-se, surpresa, e viu a dama.

– O que disse, senhora? – gaguejou.

– Que seu bebê é lindo e também bastante esperto. Tenho passado por esta rua e vejo-a sempre aqui. Onde mora?

– Não tenho casa, senhora. Vim para Moscou começar vida nova, porém ainda não consegui serviço.

–Ah! E sua família? Vejo-a sempre só! Seu filho deve ter um pai, por certo.

Não querendo dar detalhes de sua vida para uma estranha, balbuciou:

– Não tenho ninguém. O pai do meu filho morreu.

– Ah! Mas você é tão jovem e bela! Difícil acreditar que ainda não tenha encontrado trabalho! Como se chama?

– Ludmila, senhora. E, respondendo à sua pergunta, afirmo-lhe que é a pura verdade. A todos que passam por mim, peço um serviço, porém em vão.

A dama examinou-a com olhos críticos e comentou:

– Talvez seja pelo fato de estar sempre desarrumada! Veja! Você está sempre suja, suas roupas são velhas e seus cabelos sem trato!

– Vivo como posso, senhora – respondeu ela, envergonhada de sua condição, mas com dignidade.

Como se tivesse tomado uma decisão, a senhora indagou com vivacidade:

– Minha filha, sua situação comoveu-me. Se me permitir, creio que posso proporcionar-lhe uma nova vida. Tenho uma casa bastante grande e quartos de sobra. Além disso, poderá dar ao seu filho condições melhores para crescer forte e sadio. Aceita?

Com os olhos brilhando de entusiasmo, Ludmila mal podia acreditar em semelhante convite.

– Claro que aceito! – exclamou, com lágrimas, que desciam pelo rosto.

E, ajoelhando-se, beijou a mão de sua benfeitora, que a fitava com leve sorriso.

Foi apenas o tempo de reunir seus magros pertences e aboletar-se na elegante carruagem, com seu filho.

A partir daquele instante, a vida de Ludmila sofreria grande transformação.

Ao chegar à propriedade onde residia a dama, a jovem não conteve o espanto. Olhava tudo, encantada. Após transpor o enorme portão de ferro trabalhado, transitaram por formosos jardins; depois, mais ao fundo, sem que da rua se pudesse notar, uma bela mansão, no meio de um gramado, escondia-se, atrás da vegetação cerrada. O cocheiro contornou o caminho circular e parou à entrada da residência. Abriu a portinhola, ajudando-as a descer da carruagem, o que deixou a aldeã do Ural profundamente lisonjeada. Subiram as escadarias e adentraram a construção: o saguão luxuoso, o piso de mármore, as salas diversas que ela entrevia pelas portas abertas, os móveis refinados, os quadros magníficos, os lustres primorosos... tudo deixava Ludmila boquiaberta.

– Meu Deus! Não acredito que, depois de ter passado por tantas privações, é aqui que vou morar, neste palácio soberbo!

– Pois acredite, *ma chérie*[9]. De agora em diante, esta será sua casa. Venha! Vou pedir a umas amigas que cuidem de você.

Após dizer isso, aproximou-se de um reposteiro, puxou uma argola, e fez-se ouvir uma sineta. Logo, cinco jovens álacres surgiram, atendendo ao chamado da dona da casa. A senhora apresentou a recém-chegada às belas moças:

– Ludmila, estas serão suas companheiras de agora em diante: Amanda, Irina, Veruska, Ingrid e Sofia. Ajudem-na a instalar-se e tratem-na muito bem! Estou cansada e vou repousar um pouco – afirmou, tirando o chapéu da cabeça e encaminhando-se para uma das salas.

As moças olharam Ludmila, dando voltas em torno dela e analisando-a, com expressão crítica, o que fez com que a jovem e tímida camponesa se sentisse péssima. Baixou a cabeça, humilhada.

---

9. Querida, meu bem, no idioma francês.

Era o oposto delas. As jovens, todavia, pareciam acostumadas com esse primeiro momento. Com suas vestes esvoaçantes de cores diferentes, penteadas com capricho e sorridentes, envolveram a nova companheira.

– Venha, Ludmila! – disse Amanda.

Subiram a escadaria tagarelando, alegres e divertidas. Logo colocaram Ludmila à vontade. Uma delas afirmou, abrindo uma porta branca com arabescos em ouro:

– Entre. Estes são seus aposentos de hoje em diante. Seja bem-vinda! Encontrará neles tudo o que precisa. Esta porta dá para a sala de banho, e aquela outra é uma pequena sala, mas pode servir de quarto para seu filhinho, onde ficará bem acomodado. Tome um bom banho, descanse e, quando se sentir melhor, desça. Amanhã iremos ajudá-la a arrumar-se.

Ludmila estava atônita.

– Nem sei como agradecer-lhes tanta bondade, a começar pela dona da casa, da quem, aliás, ainda nem sei o nome! Espero poder retribuir de alguma maneira tanta gentileza.

As jovens riram, trocando olhares de cumplicidade.

– Sem dúvida! Madame Trussot (este é o seu nome), certamente encontrará uma maneira pela qual possa retribuir o acolhimento que recebeu. Agora vamos deixá-la. Até mais tarde, Ludmila.

Assim que as jovens saíram, Ludmila começou a rir sozinha. Aquele era um verdadeiro milagre! Vendo um nicho com o *ícone*[10] de Nossa Senhora de Kazan, comum em muitas casas na Rússia, ajoelhou-se e rezou:

– Senhora de Kazan, ouviu minhas súplicas! Este milagre só pode ser seu! Agradeço-lhe a bondade e a misericórdia com que atendeu a mim e a meu filhinho. Ficar-lhe-ei sempre agradecida!

---

10. Pintura em madeira, muito utilizada na Rússia, representando imagens veneradas pelo povo.

Ludmila colocou o filho no grande leito, pensando em como vesti-lo. Nisso, ouviu leve batida na porta. Era um criado portando um grande pacote. Abrindo-o, viu que era a resposta às suas necessidades: roupas de bebê. Imediatamente, deu um banho em Yuri, vestiu-o e perfumou-o. Em seguida, amamentou-o. Logo o bebê estava dormindo.

Dirigiu-se à sala de banho, tirou as roupas e mergulhou na água tépida. Ao lado, vários frascos contendo produtos perfumados, que ela abriu um por um: sais de banho, pétalas de rosas para perfumar a água, sabão perfumado, creme para lavar os cabelos e amaciar a pele. Distraída, não se preocupou com o tempo. Depois se enrolou em toalha macia, enxugou-se e passou para o quarto, abriu um armário e encontrou belos vestidos. Pegou um deles, vestiu-se e penteou os longos cabelos negros. Havia chegado muito cansada. As últimas emoções vividas, a mudança para aquele belo palácio, o delicioso banho relaxante, tudo isso fez com que se estirasse no leito macio e acabasse adormecendo.

～

Despertou na manhã seguinte, com a presença de uma criada que lhe trouxe o café da manhã.

– Bom dia, Ludmila. Madame pede que tome seu desjejum e desça em seguida.

A criada passou os olhos pelo aposento, depois se dirigiu até a sala de banho e fez uma trouxa com as roupas velhas de Ludmila e do bebê. Com o nariz empinado e cara de nojo, saiu do quarto dizendo:

– Vou levar este lixo para ser queimado.

Ludmila, que não se alimentava desde o dia anterior, estava faminta; fartou-se com tudo que veio na bandeja: leite, chá, pãezinhos doces e salgados, geleia e biscoitos. Quando acabou de comer, fitou com ternura o filho, que ainda dormia tranquilo. Esperou que ele acordasse, amamentou-o, trocou-o e depois desceu.

Ao entrar na sala, viu que as jovens estavam reunidas, conversando e rindo. Madame chamou-a para perto de si:

– Ludmila, sente-se aqui. Precisamos conversar.

Depois, fez leve sinal a uma criada, que se aproximou:

– Leve o bebê de Ludmila para tomar um pouco de sol.

A jovem mãe reagiu:

– Não há necessidade. Ele está bem aqui. Não conhece a moça e vai estranhar.

Madame Trussot foi firme:

– Fique tranquila, *ma chérie*. Ele ficará bem aos cuidados dela. Está acostumada com crianças e, além disso, precisamos ensinar-lhe como comportar-se em sociedade.

Ludmila conformou-se e cedeu, embora incomodada. Era a primeira vez que o bebê deixava seus braços. Durante aqueles meses, ele sempre estivera com ela, jamais se apartara de seu colo. Porém madame, ignorando sua reação, já falava com ela e tinha que prestar atenção.

– *Ma petite*[11]! Para apresentar-se em sociedade, é preciso saber como comportar-se devidamente. A partir de agora, irá receber aulas de etiqueta, de postura, de dança, de como se trajar, se pentear e se pintar. Enfim, tudo que for preciso para transformá-la numa dama.

– Mas... mas... será mesmo necessário?

– Sem dúvida! Aqui costumamos receber constantemente pessoas da sociedade!

– Bem, se a senhora acha que é importante...

– Imprescindível. Amanda, vamos começar a trabalhar!

A partir daquele momento, quase todo o tempo de Ludmila era utilizado em aulas e informações. Aprendeu como andar, falar, sentar-se, portar-se à mesa, conversar elegantemente; mas também como tratar do próprio corpo, mantendo a pele macia e perfumada, como cuidar dos cabelos e como penteá-los; depois, como fazer maquiagem, realçando seus traços. Tudo para ser atraente. Além disso, aprendeu também as danças mais usadas nos salões. De sua

---

11. Minha pequena, no idioma francês.

parte, para espanto das demais, mostrou-lhes que era exímia na dança cigana.

Ao final de uma semana, Ludmila estava exausta, porém era outra pessoa, mais alegre, solta, mais relaxada e muito mais bonita, em virtude dos cuidados que recebia. Ela, que nunca possuiu sequer um traje de festa, sentia-se agora uma verdadeira princesa, tratada com luxo e requinte.

Durante esse tempo, recolhia-se cedo. Como não terminara suas aulas de etiqueta, era vedado a ela descer ao salão à noite. Então, fechava-se em seus aposentos com o filho e, vez por outra, ouvia ruído de vozes e de risadas. Como madame Trussot falara que tinha por hábito receber gente em sua casa, não estranhou.

Mais alguns dias e deram por terminado seu aprendizado. Naquela noite, haveria uma festa e Ludmila participaria, pela primeira vez. Ela arrumou-se com capricho, penteou-se, pintou-se e, antes de descer, colocou um pouco de perfume.

A criada apresentou-se para ficar com o pequeno Yuri. Agora, mais acostumada a afastar-se do filho, Ludmila fez-lhe algumas recomendações e aguardou no alto da escada, conforme combinado.

Madame Trussot desejava que sua entrada no salão fosse triunfal. Então, programara uma apresentação de Ludmila. Assim, quando a festa estava bem animada, madame fez um sinal a um dos criados, que avisou Ludmila, e, dirigindo-se ao centro da sala, a anfitriã anunciou:

– Peço a atenção de todos! Apresento-lhes Ludmila, uma bailadeira cigana, vinda diretamente dos montes Urais para Moscou!

Nesse momento, algumas luzes foram apagadas, deixando acesas apenas as da escadaria. Aos primeiros acordes da música cigana, Ludmila surgiu no alto como uma visão de sonho. Vestia um belo traje vermelho e laranja, com saia em amplos babados, posta sobre anáguas – o que produzia volume. Sobre o decote, que lhe deixava ver o colo soberbo, viam-se vários colares, além de brincos e pulseiras. Trazia os cabelos negros soltos e, sobre eles, uma coroa de flores recém-colhidas. E, em movimentos sinuosos de braços e quadris, rítmicos e sensuais, ela foi descendo lentamente. À medida que descia, as luzes iam se acendendo, iluminando-a; ao chegar ao piso, pôs-se a dançar, acompanhando a melodia, girando sobre si mesma, em movimentos harmoniosos, que prendiam a atenção, e, em certos momentos, a dançarina rodava pelo salão, freneticamente, enquanto os convidados, com os olhos fixos nela, acompanhavam a dança, encantados. Em certo momento, a música tornou-se mais vibrante, mais rápida, e a jovem acompanhou o ritmo, arfante, até que a melodia parou de repente, e Ludmila, ao mesmo tempo, estacou, caindo ao chão. Fora tão rápido o final, tão inusitado, que deixou todos perplexos, em suspense. Após alguns segundos, os aplausos explodiram de todos os lados.

Com rapidez, antes que o público se recuperasse, ela ergueu-se com elegância, fazendo uma leve reverência, para agradecer os aplausos. Depois, em passos céleres, subiu a escadaria e trocou de traje, tirando as roupas ciganas. Em seguida desceu, para receber os cumprimentos da assistência.

Agora a sala estava bem iluminada e, enquanto descia, ela pôde examinar melhor os convidados que ali estavam, todos estranhos para ela, em meio aos criados que circulavam com bandejas. Reparou, também, que suas companheiras conversavam com cavalheiros bem vestidos e elegantes. Conforme descia os últimos degraus, envergonhada, ouviu que madame Trussot chamava a atenção para a sua presença.

– Quero apresentar-lhes a nossa mais nova agregada: a bela Ludmila – tendo dito isso, foi ao seu encontro.

Ao mesmo tempo, Ludmila percebeu que um senhor alto, de cabelos ligeiramente grisalhos e um tanto revoltos, olhava-a com intensidade, e também caminhou ao seu encontro.

Madame tomou a mão da jovem protegida e disse ao cavalheiro:

— Meu caro, esta é a joia de que falei. Não é verdadeiramente encantadora?

— Sem dúvida, cara madame Trussot. Sem dúvida. Estou sem palavras – respondeu, sem tirar o olhar de Ludmila. Colocou a taça sobre a mesa mais próxima e estendeu-lhe a mão:

— Parabéns pela magnífica apresentação! Concede-me esta dança?

Com leve inclinação de cabeça, ela agradeceu e aceitou o convite, saindo a rodopiar pelo salão, nos braços do cavalheiro, ao sabor da melodia envolvente, tocada por músicos postados num canto do salão, parcialmente encobertos por vasos de plantas decorativas.

Após algum tempo, acalorada, desejou parar um pouco, e o cavalheiro levou-a para uma mesa.

— Deseja tomar alguma coisa? – perguntou, delicadamente.

— Sim, obrigada. Estou com sede – disse ela.

Então chamou um criado e ofereceu-lhe champanhe. Ludmila gostou da bebida fresca, que descia pela garganta com delicioso sabor.

Alguns convidados aproximaram-se para conhecê-la e cumprimentá-la pela apresentação, enquanto o cavalheiro mantinha-se ao seu lado, empertigado. Após atender a todos, desejou tomar uma segunda taça de champanhe, e o cavalheiro a serviu; depois, uma terceira, uma quarta e, sentindo-se um pouco tonta, levantou-se, pediu licença ao seu acompanhante e subiu rumo aos seus aposentos.

Não notou que o cavalheiro foi ao seu encalço e, quando caiu no leito, incapaz de permanecer de pé por mais tempo, viu que alguém se jogou sobre ela, agarrando-a com força e volúpia, tentando beijá-la, enquanto resfolegava ao seu ouvido:

— Minha preciosa, você me enlouquece.

Ludmila lutou com todas as forças para libertar-se daquele homem, que vira pela primeira vez e que, agora, a agredia dessa maneira, porém, com a resistência minada pela bebida, foi em vão.

Despertou tarde, com a cabeça estalando de dor, e, ao ver rasgadas as roupas que usara na noite anterior, compreendeu o que tinha acontecido. Levantando-se com dificuldade, correu para a banheira. Sentia-se imunda, precisava limpar-se daquela sujeira toda.

Após o banho, arrumou-se e desceu as escadarias, ao encontro de sua benfeitora. Informada com o fato de que madame Trussot ainda dormia, dirigiu-se à sala de refeições e comeu sozinha, uma vez que suas companheiras também não tinham se levantado.

Mais tarde, avisada de que madame estava de pé, Ludmila foi ao encontro dela, indignada:

– Madame, fui agredida essa noite, por aquele cavalheiro que me apresentou.

– Pelo conde Alexander? O que houve?

Ludmila contou-lhe o que tinha acontecido, e madame não se conteve: jogou a cabeça para trás e soltou uma gargalhada. Depois, fitando-a grave, respondeu:

– *Ma chérie*, creio que está enganada. Aqui não é um abrigo para belas e jovens mulheres. É, sim, um ninho de amor, como gosto de chamar.

– Ninho de amor? Como assim?

– *Rendez-vous*[12], prostíbulo, bordel, casa de tolerância, o que preferir.

Ludmila abriu a boca, perplexa, caindo sentada numa cadeira. Jamais pensara nessa possibilidade.

---

12. "Encontro de pessoas em local determinado. Entrevista amorosa. Local onde se alugam quartos para encontros amorosos" (*Dicionário Enciclopédico Ilustrado Larousse*, primeira edição brasileira, 2007).

CAPÍTULO NOVE

Madame Trussot

AO OUVIR AQUELAS palavras, Ludmila ficou pasma. Um rubor súbito corou seu rosto. Cheia de vergonha, procurou recompor-se. Permaneceu calada por alguns segundos, depois murmurou:

– Ninguém me avisou de que esta casa era um prostíbulo.

Madame arqueou as sobrancelhas, como de hábito ao se irritar, e, com ar arrogante, retrucou:

– Você não perguntou! Em momento algum quis saber para onde estava sendo levada, qual a razão de minha proposta. Julguei que houvesse entendido. Afinal, eu não tratava com nenhuma jovenzinha pura e inocente! Você trazia um filho nos braços e vivia na rua. O que esperava que eu pensasse?

Ludmila baixou a cabeça. Nesse momento, entendeu que a culpa fora sua, por acreditar na boa vontade e na solidariedade daquela senhora desconhecida. Madame tinha razão. Por que alguém ofereceria, a ela e ao filho, casa, comida, belas roupas, uma vida confortável? Voltou, em pensamento, à sua aldeia no

Ural, onde a vida era simples e procuravam ajudar uns aos outros, onde recebiam estranhos como amigos, sem esperar nada de volta, como fizeram com Yuri e seus cossacos. A tais lembranças, não conseguiu conter as lágrimas, que desceram pelas faces coradas.

Madame Trussot andava de um lado para outro, enquanto, disfarçadamente, a observava. Afinal, considerou:

– Se você acha intolerável essa vida que procurei proporcionar-lhe, tem todo o direito de ir embora. Advirto, porém, que tudo tem um preço. Suportaria voltar a morar nas ruas, estendendo a mão aos transeuntes para mendigar um pão, sujeita ao frio, ao vento, às intempéries? Além disso, fiz muitos gastos: roupas para você e para seu filho, calçados, produtos de beleza e maquiagem, além do treinamento que nos custou bastante esforço. Para deixar esta casa, teria de reembolsar-me pela fortuna que foi gasta. Poderia fazê-lo?

Diante dessas palavras frias, cortantes como punhal, Ludmila ficou lívida. Ser cobrada assim, quando nada pedira, deixou-a constrangida. Jamais poderia devolver o dinheiro gasto por madame. Percebia agora, com toda clareza, que era uma prisioneira. Estava presa em uma linda gaiola dourada, sem possibilidade de ganhar a liberdade, tal como acontecia com aqueles pássaros de lindas plumagens que existiam na mansão, dependurados nas varandas, no meio da vegetação, e que cantavam lindamente. Por certo, de tristeza.

Como Ludmila permanecesse calada, madame Trussot recomendou:

– Ludmila, compreendo que esteja surpresa e que não saiba o que fazer. Não precisa resolver agora. Dou-lhe um prazo para decidir sua vida: até hoje à noite. Afinal, teremos convidados e preciso saber se poderei contar com seus préstimos. Agora, vá para seus aposentos e pense bem. Se decidir ficar, esteja pronta no horário combinado.

Madame deu meia-volta e saiu da sala, alegando várias providências a tomar na cidade.

Paixão de Primavera

Ludmila, lentamente, dirigiu-se à escadaria. Sentia-se sem forças, incapaz de pensar e muito menos de agir. Como se o mundo houvesse despencado sobre sua cabeça, entrou em seus aposentos e jogou-se no leito a chorar copiosamente.

De repente, ouviu um ligeiro estalido na porta. Eram as companheiras que vinham consolá-la. Entraram sem ruído e rodearam a jovem, penalizadas. Amanda sussurrou:

– Ludmila, ouvimos tudo. Lamentamos por você, amiga.

– Sim. Entendemos o que está sentindo. Foi assim também que aconteceu conosco – afirmou Veruska.

– Nunca mais conseguimos sair daqui. Depois, acabamos por nos acostumar – acrescentou Irina.

– Como deixar esta casa? Madame nos explora e diz que gasta muito conosco. Como ter a importância para devolver-lhe? – completou Sofia, amargurada.

Ludmila sentou-se na cama, apoiando-se nos travesseiros, mais consolada, ao perceber que o problema não era só dela, que as outras passaram pela mesma situação. Enxugando o rosto, disse:

– Agradeço-lhes a ajuda.

As jovens sentaram-se na cama, mais à vontade, e ficaram conversando. Ludmila ficou sabendo como tudo realmente funcionava. Madame pagava-lhes uma parte pelos serviços realizados, que elas iam juntando com a esperança de obter a liberdade.

– Mas não se engane, Ludmila. Eu, que sou a mais antiga, certa ocasião, julgando que teria o suficiente para pagar minha liberdade, perguntei à madame o montante de minha dívida. Ela abriu uma cadernetinha de capa preta e letras douradas e disse a importância. Eu tinha o dinheiro porque, à época, gozava da privacidade de um cavalheiro que era muito apegado a mim e presenteava-me generosamente com joias e até mesmo ouro, sem que madame soubesse.

– E então? Por que está aqui ainda, Amanda? – questionou Ludmila.

– Ah! Porque madame não deixa ninguém sair desta mansão. Fingiu que aceitava, pegou minha fortuna, e, antes que eu saísse pelo portão, alguém me agarrou e trouxe-me de volta. Fiquei presa por muitos dias num quarto, apanhando, apenas com uma pequena ração de comida e uma caneca de água, até que concordasse em voltar às minhas funções.

— E o cavalheiro, não a defendeu?

— Segundo soube depois, madame contou a ele que eu fora embora. Desanimado, nunca mais apareceu. Certa noite, ele voltou à mansão. Mal o viu cruzando a porta, madame Trussot foi ao seu encontro com um sorriso, tomou seu braço e conduziu-o ao jardim. Lá, longe da vista dos demais, notificou-o de que não era pessoa bem vista aqui. Deixou claro que sabia que ele havia me ajudado e não queria mais recebê-lo em sua casa. Fiquei sabendo do teor da conversa por uma das criadas, que passava pelo jardim e ouviu tudo.

Enquanto enxugava uma pequena lágrima que deslizava pela face, Amanda concluiu:

— Por isso, amiga, o melhor que tem a fazer é conformar-se com a situação, como nós fizemos – aconselhou.

Não obstante, revoltada com o que ouvira, Ludmila ainda tentava encontrar uma saída:

— E as famílias de vocês? Certamente elas que estão preocupadas!

Veruska meneou a cabeça, desanimada:

— Nossas famílias não sabem onde estamos. Talvez até acreditem que estamos mortas! Madame teve o cuidado de nos "buscar" em outras cidades, dificultando, assim, que alguém ficasse sabendo ou nos reconhecesse.

Nisso, Sofia ouviu um ruído, correu à janela e viu a carruagem que entrava no pátio, à frente da mansão.

— Vamos! Madame voltou e não é bom que nos encontre aqui, nos aposentos de Ludmila. Ah! Tenha cuidado com Oleg, o criado. Ele é um cão fiel da madame e nos vigia o tempo todo.

— Obrigada, amigas. Sinto-me bem melhor agora. Pelo menos, mais ciente de minha real situação.

As jovens saíram tão silenciosas quanto chegaram e Ludmila voltou a estender-se no leito, pensando em seu problema. Resolveu que o melhor seria contemporizar, até decidir o que fazer, porque de uma coisa estava certa: não desejava permanecer naquela casa.

Assim, quando o sol declinava no horizonte e as primeiras sombras invadiam o ambiente, tomou um bom banho, arrumou-se convenientemente, penteou os cabelos, fez a maquiagem pouco mais pesada para esconder o vestígio das lágrimas e borrifou algumas gotas de perfume no pescoço. Olhou a imagem refletida no espelho e sentiu-se satisfeita. O vestido azul realçava sua tez. Respirou fundo, munindo-se de coragem; pegou o leque e saiu dos aposentos. Pelo ruído, notou que já era grande o movimento de pessoas na sala.

Ao vê-la descer as escadarias, madame Trussot caminhou a seu encontro, com sorriso prazenteiro:

— Fico feliz que tenha decidido permanecer conosco, *ma chérie*.

Com expressão decidida e olhos impenetráveis, Ludmila retrucou firme:

— E tenho escolha?

Em seguida, ignorando madame, caminhou para o meio do salão, pegou uma taça de champanhe da bandeja de um criado que passava, e dirigiu-se para um canto do recinto, próximo de pequeno grupo que conversava sobre trivialidades.

Entrara no salão sem olhar para ninguém, e por isso ainda não notara a presença do cavalheiro da véspera. O conde Alexander estava sentado a uma mesa a conversar com alguns amigos, quando a viu chegar. Pediu licença aos cavalheiros e, sorridente, dirigiu-se até onde estava Ludmila.

De costas, ela não o viu aproximar-se. Uma voz insinuante que disse ao seu ouvido:

— Está ainda mais bela do que ontem. Estava ansioso para encontrá-la de novo, Ludmila.

Ela voltou-se e deparou com o acompanhante da noite anterior.

– Ah! O senhor!

Ele inclinou-se numa ligeira reverência, mantendo os olhos fixos nela:

– Sim, ainda mais encantado pela sua beleza! Concede-me esta dança?

Ela inclinou a cabeça, em leve gesto de concordância; o cavalheiro estendeu elegantemente o braço, envolvendo sua delicada cintura e apertou-a, aproximando o rosto do pescoço dela, a aspirar seu perfume embriagador. Saíram rodopiando pelo salão, ao som da música. Contudo, abrasado pela proximidade daquela mulher fascinante, pelo perfume que emanava, o conde desejou ficar sozinho com ela e, sem poder conter-se, disse-lhe ao ouvido:

– Minha deusa, eu estou louco por você. Não vejo a hora de estarmos a sós.

Ludmila, tentando estender ao máximo o tempo no salão, afastou-se um pouco e sorriu:

– Meu caro conde, hoje eu quero dançar, dançar muito!

Um tanto agastado por não ter sua vontade satisfeita, ele respirou fundo e sorriu ligeiramente:

– Pois então, dancemos!

Algum tempo depois, um tanto cansado daqueles jogos de salão e bastante abrasado, ele suplicou novamente:

– Minha bela cigana! Não me torture mais! Vamos subir para estarmos a sós?

– Que impetuosidade, conde! – disse ela, sentando-se a uma mesa e abanando-se com o leque. – Estou afogueada e com sede. Traga-me uma bebida refrescante, por gentileza.

O cavalheiro inclinou-se cortesmente:

– Seu desejo é uma ordem.

O conde olhou em torno, procurando um criado. Como nenhum deles estivesse por perto, foi buscar o champanhe.

Livre do olhar dele, Ludmila deixou transparecer os sentimentos que a envolviam naquele instante. Não teria mais como mantê-lo no salão, e seus olhos mostravam o desespero de que se sentia possuída. Com o leque, tentava esconder o rosto, de modo que ninguém notasse a tempestade que avassalava seu íntimo.

A alguns metros de distância, no entanto, alguém a observava atentamente. Era um rapaz muito bem trajado, elegante, de tez pálida, cabelos castanhos e olhos melancólicos. Desde a noite anterior, não tirava os olhos de Ludmila. E, naquele momento, não pode deixar de perceber seu olhar desesperado, de medo, como um animalzinho acuado, diante de um perigo, o que ele absolutamente não conseguia entender. Afinal, aquela dama fazia parte do plantel de madame Trussot, e, certamente, estaria habituada à vida noturna.

Sem perdê-la de vista, notou que ela procurava refazer-se, abrindo tímido sorriso. Relanceou o olhar em torno e entendeu o motivo, ao ver que o conde Alexander estava de volta com as taças de champanhe. Sem tirar os olhos do par, viu que eles ficaram conversando e bebendo à mesa. Logo, porém, o rapaz notou que o conde insistia para que se ausentassem; percebeu que ela relutava, mas não pôde resistir por mais tempo. Envolvendo sua cintura com o braço, um tanto firme demais, Alexander conduziu-a até a escadaria, pela qual subiram lentamente, desaparecendo depois no corredor que levava aos aposentos.

Nos dias seguintes, o jovem melancólico continuou atento. Não pôde deixar de perceber, porém, que a jovem dama estava mais cordata, como se conformada com a situação. Em nenhum momento detectara nela sentimentos de alegria, satisfação ou prazer. E esse fato o deixava pensativo.

Uma semana depois, o rapaz notou a ausência do conde. Trocando algumas palavras com madame Trussot, ficou sabendo que o conde Alexander tinha viajado a negócios.

Observado o caminho livre, o jovem aproximou-se de Ludmila e ofereceu-lhe uma bebida. Ela aceitou sorridente. Mais animado, ele sugeriu:

– A noite está linda. Aceita dar uma volta pelo jardim?

– Com prazer. Adoro contemplar o céu. A lua e as estrelas me fascinam.

– Então vamos – disse ele, oferecendo-lhe o braço.

Saíram pela grande porta envidraçada, e a noite cálida os envolveu. A brisa trazia o perfume das flores, que ela aspirou com satisfação. Curiosa, Ludmila o fitava disfarçadamente.

– Esta é a primeira vez que vem à casa de madame Trussot?

– Não, absolutamente. Venho todas as noites – respondeu, com leve sorriso contrafeito.

– No entanto, não me lembro de tê-lo visto!

– Pois eu a conheço muito bem. Sua apresentação, no primeiro dia, foi fascinante. Mas, como estava sempre em companhia do conde Alexander, evitei aproximar-me.

Surpresa, ela fitou-o mais detidamente. Como não o vira no meio dos convidados? Aquele rosto expressivo, os gestos elegantes e o modo de falar mostravam alguém interessante e simpático.

Ao passarem por um banco, ele fez um gesto, convidando-a a sentar-se, enquanto ela exclamava:

– Ah! Então, graças à viagem do conde, pudemos nos conhecer!

– Sem dúvida! Vocês estão sempre juntos, parecem muito... próximos. Enfim, somente hoje tive a oportunidade de aproximar-me. Espero que não me julgue um atrevido.

Ao ouvir falar do conde, Ludmila fechou os olhos por alguns segundos, respirando fundo. Depois, abriu-os, e uma sombra de tristeza invadiu seu o rosto, seu olhar.

– Próximos demais, eu diria. Não imagina que alívio sinto hoje...

Ela não completou a frase, mas ele entendeu muito bem que Ludmila queria dizer: com a ausência dele.

O rapaz tirou um lenço da algibeira e ofereceu-o a ela, cujos olhos úmidos deixaram uma lágrima descer mansamente pela face.

Diante daquele cavalheiro que parecia tão diferente dos outros, tão compreensivo, Ludmila sentiu necessidade de abrir as comportas da alma. Nem ela saberia dizer o porquê, mas contou a ele tudo o que acontecera. O horror que sentia daquele homem e sua situação na casa de madame Trussot.

Estupefato, o rapaz tinha o coração cheio de piedade por aquela linda moça e por sua condição. Depois de engolir em seco, disse:

— Não poderia imaginar que você estivesse sofrendo tanto, Ludmila.

Ao cair em si, reconheceu que talvez tivesse falado demais.

— Oh! Perdoe-me. Não deveria ter-lhe contado todas essas coisas! Que louca sou! Afinal, não o conheço, nem sei seu nome... — e ameaçou levantar-se do banco, um pouco assustada por ter falado demais, querendo fugir da presença dele.

Com gesto rápido, ele a conteve, levantando-se e inclinando-se perante ela.

— Não seja por isso. Apresento-me: Gregory Fiodorovitch, um seu criado.

Ela sorriu diante da atitude dele.

— Sente-se, Gregory Fiodorovitch. Tenho muito gosto em conhecê-lo.

— Também estou encantado em conhecê-la, Ludmila. Você é muito melhor e mais digna do que eu imaginava. Sou negociante de vinhos e viajo muito. Porém, quando estou em Moscou, venho a esta casa sempre que posso.

Ele parou de falar, fitou-a com terno interesse e perguntou:

— Diga-me, o que posso fazer para ajudá-la? Sinto que preciso fazer alguma coisa.

— Não. Não faça nada. Ou melhor, peço-lhe um favor. Esqueça tudo o que lhe contei.

— Impossível, Ludmila.

— É necessário. Temo por mim e por você. Madame e seus criados são perigosos e capazes de tudo. Melhor não se envolver com eles. Fui informada de tudo e sei do que estou falando.

— Fique tranquila. Vou pensar numa solução. Agora, melhor entrarmos. Não quero que tenham dúvidas a seu respeito.

Ele levantou-se, ofereceu-lhe o braço e encaminharam-se ao salão. Depois, Gregory falou ao seu ouvido:

— Ludmila, acho bom subirmos, caso contrário madame irá estranhar.

A essas palavras, ela arregalou os olhos, assustada. Diante da reação dela, delicadamente ele explicou:

— Não se preocupe. Confie em mim. Não pretendo incomodá-la.

Subiram as escadarias e, atravessando o imenso corredor, entraram nos aposentos de Ludmila. Ela ficou um pouco constrangida, de cabeça baixa, mas Gregory aproximou-se tranquilo:

— Sentemo-nos e conversemos como dois bons amigos. Aceita?

Ela inclinou a cabeça, afirmativamente, e eles ali ficaram horas trocando informações, falando cada qual de sua vida, e Gregory contou-lhe fatos engraçados, acontecidos durante suas viagens. Na verdade, ele falara a maior parte do tempo, pois Ludmila mantivera-se discreta. Pela madrugada, ela demonstrou cansaço, e ele despediu-se dela com carinho:

— Agradeço as agradáveis horas que me proporcionou. Aliás, as melhores que já tive. Boa noite, Ludmila.

— Confesso que também, há muito tempo, não passava horas tão agradáveis. Obrigada, Gregory. Boa noite.

Ludmila deitou-se e dormiu tranquila, com o coração em paz.

CAPÍTULO DEZ

Sonhando com a liberdade

LUDMILA DESPERTOU estranhamente feliz. Abriu os olhos, e a imagem de Gregory surgiu em sua mente. Sorriu, satisfeita. Há muito tempo não conhecia alguém tão agradável e simpático quanto ele. Um sentimento de afeto, de carinho, brotava no coração ao pensar nele. Tentou sondar seu íntimo. Estaria se apaixonando?

Tentava analisar suas emoções, mas a lembrança de Yuri Vanilevitch ainda era muito forte em sua vida. Afinal, tivera um filho dele. No entanto, reconhecia que a presença de Gregory a enchera de novas esperanças. Não saberia explicar o que sentia, mas ele despertara nela o que havia de melhor. Sim, talvez fosse amor, mas não o tipo de amor que sentira pelo cossaco – sempre exigente, dominador.

Nesse instante, a criada de quarto entrou, trazendo o seu café da manhã, e colocou-o numa pequena mesa redonda.

– E meu filho, onde está?

– Está no jardim com a ama. Logo mais, será trazido para vê-la.

Ludmila fez uma ligeira refeição, arrumou-se e ficou aguardando. Logo, Vânia trouxe o pequeno Yuri, que, ao ver a mãe, jogou-se aos seus braços, dando gritinhos de satisfação.

Em seus sete meses de vida, era uma criança alegre e risonha; estava aprendendo a engatinhar e gostava de brincar arrastando-se no piso. Ao vê-lo interessado na bandeja, que continha algumas guloseimas, Ludmila deu-lhe um biscoito, um pouco de leite, e, em seguida, desceram.

As suas companheiras ainda não haviam deixado os aposentos. Deveriam estar dormindo. Diante do belo sol, Ludmila encaminhou-se para o jardim, com Yuri, e deparou-se com madame, que dava ordens ao jardineiro. Ao vê-la, a senhora sorriu:

– Ah! Vejo que já acordou! Como foi a noite?

– Muito boa.

– A sorte lhe sorri, Ludmila. Você tem encontrado cavalheiros excelentes. Trate-os bem! Primeiro, foi o conde Alexander que se encantou por sua pessoa. Agora, Gregory Fiodorovitch, que também é excelente partido. Muito rico, culto, viajado, raramente se interessa por alguma mulher, mas, quando isso acontece, é bastante generoso conosco – disse com cupidez, revirando os olhinhos.

Ludmila sentiu-se enojada vendo a expressão da mulher. Pediu licença, aproveitando que Yuri mostrava-se agitado, jogando o corpo para frente, desejando passear pelo jardim, o que lhe deu a desculpa que precisava para afastar-se dela.

O dia passou rápido. Ludmila tinha esperança de reencontrar Gregory, seu novo conhecido. Assim, com impaciência, esperou a hora de arrumar-se, o que fez com capricho incomum.

Quando as luzes se acenderam, com a chegada da noite, estava sorridente e animada: o rosto iluminado pela esperança de reencontrar Gregory e o coração batendo forte. Assim, ela desceu a escadaria. Espraiando o olhar pelos convidados lá embaixo, com impaciência tentava divisar sua figura elegante e sedutora. Sim! Ele havia chegado e, mesmo a distância, notava o olhar carinhoso que lhe endereçava. Apressou os passos e, chegando ao piso, encaminhou-se na direção dele, com um enorme sorriso. A alegria de revê-lo fazia com que seu coração batesse mais forte. Estava a poucos metros de Gregory, quando sentiu que dois braços fortes envolviam-na. Irritada, virou-se para ver quem tinha a ousadia de tratá-la daquela maneira, já com palavras de admoestação na ponta da língua:

– Como ousa, insolente, agarrar-me deste modo?

Ao erguer os olhos, deu de cara com o conde Alexander, que sorria divertido. Contrafeita, corou e pôs-se a gaguejar:

– Conde! Mas... mas... disseram-me que tinha viajado!

– É verdade. Viajei a negócios, mas vim o mais rápido que pude. Estava sentindo sua falta, minha bela cigana. Venha, quero ficar a sós com você!

Atrás de si, sentia o olhar de Gregory que não se despegava deles. Corada de raiva e decepção, reagiu diante da impulsividade daquele homem que a ela era intolerável:

– O que é isso, conde? É assim que um aristocrata russo trata uma dama? Esqueceu a cortesia e a delicadeza que se deve a uma mulher? Serene seus impulsos! Mal entrei no salão! Desejo dançar e aproveitar a noite que apenas começa! – deu-lhe o braço e levando-o ao meio do salão, de modo a afastar-se do outro.

– Não entende que despertou em mim uma paixão alucinada? Só desejo estar ao seu lado, sentir suas carícias, seus beijos. Por que me nega esse prazer, minha bela ciganinha do Ural? – retrucou, com olhar ardente.

Naquele momento, ao ver seu olhar enlouquecido de paixão, Ludmila sentiu medo e concluiu que precisava ter cuidado com o relacionamento com aquele homem temperamental e afoito. Então, com voz branda e sedutora, disse-lhe:

– Meu caro Alexander, existe tempo para tudo. Não há necessidade de apressar as coisas. Aliás, acho que as ações preliminares só enriquecem um encontro, aumentando o prazer. Não lhe parece?

Ele sorriu, lisonjeado, entendendo que ela pretendia aumentar seu desejo com a espera, e concordou, beijando-a na mão:

— Tem razão, minha querida. Se esta é sua vontade, dancemos!

Com um belo sorriso, ela inclinou a cabeça, aliviada, aceitando o braço que o cavalheiro lhe oferecia. Saíram a bailar e, vez por outra, rodopiando pelo salão, passavam próximos do local onde estava Gregory. Ludmila sentia o olhar desse preso à sua figura.

Com o coração apertado de angústia, ela não pôde fugir daquele homem que lhe causava asco. Algum tempo depois, eles foram para o andar superior, em seus aposentos, e passaram a noite juntos, para desgosto de Ludmila. Após a saída dele, ela entregou-se ao desespero.

No entanto, com o passar dos dias, mais conformada com a situação, evitava pensar no assunto que tanto a incomodava. Não tivera mais oportunidade de falar com Gregory. A presença sempre constante do conde Alexander impedia que trocassem quaisquer palavras, ainda que breves.

No entanto, o rapaz não deixava de notar as mudanças que se operavam na bela cigana. Emagrecera, e seu semblante, apesar da maquiagem cuidadosa para evitar que alguém percebesse seu estado, mostrava-se pálido e desfeito. O olhar, que ele conhecera vivo e brilhante, agora estava apagado e triste. A cada noite, Gregory ficava mais preocupado ao constatar que ela definhava pouco a pouco.

Sabia que aquela vida se constituía um verdadeiro suplício para Ludmila; por isso, tentava buscar alguma saída. E a única possível, se não quisesse ver a jovem definhar até morrer, seria retirá-la daquele local.

Como? Madame Trussot era um verdadeiro cão de caça, cuidando e vigiando suas presas. Durante esse período, ele examinara tudo, os hábitos da casa, os movimentos dos criados, e concluíra que as moças eram muito bem vigiadas e protegidas, o que impedia qualquer fuga.

No entanto, buscando uma solução para o problema, costumava passar horas nas imediações da mansão, disfarçado, fiscalizando o movimento. Algo lhe dizia que poderia descobrir algum fato interessante. Desse modo, Gregory notou que um dos criados, vez por outra, saía para cumprir as ordens da senhora. Acompanhou-o e viu que, após dar conta de suas obrigações, o criado parava num estabelecimento, espécie de bar, em lugar meio escondido dos transeuntes, para evitar ser visto. Ali, sentava-se a uma das mesas e pedia uma dose de vodka. Depois de duas ou três doses, voltava à mansão.

Certo dia, Gregory seguiu-o e, depois de aguardar alguns minutos, entrou no bar. Sentou-se numa mesa próxima daquela em que estava o criado de madame Trussot, e pediu uma taça de vinho, que se pôs a bebericar lentamente, sem pressa. De repente, virou-se para o criado e, como se só naquele instante o tivesse visto, dirigiu-lhe a palavra:

— Posso sentar-me aí com você? Não gosto de beber sozinho.

Com um sinal, o homem demonstrou que concordava. Gregory levantou-se, acomodando-se à mesa com ele. Logo puxou conversa:

— Hoje estou péssimo! Só mesmo uma bebida para levantar o ânimo, não acha?

— Sem dúvida. Também preciso beber alguma coisa para suportar a vida – disse o outro, mostrando seu descontentamento.

Gregory aproveitou a deixa e retrucou:

— Mas você é um rapaz bem-apessoado, deve ter todas as mulheres a seus pés. O que lhe falta para não sentir-se tão infeliz?

O criado respirou fundo, tomou um gole da bebida e, depois de pensar um pouco, respondeu:

— A vida não é tão fácil assim, meu senhor. Mesmo que possa ter todas as mulheres a meus pés, só amo uma delas, mas essa não me quer.

— Tem certeza? As mulheres enganam!

— Ela não quer casar-se com um homem pobre, e eu trabalho como criado em uma rica mansão.

Ao fingir olhá-lo mais detidamente, Gregory considerou:

— Ah! Curioso! Sua fisionomia não me é estranha. Parece-me já tê-lo visto em algum lugar.

– Pode ser, pois trabalho numa casa onde, todas as noites, existe grande movimento de pessoas, se me entende – confidenciou, discreto, pois, na verdade, reconhecera o frequentador da mansão.

Com expressão intrigada, como se estivesse buscando na memória, Gregory exclamou, fingindo surpresa:

– Madame Trussot! Agora estou me lembrando de que já o vi por lá. Que coincidência!

– Isso mesmo.

– Mas, então, por que sua amada não quer casar-se com você? Deve ser muito bem pago por seus serviços! Ali corre muito dinheiro!

– Aí é que o senhor se engana. Madame paga pouco, e, assim, não posso casar-me com minha namorada.

Gregory ficou sério, fitando-o com interesse.

– Se o seu problema é dinheiro, talvez possamos resolvê-lo. Eu também tenho um problema. Posso confiar em você?

– Sem dúvida. Diga-me em que posso servi-lo – respondeu o criado, com os olhos brilhando, à simples menção de dinheiro, vislumbrando a possibilidade de resolver de vez sua situação.

– Bem. Como você, meu amigo, eu também tenho um problema, e bem parecido com o que o aflige. Eu também amo uma mulher e não posso tê-la só para mim, porque madame Trussot não o permite.

– Compreendo. As moças são bem protegidas e não podem sair de lá.

– Eu sei. Mas, se pudermos entrar num acordo, dar-lhe-ei recursos para você casar-se com sua amada e ir para longe desta cidade, onde poderá comprar umas terrinhas ou montar um negócio e viver tranquilo o resto da vida com sua família. O que lhe parece?

– É tentador. Mas diga-me o que eu deveria fazer – respondeu o criado, hesitante.

– Direi no momento oportuno. Porém, fique tranquilo, porque não lhe pedirei nada que possa complicá-lo perante a justiça.

Paixão de Primavera

— Agradeço-lhe. Sempre fui um homem honesto e nunca fiz mal a ninguém. Não gostaria de construir minha felicidade na infelicidade de outras pessoas. Já me basta o que sou obrigado a fazer por ordem de madame Trussot, o que não me agrada.

— Isso só o valoriza e o dignifica ainda mais. Não, não precisará fazer mal a ninguém. Só quero que facilite a libertação de certa jovem. Confesso-lhe que, se ela gostasse da vida que leva, eu não iria interferir. No entanto, vejo-a definhar a cada dia e isso me enlouquece de preocupação.

— Não precisa dizer mais nada, senhor. Sei a quem se refere. Também já notei como ela sofre por estar naquele ambiente. Se é só isso o que deseja, pode contar comigo.

— Então, aguarde minhas ordens. Quando estiver tudo pronto, eu o aviso. No momento, preciso apenas que leve um bilhete meu para ela.

— Pode escrever. Eu aguardo.

Gregory, que tinha um pequeno bloco de notas no bolso do paletó, em virtude dos negócios e das viagens, perguntou ao atendente do bar se tinha material para escrita. O rapaz trouxe-lhe tinta e caneta. Gregory escreveu rapidamente:

"Minha cara Ludmila,
não pude mais aproximar-me de você. Tenho observado que essa situação a entristece sobremaneira. Estou trabalhando no sentido de retirá-la dessa casa.
Se concordar, não medirei esforços para conseguir meu intento. Quero vê-la feliz.
O portador é amigo e você pode confiar nele. Aguardo resposta.
Cordialmente,
Gregory"

Ao terminar o bilhete, dobrou o papelzinho e entregou-o nas mãos do criado.

– Confio em você, meu amigo. Aguardo resposta. Qualquer novidade, não deixe de avisar-me. Aqui está meu cartão. A propósito, ainda não sei seu nome.

– Oleg, meu senhor. Fique tranquilo. Vai dar tudo certo.

– Conto com você, Oleg. Os nossos encontros podem ser aqui mesmo. Mas, e se houver necessidade de nos comunicarmos com urgência?

O criado pensou um pouco e respondeu:

– Meu senhor, à entrada da mansão existe uma pequena caixa de correspondências no muro, escondida no meio da ramaria, antes do portão. Pode deixar ali.

– Oleg, numa caixa de correspondências? Alguém pode perceber!

– Não, meu senhor. A caixa a que me refiro não é utilizada há muitos anos. As correspondências que chegam são entregues diretamente ao porteiro.

– Se é assim, tudo bem.

Gregory tirou a carteira do bolso, pegou algumas notas e entregou-as ao rapaz, com um sorriso:

– Obrigado, Oleg. Agora vá. Não quero que estranhem sua ausência.

O criado fez uma reverência e afastou-se ligeiro e muito satisfeito. Gregory pagou a conta e saiu, com o coração mais leve e feliz.

Tinha dado os primeiros passos para libertar Ludmila e sentia-se realizado.

Dois dias depois, recebeu a resposta ao seu bilhete, rabiscado no mesmo papel:

"Caro Gregory,
esperarei ansiosa. Confio em você.
Obrigada.
Ludmila"

Sempre mantendo contato com o novo parceiro, utilizando-se daquele mesmo estabelecimento escondido, onde se

Paixão de Primavera

encontraram pela primeira vez, Gregory foi informado do melhor dia e hora para a fuga de Ludmila e do pequeno Yuri.

Em determinado dia da semana, à noite, chegavam suprimentos vindos de um fornecedor de cidade vizinha. Como a propriedade ficava longe de Moscou, o homem só conseguia entregar seus produtos à noite. Então, enquanto as atividades se realizavam no salão, os suprimentos eram descarregados nos fundos da mansão.

Oleg, que ajudava a descarregar a carga e conversava muito com o carroceiro, sabia que ele gostava de beber, de uma boa farra e aproveitava para fazê-lo quando vinha à cidade. Assim, antes de retornar ao campo, parava em certa residência para encontrar-se com uma mulher. Sabendo disso, Oleg avisou Gregory de seu plano:

— Na próxima semana, depois que o carroceiro tiver descarregado seus produtos, Ludmila e o bebê irão esconder-se na carroça. Na escuridão da noite, o carroceiro não perceberá. Após a saída deles da mansão, termina meu trabalho. Então, o senhor deverá esperá-la nas proximidades da casa, onde o carroceiro vai namorar, e, ali, Ludmila e o bebê descerão, diretamente para os seus braços, ganhando a liberdade.

— Muito bem pensado, amigo Oleg. Obrigado. Não vejo a hora de poder ter Ludmila fora daquela casa. E ela já sabe o que fazer?

— Ainda não. Esperava que o senhor aprovasse meu plano primeiro. Agora posso passar-lhe as instruções.

— Ela vai precisar de uma boa desculpa para não apresentar-se no salão, na noite da fuga. Talvez uma doença, um mal-estar súbito, uma queda. Pense nisso.

— Exatamente. Ela é esperta e saberá como agir. Como o bebê fica no quarto da ama, que dorme o tempo todo, não terei dificuldade em retirá-lo de lá, levando-o para junto da mãe.

— Ótimo! Para ter certeza de que ela não vai acordar, talvez seja bom dar-lhe alguma coisa para beber.

– Estou pensando exatamente nisso e sei onde encontrar. Madame sempre me pede para comprar-lhe calmantes na botica e sei onde guarda. Não será difícil entrar nos aposentos dela e pegar uma dose.

– Ótimo. E você, meu amigo, já decidiu para onde vai?

– Ainda não, meu senhor. Porém tenho duas alternativas e ambas não boas. Vamos optar por aquela que melhor nos favoreça. Minha noiva está felicíssima! E tudo, graças ao senhor.

– Espero que ambos consigamos alcançar aquilo que almejamos: a felicidade.

Despediram-se, e cada qual tomou seu rumo, satisfeitos com o acordo.

Alguns dias depois, com tudo acertado, aproximava-se o grande momento da libertação. Ludmila não continha a alegria que transparecia nos olhos expressivos.

Madame Trussot, sagaz e experiente, observava-a com atenção e não deixou de notar essa mudança. Certo dia mandou chamar Ludmila.

Após leve batida, abrindo a porta da sala que madame usava como escritório, Ludmila perguntou:

– Mandou me chamar, madame?

– Sim. Entre.

Madame examinou-a atentamente, ali, à sua frente, e considerou:

– Vejo que está mudada, *ma chérie*, mais tranquila, mais alegre, mais cooperativa. A que se deve tudo isso?

Ludmila, pega de surpresa, procurou mentalmente alinhavar uma resposta:

– Madame Trussot, confesso-lhe que, quando cheguei a esta casa, senti-me muito mal, desejosa de ir embora e deixar esta vida. No entanto, com o passar do tempo, adaptei-me às condições, ao trabalho... Enfim, agora estou bem.

– Só isso? Interessante! Tem certeza? Será que não está apaixonando-se pelo conde Alexander? Aspirando a "outra vida", certa de que ele está preso aos seus encantos?

— Não, madame, de maneira alguma!

— Talvez sonhe ser condessa um dia, quem sabe?

— Por Deus, madame! Isso nunca me passou pela cabeça!

— Ainda bem! Não se iluda, Ludmila. Aqui, os homens se interessam por vocês, acompanhantes de ocasião, porém, no fundo, as desprezam e jamais as tomariam como esposas. Entendeu bem?

— Sei disso, madame. Não se preocupe. Além do mais, aprendi a gostar desta casa, das companheiras, das condições de vida que a senhora nos oferece. Aqui, estou criando meu filho com o conforto que jamais poderia dar-lhe, se não fosse pela ajuda da senhora.

Madame balançou a cabeça, dando-se por satisfeita. A jovem parecia-lhe bem sincera.

— Muito bem, Ludmila. Continue assim e não irá se arrepender. Agora vá. Feche a porta ao sair.

Sozinha, madame pôs-se a refletir. A menina tinha respondido de maneira a tranquilizar suas preocupações. Então, por que ainda persistia aquela sensação íntima de que alguma coisa estava errada? Durante todos aqueles anos de profissão, aprendera a valorizar suas sensações, como um termômetro. E o tempo provava que ela estava certa. Não saberia precisar de onde vinha, de que maneira, mas era como uma intuição, um sexto sentido, alertando-a de que algo não ia bem ou que algum fato aconteceria.

Ficou mais algum tempo pensativa, depois se decidiu:

— Bem, na dúvida, vou ficar de olho em Ludmila. Nada terei a perder com isso.

Tomada essa decisão, ergueu-se da cadeira e foi cuidar de outros afazeres.

CAPÍTULO ONZE

A fuga

COM O CORAÇÃO batendo forte, porém mais aliviada, Ludmila deixou o escritório de madame Trussot. Acreditava tê-la convencido com suas palavras. Todavia, mesmo que ela não tivesse ficado satisfeita, agora pouco lhe importava. Aproximava-se a hora de sua libertação. A fuga havia sido marcada para o dia seguinte. Teria de deixar tudo pronto. Levaria apenas algumas roupas para o filhinho; para si mesma, apenas as roupas do corpo. Não queria nada que recordasse o período em que ali vivera. Além disso, teria o amparo de Gregory, que era rico e não teria dificuldade em comprar-lhe tudo o que precisasse.

Nada poderia sair errado. Oleg havia passado um bilhete a ela, explicando como aconteceria a fuga. O plano era perfeito. Ninguém perceberia nada até o dia seguinte e, quando dessem por sua falta, seria tarde demais. Estaria em segurança, junto de Gregory Fiodorovitch!

Só em pensar nisso, sentia um arrepio percorrer todo o corpo. Uma emoção intensa de alegria e

129

prazer, além, evidentemente, do alívio de estar livre daquele ambiente de depravação, que tanto a repugnava.

Ao entrar em seus aposentos, Ludmila pegou uma bolsa grande e separou cuidadosamente as roupinhas do filho, inclusive uma manta de lã para protegê-lo da friagem da noite. Escondeu a bolsa debaixo do leito e sentou-se. Teria esquecido alguma coisa? Bem, ainda haveria tempo para pensar em tudo.

Precisava descer. Era hora do almoço e madame não gostava de esperar.

Conversou um pouco com as amigas, e logo a dona da casa chegou. Sentaram-se, e os criados começaram a servir. Madame, à cabeceira da mesa, de onde enxergava tudo, trocava algumas palavras com aquelas que estavam mais próximas, sem perder de vista as demais. Vez por outra, Ludmila notava a atenção a ela dirigida, vigiando seus menores gestos, palavras, olhares e expressões. De repente, madame falou em voz alta, com sorriso misterioso:

– Notaram como nossa Ludmila está diferente, mais alegre, mais animada?

As demais se voltaram para ela, e Ludmila corou, embaraçada. Risonhas e álacres, as jovens concordaram com madame Trussot.

– É verdade, madame! Nossa Ludmila está até mais bonita! – disse Irina.

– Muito mais do que isso! Parece estar apaixonada! – aparteou Amanda, que, olhando para a amiga, viu sua expressão constrangida, e desculpou-se. – Estava brincando, Ludmila.

– Acho-a misteriosa... Talvez guarde um segredo! – sugeriu Sofia.

– Nossa amiga parece-me feliz, apenas – considerou Veruska.

– Quem sabe o que se esconde no coração humano? – filosofou Ingrid.

Depois, ao ver Ludmila pálida, quase a chorar, apiedou-se dela e acrescentou:

Paixão de Primavera

— Creio que exageramos em nossos comentários, e a nossa doce e tímida Ludmila merece um brinde. Então, brindemos à paz, ao amor e à felicidade que todas esperamos encontrar um dia!

— Não se agaste, *ma chérie*. Suas amigas mostram apenas que a estimam. A propósito, viram o que aconteceu com nosso amigo Frederico ontem? Pois ele bebeu tanto que, no final da noite, foi encontrado dormindo no jardim, quase completamente sem roupas e a tiritar de frio!

Elas puseram-se a rir, fazendo comentários jocosos sobre a situação do pobre cavalheiro. Com essas palavras, madame habilmente mudou de assunto, desfazendo a tensão, e Ludmila, aliviada, deixando de ser o alvo das atenções, pôde finalmente relaxar. As demais começaram a lembrar de fatos engraçados e picantes, ocorridos na mansão com os hóspedes, e todas deram muitas gargalhadas.

Até Ludmila divertiu-se bastante, pensando que, de alguma maneira, sentiria falta daquele ambiente de camaradagem que existia entre elas.

O resto do dia transcorreu tranquilo e, à noite, Ludmila suportou melhor as atenções de Alexander, com a certeza de que seria a última vez. Após a saída do conde, alta madrugada, respirou aliviada. Estirou-se no leito e fechou os olhos. Queria dormir. Ansiava pela hora de deixar aquela casa, para ganhar a liberdade.

Todavia, o sono não vinha. Talvez estivesse muito tensa e ansiosa. O ambiente do quarto parecia-lhe pesado, diferente, como se algo a ameaçasse.

E nesse estado, entre o sono e a vigília, sentiu que havia mais alguém no quarto. Abriu os olhos e notou um vulto a seu lado. Sentou-se no leito, assustada. Não podia ser! Era impossível! Aquele era...

— Yuri! É você?

Ele sorriu, inclinando-se para ela:

— *Sim, minha querida. Sou eu, que nunca deixei de amá-la, e que agora volto para ficarmos juntos.*

— Mas você morreu, Yuri! Eu vi seu corpo atingido pelos assaltantes, naquele fatídico dia!

— *Engana-se, minha Ludmila. Eu não morri. Ninguém morre, porque a morte não existe! Continuo vivo, mais do que nunca, e meu amor é ainda mais forte do que antes, se isso é possível. Tenho estado sempre com você, protegendo-a.*

— Isto não pode estar acontecendo! Nossa Senhora de Kazan, valha-me!

— *Ludmila, não se vá. Não fuja! Aqui posso estar com você. Descobri uma maneira de não nos apartarmos jamais! Confie em mim!*

Assustada, a pobre moça começou a chorar e a rezar, suplicando o socorro dos céus. Trêmula, ficou algum tempo de olhos fechados, ajoelhada, pedindo a proteção de Nossa Senhora de Kazan. Mais calma, lentamente abriu os olhos, a tempo de ver o fantasma de Yuri, que, descontente, contra a vontade se afastava, desaparecendo aos poucos.

Apavorada, e sentou-se no leito, relanceando olhar pelo aposento, temendo que ele ainda estivesse ali. Tudo estava calmo. A mansão, em silêncio. Com certeza, os convidados haviam se retirado e todos dormiam.

Levou a mão ao peito, o coração batia forte e acelerado. A tremer, colocou um pouco de água numa caneca e tomou um gole. Logo, sentiu-se mais calma e respirando com mais facilidade. Voltou a deitar-se, pensando: "Bobagem! Devo ter dormido e sonhado com Yuri!"

Cobriu-se com a manta, virou-se de lado, fechou os olhos e dormiu.

～

A verdade é que Yuri jamais se apartara de sua amada Ludmila, resolvido a velar por ela e por seu filho.

Sofrera com ela, pelas dificuldades encontradas no caminho até Moscou. Tentava ajudá-la, mas não conseguia, como se uma barreira sempre os separasse. Pediu esmolas com ela, pelas ruas da grande cidade, suplicava, implorava ajuda, mas ninguém o atendia.

Então, ele se encolhia num canto, sofredor e aflito, sentindo-se o pior dos homens, por querer socorrer alguém querido e esbarrar numa impossibilidade que ele não entendia.

Assim, quando aquela dama desceu de sua carruagem para falar com Ludmila e oferecer-lhe moradia, Yuri ajoelhou-se no chão e chorou de alegria. Aboletou-se no veículo, ao lado do cocheiro, e acompanhou-a rumo ao novo destino. O luxo da mansão o deixou abismado, e ele suspirou de alívio. Afinal, Ludmila teria a vida que merecia. Com certeza, haveria de executar algum serviço, exatamente o que ela procurava sem encontrar.

Depois, examinando os movimentos da casa, Yuri começou a estranhar o modo de vida das suas ocupantes. Ao chegar a noite, diante do movimento intenso de convidados, achou que madame dava uma festa. Inúmeros cavalheiros se faziam presentes, e ele achou bom que Ludmila ficasse em seus aposentos cuidando de seu filho.

Porém, postou-se no alto da escadaria, observando tudo. Notou, com perplexidade, que, depois de certo tempo, os casais subiam e dirigiam-se a certos aposentos. A expressão deles e as atitudes não deixavam dúvidas sobre suas intenções. Ele era homem e sabia reconhecer o envolvimento amoroso entre um homem e uma mulher.

Dessa forma, passou a ficar preocupado com a situação de Ludmila naquela casa, mesmo porque, durante o dia, ela aprendia como comportar-se, pintar-se, vestir-se, entre outras coisas. No entanto, como ela permanecesse todas as noites tranquilamente em seus aposentos, aquietou-se, julgando que madame tivesse outra função para sua amada.

Alguns dias depois, o cossaco surpreendeu-se, ao ver que Ludmila vestia-se para uma festa. Ele a amava muito e ficou ainda mais apaixonado ao vê-la toda arrumada. Aquele traje de cigana caía-lhe muito bem, e ela estava ainda mais bonita.

"Ah!... Com certeza madame quer usá-la como bailarina, para agradar seus clientes", pensou.

De novo no alto da escadaria, com infinito prazer, observou Ludmila dançar. Na tela da memória, voltou à noite em que chegara com seus homens na aldeia do Ural, e, no meio da escuridão, surgiu a luz das fogueiras e pôde ver a linda jovem que, no centro da roda, dançava. Ficara encantado e apaixonado por ela. Tudo isso parecia ter acontecido há tanto tempo!

Terminada a apresentação, ela voltou para o quarto, trocou-se e retornou ao salão, sendo recebida pela dona da casa, que desejava apresentá-la aos convidados.

Yuri se manteve ao seu lado, para defendê-la de qualquer homem que se atrevesse a chegar perto dela. No entanto, viu quando madame, com expressão atrevida, apresentou-a a um cavalheiro de cabelos grisalhos. O homem aproximou-se e convidou-a para dançar. Yuri tentou impedir, mas não conseguiu. Então, encostou-se num pilar, e passou a vigiá-los.

Ludmila e o cavalheiro sentaram-se, e ele trouxe bebida para a mesa. Ela bebeu, gostou e repetiu a dose várias vezes. Não se sentindo bem, foi para seus aposentos, e Yuri a acompanhou.

De repente, ele notou que aquele homem tinha aberto a porta e, atrevidamente, também entrado no quarto dela. Nervoso e encolerizado, Yuri foi para o lado dele, quando o viu jogar-se por cima de Ludmila, que mantinha os olhos fechados, sob os vapores da bebida.

Yuri, sumamente irritado, caiu sobre ele, agredindo-o. Tinha que retirá-lo dali de qualquer jeito. Ele não iria aproveitar-se de sua Ludmila, que não estava em condições de defender-se. Nesse instante, contudo, Yuri notou que algo de diferente acontecia. Colado ao cavalheiro, ele passou a ter uma sensação estranha, como se fosse ele, e não o estranho, que ali estivesse. Sentia o calor do corpo de sua amada e podia tocá-la, sentir sua pele, seus cabelos. Nem se recordava de quanto tempo não sentia Ludmila tão perto. Buscou aqueles lábios, que tantas vezes beijara, e colou os seus nos dela, deixando-se envolver pela paixão.

Depois, dormiu, como há tempos não ocorria. Estava feliz, satisfeito, alegre. Não sabia o que tinha acontecido, mas o fato é que se sentia muito bem.

Olhou para Ludmila, ainda adormecida, e viu que o homem também estava ali, deitado no leito, e bêbado. Deu-lhe um empurrão. O cavalheiro acordou assustado, levantou-se, esfregando os olhos, e foi embora.

Era madrugada, e as primeiras claridades do dia entravam pela janela. Yuri sentou-se numa poltrona, fitando Ludmila adormecida.

Era a primeira vez que tinha tal sensação! Perto daquele homem, sentia-se vivo, pulsante, completo. Não entendia por que, mas o desconhecido o obedecia, executava sua vontade!

Levou a mão aos cabelos, pensando o que fazer. Teria que ir atrás dele, decidiu. Era seu contato com o mundo. Correu e ainda alcançou o cavalheiro, que entrava na carruagem. Acompanhou-o durante todo aquele dia, comeu e bebeu com ele. Quando chegou a noite, ambos estavam impacientes para voltar à mansão de madame Trussot e rever Ludmila.

Desse dia em diante, a convivência entre eles só aumentou. Ambos se satisfaziam mutuamente, a vontade de um era a vontade do outro, numa simbiose que se tornava cada vez mais intensa.

Quando o conde Alexander precisou viajar, Yuri ficou indeciso entre acompanhá-lo e ficar na mansão. O apego a Ludmila, porém, foi maior: ficaria e velaria por ela.

Assim, foi com irritação que viu o jovem Gregory aproximar-se dela, convidá-la para passear no jardim, dançar e depois subir. Ficou junto dela para defendê-la, se ele tentasse aproximar-se com outras intenções. Notou, no entanto, que não conseguia agir sobre ele da mesma forma que acontecia com Alexander. Todavia aquietou-se, quando notou que o rapaz não representava perigo, visto que Ludmila e ele ficaram apenas conversando por várias horas. Ainda assim, não podia descuidar-se. Aquele homem dava-lhe um mal-estar, como a sensação de algum perigo iminente. Teria que ficar alerta. Alexander teria que resolver seus negócios e voltar logo. Decidiu que, a benefício de ambos, deveria ir atrás dele, convencendo-o a retornar o mais rápido possível.

Desse modo, Yuri permaneceu dois dias fora de Moscou, mas retornou com Alexander.

À sua volta, estranhou o comportamento de Ludmila. Ela parecia-lhe diferente, sempre pensativa. Notou que havia uma ligação entre ela e aquele imbecil do Gregory, e resolveu segui-lo. Assim, alguns dias depois, descobriu que Gregory planejava a fuga de Ludmila com a cumplicidade de Oleg, o criado poltrão da casa. Ela queria ir embora, fugir de madame Trussot, o que ele não poderia permitir. Se ela fosse embora, deixaria de encontrar-se com Alexander, e ele, Yuri, perderia aquela ligação que era tão importante.

Procurou falar com as moças, que não lhe deram ouvidos. Tentou alertar madame, que ficou desconfiada e resolveu conversar com Ludmila. Embora não o tivesse ouvido, de alguma forma captara sua intenção. Já era alguma coisa.

Desse modo, foi com esperança redobrada que compareceu, acompanhando Ludmila, à conversa com madame Trussot.

Recostou-se no vão de uma janela e ficou observando o diálogo. Ludmila, com habilidade, conseguira convencer madame Trussot de que estava tudo bem. Então, quando ela saiu da sala, aproximou-se da mulher e sussurrou-lhe:

– *Não se fie nas aparências, madame. Tome cuidado!*

Yuri notou que suas palavras tinham surtido efeito, pois madame resolvera ficar de olho em Ludmila.

Naquela noite, tudo correu bem. Alexander estava gentil e solícito com Ludmila, atendendo à vontade de Yuri. Tiveram uma noite inesquecível, em que, ainda uma vez mais, pudera senti-la nos braços, partilhando com ela seus sentimentos, como antigamente.

No entanto, precisava falar-lhe mais francamente, alertá-la do perigo que corriam, se ela realmente concretizasse seu desejo de fugir. Ah! Isso ele não permitiria. Especialmente com aquele imbecil do Gregory, com quem ele não tinha ligação alguma e que o enchia de ciúmes.

Paixão de Primavera

Assim, pensando no assunto, permaneceu no quarto, esperando Ludmila adormecer para falar com ela, o que esperava conseguir naquela noite. A verdade é que já tinha tentado abordá-la, porém ela se recusava terminantemente a falar com ele.

Decidido, ficou aguardando. Quando ela estava desprendendo-se do corpo de carne, ele aproximou-se. Vendo-o, Ludmila reagira assustada, suplicando o amparo de Nossa Senhora de Kazan. Ainda tentara alertá-la, suplicando-lhe que não fugisse, pois, se isso acontecesse, eles ficariam distantes de novo. Contudo, ela ficou tão apavorada ao ver o fantasma dele, que Yuri foi obrigado a afastar-se, desanimado.

No entanto, estava resolvido a não se apartar dela, vigiando sua amada e o maldito Gregory, para impedir que concretizassem a fuga.

∿

O dia amanhecera chuvoso. Durante a noite, as nuvens foram acumulando-se no céu e, pela madrugada, a chuva despencou sobre a grande cidade.

Ludmila, com tudo arrumado, pronta para partir, sentiu o coração afligir-se de preocupação. Depois, levantando o ânimo, pensou: "Bobagem! Antes que a noite chegue, teremos muito tempo; até lá, a chuva terá passado."

Pouco antes do almoço, ela conversou demoradamente com suas companheiras. Sentia-se enternecer, ao pensar que era a última vez que estaria em companhia delas. Desejava contar-lhes que estava de partida, mas se conteve. Gregory ordenara-lhe que, em hipótese alguma, comentasse seus planos com alguém, exceto com Oleg. Poderia haver uma traidora entre elas. Ludmila não acreditava nessa possibilidade, porém, na dúvida, seria melhor que ignorassem o plano de fuga.

À noite, Ludmila recolheu-se em seus aposentos para preparar-se, e não desceu ao salão no horário de costume.

Madame Trussot, depois de algum tempo, impaciente, mandou uma criada saber o que acontecia. A criada retornou ao salão, informando à senhora que Ludmila estava no leito, com dores terríveis no ventre. As regras tinham descido, o que tornava impossível sua participação naquela noite.

Madame ficou bastante contrariada, mas nada podia fazer. Resignou-se, dando uma desculpa ao conde Alexander.

Quando faltavam quinze minutos para a meia-noite, Oleg veio avisá-la de que o caminho estava livre. Poderia descer pela escada de serviço sem ser vista, mas acrescentou:

— Tenha muito cuidado, Ludmila. Enquanto isso, eu pegarei Yuri e o levarei até você. Vista a capa que lhe trouxe e cubra bem a cabeça. Espere-me perto da área de serviço. E que a Senhora de Kazan nos ajude!

Ludmila agradeceu e, pegando a pequena bagagem de mão, saiu de seus aposentos, ganhando o corredor, em sentido oposto ao da escadaria social. Desceu à área onde ficava a cozinha e as dependências dos criados, perto da despensa em que eram descarregados os suprimentos.

O carroceiro já chegara e entretinha-se levando os produtos até lá.

Escondida num canto escuro, Ludmila aguardava. Oleg chegou pouco depois com o bebê adormecido e entregou-o nos braços da mãe.

Alguns minutos depois, tendo o carroceiro acabado de descarregar, Oleg apareceu, sorridente.

— Vejo que já fez seu trabalho. Deve estar cansado. Entre, tenho uma garrafa de vodka excelente escondida aqui na despensa.

O bom homem, satisfeito com a gentileza, agradeceu:

— Uma dose de bebida vem a calhar. A noite está fria, e a chuva molhou-me até os ossos!

— Então, beba! Você bem merece, amigo.

O carroceiro tomou de um só gole a caneca de vodka; depois, limpando a boca com as costas da mão, despediu-se:

— Obrigado, Oleg. Até a semana que vem!

— Até mais ver!

Enquanto eles conversavam dentro da despensa, Ludmila acomodara-se na carroça, cobrindo-se bem. Logo, esporeando os cavalos, o carroceiro saiu da propriedade a cantarolar. Estava feliz. Iria visitar sua amada e passar horas agradáveis na companhia dela.

Havia parado de chover, mas uma névoa fina invadia tudo, tornando as luzes baças e quase irreais, como se pertencessem a imagens de um sonho.

Quinze minutos depois, a carroça parou, e Ludmila ficou atenta. O condutor desceu, entrando numa pequena casa da periferia. Ao ouvir o barulho da porta que se fechava, Ludmila aproveitou e desceu com o filhinho, escondendo-se atrás de um muro.

Seu coração pulsava forte. Ali aguardaria Gregory, conforme o combinado.

Estava feliz na expectativa de vê-lo. No entanto, a expectativa tornou-se ansiedade, ao ver que o tempo passava e ele não chegava. Exausta de esperar, ela escorregou para o chão, sentando-se numa pedra, e, escorada no muro, puxou o capuz da capa para proteger-se melhor, acabando por adormecer de cansaço.

De repente, acordou assustada. "Meu Deus! Eu dormi! E se Gregory veio e não me viu? Não, não pode ser. Ele sabia que eu estaria esperando! O que pode ter acontecido? Bem, só me resta esperar."

Apesar de tentar manter a calma, Ludmila trazia o coração apertado por íntimos temores. Sentia que algo de grave teria acontecido para que Gregory ainda não estivesse ali com ela.

CAPÍTULO DOZE

Novos rumos

GREGORY FIODOROVITCH passara o dia em ansiosa expectativa. Analisava o plano para detectar qualquer ponto frágil, qualquer surpresa que pudesse surgir, revia todos os passos para que nada desse errado.

Seu criado preparara sua bagagem como de costume. Ao ser perguntado para onde iria, deu uma desculpa, de modo que seu destino se mantivesse ignorado. Assim, seu mordomo acreditava que partiria para a França, onde tinha importantes negócios. Na verdade, planejava levar Ludmila para uma vivenda de sua propriedade, bastante aconchegante e agradável, na região de Smolensk, a oeste de Moscou, onde estariam seguros.

Desse modo, com tudo pronto, ceou e sentou-se confortavelmente na sala, aguardando ansioso o momento de partir. Então, no horário marcado, despediu-se e acomodou-se na carruagem. O cocheiro, de sua inteira confiança, era o único empregado da casa que conhecia seu destino.

– Vamos, Victor! Uma nova vida me espera! Não temos tempo a perder – ordenou, animado.

O cocheiro sorriu e, estalando o chicote, pôs a carruagem em movimento. A noite estava úmida e fechada por densa neblina. Parara de chover, mas as ruas permaneciam encharcadas de lama e de poças que se acumulavam, dificultando a passagem dos veículos.

O trajeto, em virtude das condições do tempo, seria mais demorado. Cerca de um quarto de hora depois – ainda distante do local de destino –, ouviram um barulho estranho e gritos, que aumentavam cada vez mais.

– Que se passa, Victor? – gritou Gregory, abrindo o postigo.

– Não sei, meu senhor!

Não houve tempo para mais nada. De repente, uma carruagem, em desabalada carreira e com os cavalos desgovernados, aproximou-se perigosamente, por uma rua transversal. Ao chegar à esquina, assustou o cocheiro Victor, que, percebendo o perigo, ainda tentou desviar, mas acabou batendo numa árvore. Depois, a carruagem de Gregory foi jogada contra o muro de uma propriedade. O veículo virou, e Gregory, foi arremessado para fora, batendo a cabeça no muro.

O desastrado que provocara o acidente prosseguiu, em sua carreira tresloucada, e, dentro em pouco, havia desaparecido. Ainda olhou o acidente que provocara, mas não conseguiu parar para prestar socorro, uma vez que os animais estavam sem controle.

Victor, ao bater na árvore, foi lançado fora do veículo, sofreu apenas um corte na testa. Erguendo-se, assustado, procurou socorrer seu patrão. Todavia, naquele horário e pelas condições da noite, quase não transitava ninguém por ali. Cerca de meia hora depois, por sorte, uma carroça passou, e o carroceiro levou-os até a propriedade de Gregory.

O médico da família, chamado às pressas, examinou-o. O rapaz estava ainda desacordado, embora seus sinais vitais estivessem presentes. O doutor diagnosticou uma fratura na perna esquerda, que foi imobilizada; recomendou que o rapaz ficasse em observação, em virtude da pancada que levara na cabeça; pois, quanto a isso, nada poderia fazer no momento, a não ser aguardar. Fez um curativo na cabeça de Victor e ordenou que o criado de quarto cuidasse de Gregory, que a qualquer mudança em seu estado, o avisasse. E concluiu, afirmando:

– Gostaria de passar a noite aqui, ao lado de Gregory Fiodorovitch. Infelizmente, não posso. Tenho uma parturiente que me espera. Tudo indica que o bebê nascerá esta noite. Aqui está o endereço, para qualquer eventualidade. Então, eu me vou, mas ficarei aguardando notícias. Caso nenhuma alteração tenha ocorrido até as primeiras horas da manhã, voltarei após o parto.

⁓

Ali perto, sem ser visto, recostado numa poltrona, Yuri parecia satisfeito. Finalmente tinha conseguido que sua amada Ludmila não se encontrasse com esse miserável Gregory, que tentara roubá-la dele, Yuri Vanilevitch. Agora, ela estava em suas mãos! Sem saída, visto que o seu "protetor" não aparecera ao encontro, sem recursos e com um bebê nos braços, certamente sua amada não teria outra opção senão retornar à mansão de madame Trussot e para os braços dele, Yuri, com a cooperação do conde Alexander!

Ao pensar na situação que armara, jogando aquela carruagem por cima deles, Yuri deu uma gargalhada, que ecoou lugubremente nas paredes da velha mansão de Gregory. Bem, agora teria de voltar ao lugar onde deixara Ludmila e seu filho, para convencê-la a voltar ao abrigo de madame Trussot.

Chegou ao local do encontro, na periferia, no exato momento em que, desesperada, sem saber o que fazer, Ludmila estava em lágrimas. Apesar do sofrimento dela, Yuri ficou eufórico ao vê-la sem rumo, cheia de angústia e tristeza. Notava que mil conjecturas passavam por sua cabeça: "Teria Gregory traído a minha boa-fé? Com que intuito? Ele parecia amar-me de verdade, ou, na pior das hipóteses, parecia querer realmente ajudar a libertar-me da situação em que me metera, ao aceitar a tutela de madame Trussot."

Ludmila olhou para o filhinho que continuava a dormir placidamente, ignorando que seu destino se resolvia naquele momento. Apertando-o de encontro ao peito, a mãezinha chorava inconsolável, desiludida ante a sorte adversa.

Tinha consciência de que não poderia permanecer muito tempo ali, naquele lugar, pois as primeiras claridades do dia já se faziam, e correria o risco de ser descoberta. Conhecia madame o suficiente para saber que não ficaria inerte quando percebesse que fugira de suas garras. Certamente, mandaria seus cúmplices atrás dela. Precisava encontrar um lugar para esconder-se.

Yuri, aproveitando-se do momento, aproximou-se e falou-lhe ao ouvido:

— *Minha querida, você não pode ficar na rua com nosso filho, sujeita a muitos perigos. Volte para a mansão de madame Trussot! Volte! Ela dar-lhe-á abrigo e amparo, como tem feito até agora, e ficará satisfeita com seu retorno.*

Ludmila, que não ouvia suas palavras, mas recebia suas ideias como sugestão mental, julgando que se tratasse de pensamento seu, balançou a cabeça, resoluta:

— Não. Está decidido. Não voltarei mais para a mansão de madame!

— *Mas, Ludmila, você não tem para onde ir! Aquele miserável enganou você, iludiu-a com promessas que não tinha intenção de cumprir. Onde está ele agora, quando você mais precisa de amparo e assistência?* — contrapunha Yuri.

Ela respirou fundo ante os pensamentos que passavam pela mente e reagiu, decidida, como se falasse para si mesma:

— Não sei o que aconteceu com Gregory, portanto não posso julgá-lo. Mas tenho uma certeza: ele ajudou-me a fugir daquela casa em que eu era obrigada a obedecer e a aceitar situações que me repugnavam, rebaixando-me como mulher e como mãe. Ignoro o que aconteceu, mas, de qualquer forma, sou grata a ele.

Então, considerando resolvida a questão, levantou-se, pegou sua bagagem e, antes de começar a caminhar, ergueu os olhos para o céu e murmurou:

– Tenho certeza de que Nossa Senhora de Kazan não deixará de amparar a mim e a meu filho. Já enfrentei muitas situações difíceis. Enfrentarei mais esta que o destino reservou.

Depois, de cabeça erguida, pôs-se a caminhar, enquanto Yuri, perplexo, constatava que não conseguira o que queria. Impedira que Gregory se encontrasse com Ludmila, mas, agora, sua amada partia novamente sem direção e sem abrigo. O que fazer?

Seguiu-a, vendo que ela voltava à mesma condição de antes, sendo obrigada a suplicar ajuda de pessoas que passavam. Depois de muito caminhar sem rumo, procurando as ruas menos movimentadas, acabou aproximando-se de uma grande construção, que mais parecia uma fortaleza[13]. Ali perto, passava um rio. De súbito, uma ideia infeliz surgiu em sua cabeça. Caminhou até a margem do rio e, olhando as águas, teve o impulso de atirar-se dentro dele com seu filho. Talvez fosse a única maneira de resolver seu problema. Ficaria livre de tudo. Não precisaria mais se preocupar com nada.

De olhos fixos na correnteza, aproximou-se ainda mais. Nesse instante, seu pequeno Yuri acordou e começou a chorar. Só então, Ludmila deu-se conta do que estava prestes a fazer. Como tivera coragem de pensar em acabar com sua vida e a vida de seu tesouro?

A soluçar, em grande desespero, ajoelhou-se, suplicando socorro do Alto:

– Nossa Senhora de Kazan, ajude-me! Tenha misericórdia de mim!

---

13. Trata-se do Kremlin, antiga fortaleza e atual bairro central da capital russa, dominando a margem esquerda do rio Moscou. Antiga residência dos tsares, tornou-se a sede do governo soviético (1918-1991) e russo (desde 1991).

Depois, como se temendo a proximidade do rio, levantou-se e saiu correndo com o filhinho nos braços. Caminhou em passos apressados por algum tempo.

De repente, ao virar uma esquina, deparou-se com um homem de meia-idade em mísero estado, que usava roupas velhas e rasgadas. Ele estava sentado na calçada, tinha um pedaço de pão na mão, e preparava-se para abocanhá-lo, quando então, viu a jovem mulher com o bebê nos braços, que dobrara a esquina, vindo em sua direção. Trocaram olhares, e ele se comoveu com a expressão do rosto dela.

– Está com fome, senhora?

Ludmila inclinou a cabeça e não disse nada. Tinha vergonha de falar de sua fome, quando, pelos olhos dele, sabia que também estava faminto.

O homem levantou-se e, com as mãos, partiu o pão e ofereceu-lhe um pedaço.

Ludmila ficou em dúvida se deveria aceitar, afinal, ele era um estranho. No entanto, não lhe pareceu alguém de quem devesse desconfiar; ao contrário, despertara-lhe imediata simpatia. Ele entendeu e, generosamente, disse-lhe:

– Não se acanhe e nada tema. Precisamos nos ajudar mutuamente. Hoje sou eu que posso dividir meu pão, amanhã poderá ser a senhora.

– Agradeço-lhe – disse ela, com os olhos úmidos.

Sentou-se e comeu junto com ele. Depois, o ancião comentou:

– Imagino que não tenha uma casa. Estou certo?

– Sim, fui obrigada a sair do local onde estava.

– Seu filho necessita de cuidados que, nas ruas, você não poderá dar. Se quiser aceitar minha sugestão, sei onde poderá ficar. É lugar simples, mas terá um teto e, com sorte, comida. Aceita?

Comovida até as lágrimas, ela respondeu, com voz embargada:

– Eu havia acabado de me colocar sob a proteção de Nossa Senhora de Kazan, quando me deparei com você. Tenho certeza

Paixão de Primavera

de que foi ela que o mandou! Se aceito? Como posso recusar um oferecimento tão gentil? Sim, aceito com prazer. Porém, não tema. Vou trabalhar e pagar-lhe-ei pela ajuda que me der.

— Não se preocupe. Nós, pobres, costumamos socorrer-nos mutuamente. Quando um tem, divide com os que não têm, fraternalmente.

Ludmila estava encantada. Em seu coração, um sentimento novo surgia, doce e terno, envolvendo-a toda. Aquele velho, com sua generosidade, fizera com que restaurasse a fé nas pessoas. Um hausto de amor e gratidão tomou conta de seu íntimo, como se fossem velhos conhecidos.

Satisfeito, ele ergueu-se, ajudando-a a levantar-se, ao mesmo tempo em que dizia:

— Então, vamos. Ganhei algumas coisas que preciso levar para casa, pois devem estar com fome. Verá que não fica muito longe daqui!

Ludmila o acompanhou contente. Pelo trajeto, iam conversando, e, assim, ela ficou sabendo que ele morava com a mulher e um neto, pois seu filho e sua nora haviam morrido.

Eles caminharam por cerca de uma hora, conversando. O bom homem ia mostrando-lhe partes de Moscou que ela não conhecia. De repente, ao virar uma esquina, ela viu um amontoado de casebres.

— Chegamos. É aqui! – disse ele, abrindo os braços, orgulhoso.

Ela olhou e viu uma multidão sentada no chão, outra parte caminhando e ainda outra discutindo; crianças brincavam no meio da viela, em meio ao lixo e aos excrementos, algumas choravam e cães latiam. Um cheiro de podridão misturava-se com o de temperos, de comida e de perfume barato. Ludmila nunca estivera num ambiente como esse, pois só mantivera residência na aldeia do Ural, no acampamento dos cossacos, no dos ciganos e na mansão de madame Trussot – lugares em que as condições poderiam ser simples e despojadas, porém permaneciam organizados e limpos. Ainda assim, permaneceu firme. Diante de um casebre, o velho disse:

— É aqui seu novo lar. Vamos entrar.

Dentro do casebre, Ludmila viu uma mulher fervendo água para o chá. A sala era também cozinha. Ao ver a estranha, ela reagiu:

— De novo trazendo estranhos para casa, meu velho?

— Encontrei esta mulher com o bebê, e convidei-a para ficar conosco enquanto precisar de um abrigo.

— Mas ela parece pessoa de posse! Veja as roupas dela, bonitas e elegantes!

Ludmila virou-se para o dono da casa e desculpou-se:

— Agradeço-lhe a gentil oferta, mas não se preocupe comigo. Não quero causar-lhe problemas. Encontrarei um lugar para ficar.

— De jeito nenhum! Ficará conosco. Onde comem três, comem quatro. Minha esposa, apesar de tudo, é boa pessoa.

Depois, dirigindo-se à mulher, explicou:

— Trouxe comida da rua. Não se preocupe, Anna. Dá para todos nós.

Depois, virando-se para Ludmila, disse:

— Temos dois pequenos quartos. Você ficará com o bebê no quarto de meu neto.

— Não posso aceitar! — retrucou Ludmila, olhando para a dona da casa, que colocou as mãos na cintura e fez cara feia.

— Fique tranquila. Dará tudo certo. Meu neto dormirá na sala. É criança e se acomoda em qualquer lugar — prosseguiu, sem fazer caso da atitude da esposa.

Ele mostrou o quarto para Ludmila, que acomodou o bebê na cama. Depois, voltou para a sala, onde viu um garoto de oito anos, com cabelos encaracolados, alegre e simpático.

— Este é nosso neto Rudi. Tem o mesmo nome do pai. Minha esposa, Anna.

Ludmila sorriu, enternecida, com as lembranças. A dona da casa fazia-lhe recordar sua mãe.

— E eu sou Andrei.

— Muito prazer em conhecê-los. Meu nome é Ludmila e meu filho chama-se Yuri.

Paixão de Primavera

Sentaram-se à pequena mesa de pernas bambas, conversando, enquanto faziam a refeição, e Ludmila indagou:

– Que bairro é este em que estamos?

– Você não é daqui, não? – quis saber a dona da casa.

– Não, não sou, Anna. Vim de uma pequena aldeia nos montes Urais.

– Ah! Logo vi! Estamos nos cortiços de Moscou. Já ouviu falar?

Ludmila meneou a cabeça, negativamente.

– Não conheço muita coisa de Moscou.

Anna preparava-se para fazer mais perguntas, quando o pequeno Rudi indagou:

– E sua aldeia é bonita?

– Sim, é muito bonita, porém é bem pequena. Todos ali se conhecem e ninguém sente falta de nada. O *barine* é o dono das terras e das plantações, e os mujiques trabalham nas lavouras.

– Então não há falta de serviço para ninguém? – quis saber Andrei.

– Não, todos trabalham e têm suas *isbas*. Quando o tempo está bom, com a temperatura amena, reunimo-nos na praça da aldeia. Ali comemos, cantamos e dançamos à luz das fogueiras.

O pequeno Rudi estava com os olhos brilhantes de entusiasmo.

– Deve ser muito bom morar lá!

Ludmila pensou um pouco e respondeu, triste:

– É verdade, Rudi. É muito bom morar lá. Só que eu não sabia disso até vir para Moscou.

– Então, por que veio? – prosseguiu o garoto.

Andrei percebeu que essas lembranças entristeciam Ludmila e cortou a conversa:

– Agora chega, filho. Venha comigo! Vamos buscar lenha para o fogão.

Nesse momento, Yuri acordou e começou a chorar, fazendo com que Ludmila tivesse uma desculpa para sair da sala.

Nos dias que se seguiram, lentamente foi adaptando-se às novas condições de moradia. Percebeu que Anna não era má, somente amarga em virtude da perda do único filho. Sua expressão abrandava-se apenas diante do neto, a quem envolvia com olhar amoroso e cuidados especiais.

Mas ele era realmente um garoto adorável – sempre risonho, gentil e prestativo. Ajudava as pessoas do bairro, com cativante boa vontade. Por isso, Rudi era muito estimado nos cortiços e amigo de todos.

O menino demonstrava um carinho especial por Ludmila e pelo pequeno Yuri. Convidava-a para sentar-se na frente do casebre, onde poderia conversar com todas as pessoas que passassem por ali. Apesar do ambiente malcheiroso e do intenso movimento de gente, Ludmila gostava de ficar sentada com seu filho e Rudi, diante do cortiço. Dentro da casinha de teto baixo e de cômodos minúsculos, tinha a sensação de que lhe faltava o ar.

Com o passar dos dias, sentiu necessidade de procurar uma colocação, de modo a colaborar nas despesas. Todavia, como andar o dia inteiro com Yuri nos braços? O bebê agora já tinha outras necessidades, exigências, não aceitava mais ficar apenas no colo, desejava arrastar-se pelo chão.

Em conversa, comentou com seus amigos a dificuldade que enfrentava, por ter um filho pequeno. Ouvindo-a, Rudi arregalou os grandes olhos negros e disse:

– Yuri pode ficar comigo! Eu tomo conta dele!

– Rudi, eu lhe agradeço, é muito gentil e prestativo. Porém, Yuri dá bastante trabalho, e você ainda é uma criança!

Anna, que nesse tempo havia abrandado um pouco o coração, vendo em Ludmila uma moça de bons sentimentos, a quem aprendera a estimar, pela ajuda que lhe dava em casa e pela presença sempre tranquila, considerou:

– Meu neto é bastante responsável, Ludmila, e eu estarei sempre aqui para ajudá-lo. Aceite. Se Rudi dispõe-se a ajudar, o faz de bom coração.

Paixão de Primavera

Ludmila fitou a pequena família ali reunida e enterneceu-se. Com os olhos úmidos, fitou Anna, Rudi e Andrei, que até aquele momento mantivera-se calado, e disse:

– Agradeço-lhes por toda ajuda que têm me dado. Sei que não posso abusar da bondade de ninguém, mas confesso-lhes que me sinto tentada a aceitar o favor de Rudi. Realmente, procurar trabalho com uma criança nos braços não é fácil e afasta as oportunidades. Ninguém dará serviço a uma mulher com bebê.

Andrei balançou a cabeça, concordando:

– Estava refletindo exatamente sobre esse ponto, minha filha. Conseguir emprego aqui em Moscou já é difícil; com um bebê nos braços, impossível. Além disso, você nos conquistou e já faz parte de nossa família. Aceite o que minha mulher propõe, sem hesitar. Resolvido esse ponto, agora vamos terminar nossa refeição em paz.

Ludmila sentiu o coração encher-se de carinho por aquelas pessoas que, sem conhecê-la, receberam-na em seu lar e agora a consideravam parte da família.

Intimamente, agradeceu aos céus pelo amparo e afeto que recebia.

Em meio a tantos problemas que já enfrentara na vida, o amor daquelas pessoas representava para ela uma verdadeira bênção.

CAPÍTULO TREZE

Nos cortiços de Moscou

FOI POR ESSA ÉPOCA que a conheci. Eu residia com minha família, em Iasnaia Poliana, nossa propriedade rural. Era casado com Sofia Andreievna Bers, filha de um médico da corte, e desse amor nasceram treze filhos.

Então, eu já era um escritor consagrado de várias obras, mas a publicação de *Guerra e paz* (1868) e de *Anna Karenina* (1875), tornaram-se grandes sucessos, projetando-me internacionalmente.

Por volta dos cinquenta anos, passei por um período bastante conturbado em minha vida. Uma crise existencial terrível dominou-me por inteiro, o sofrimento era intenso e indescritível. Eu não saberia definir o mal-estar íntimo, a angústia, a opressão no peito; tudo isso envolto em tristeza profunda e sem motivo transformaram a vida num verdadeiro e insuportável inferno. Não conseguia entender o que se passava em meu íntimo, o que causava aquele descontentamento comigo, com as outras pessoas, com o mundo, enfim. Hoje eu sei. O mal que me atingia tão duramente era uma doença que, mais tarde, seria reconhecida e denominada depressão – "o mal do século 20". Referiam-se a ela assim, pelos danosos efeitos que causava nas populações de todo o planeta.

Não que fosse novidade, em absoluto. A humanidade sempre sentiu seus efeitos, sem identificar-lhe as causas. No século 19, seus sintomas ainda não eram detectados como doença, dificultando o tratamento. No entanto, eu sofri todos os sintomas, inclusive sua mais grave manifestação: o desejo de autodestruição.

Para minha ventura, intuitivamente, aproximei-me mais da religião, o que foi verdadeiramente providencial, como já tive ocasião de relatar[14]. E essa busca pela religião não se dirigia ao aspecto teológico, mas abrangia a representação de um Ser Superior. À época, encontrei no Evangelho do Cristo, a resposta para minhas indagações.

No contato com os mais pobres, especialmente os mujiques, a meu ver os seres mais sofredores e miseráveis, descobri com surpresa que, para eles, a fé não era uma palavra vazia de significado ou para ser lembrada apenas em momentos ritualísticos na igreja, em determinado horário e dia da semana, ou para servir de tema a intermináveis discussões entre teólogos e filósofos, ou, ainda, para servir de passatempo à sociedade desocupada, cujas pessoas discutem pontos de vista, instaladas confortavelmente e bebericando seu chá, enquanto fumam charutos.

Não! Percebi que a fé – como convicção religiosa fundamental para suportarem suas existências misérrimas – é que lhes dava a sustentação para sobreviverem.

Esse entendimento mudou minha vida. Passei a dedicar-me mais aos assuntos da fé, procurando estudar a religião, encarando isso como uma verdadeira missão. Sentindo-me incapaz de realizar as mudanças que desejava implantar na sociedade de meu tempo,

---

14. *Leon Tolstoi por ele mesmo*, psicografia de Célia Xavier de Camargo. São Paulo: Petit Editora, 2006.

resolvi utilizar o recurso que tinha em mãos. Assim, coloquei minha pena e verve literária a serviço de Deus e da religião.

Desse modo, aliando-me às forças do bem, preocupado em ajudar os mais necessitados, elevei-me mentalmente, sendo poderosamente auxiliado pelos benfeitores do Mundo Maior, libertando-me do perigo que ameaçava jogar-me num abismo de consequências imprevisíveis. Amigos dedicados cercavam-me de atenção e carinho, para que eu conseguisse romper as amarras que me mantinham encarcerado em mim mesmo e, assim, pudesse prosseguir no cumprimento da tarefa que me comprometera a realizar. Dedicando-me à literatura de ensaios, direcionada às coisas de Deus, particularmente para o Evangelho do Cristo, libertei-me de mim mesmo, ao elevar o padrão mental, passando a viver em outra faixa vibratória.

Sempre me pesou a condição de aristocrata e proprietário de terras. Tentava mudar essa situação, trajando roupas simples, como o povo, e trabalhando no campo com os mujiques. Todavia, nem assim, igualando-me a eles, conseguia libertar-me desse peso. Eles estranhavam, a princípio, ver-me acompanhá-los às plantações para trabalhar. Não entendiam por que um rico senhor de terras, de descendência nobre, fazia questão de estar no meio deles. No entanto, acabaram acostumando-se e aceitando-me como um trabalhador, tal qual eles mesmos. No meio do dia, sentávamos para repousar e conversávamos. Dessa forma, fiquei sabendo o que pensavam a respeito da fé – elo com Deus e recurso de sobrevivência. Era através da fé que hauriam forças para prosseguirem e continuarem vivendo aquela existência miserável.

Com o passar do tempo, ganhei deles confiança e tornei-me um confidente. Ajudava-os na solução de problemas morais, familiares e comunitários. Falava-lhes do Cristo, narrando as belas parábolas que Jesus contava à época, para ilustrar seus ensinamentos ao povo, que era tão pobre como os próprios mujiques. Era fascinante e comovedor ver o encantamento com que acompanhavam as narrativas; eles, que não conheciam o Evangelho de

Jesus, que veio trazer luz à Terra. Também me emocionava ao ver neles a expressão de admiração e respeito, nos olhos úmidos. Eram momentos muito importantes, não apenas para eles, mas principalmente para mim.

Retornava para nossa casa, ao final do dia, cansado, sujo – mas feliz. Lavava-me e sentava-me à mesa – sempre bem-posta e farta –, para a refeição com a família, sendo servido por criados bem trajados e com luvas brancas.

Os anos foram passando e essa situação me enchia de vergonha, pois me sentia humilhado perante a própria consciência, por pregar uma coisa e fazer outra. Tal incoerência torturava-me a alma, e eu procurava inutilmente uma saída. Minha família não aceitaria uma condição mais humilde, porque eu os habituara àquela vida de conforto e fartura.

Com os filhos já crescidos, surgiu a necessidade de eles continuarem os estudos, em outro local com mais recursos. Assim, depois de tudo preparado, transferimo-nos para Moscou: Sofia e eu, nossos seis filhos (Sergio, Tatiana, Ilia, Lev, Macha e o pequeno Petia, que ainda era um bebê e os criados.

Acostumado a uma vida mais tranquila, não me habituava ao movimento e ao barulho de Moscou. Nossa casa era enorme, mas parecia ser de papelão, uma vez que se podia ouvir tudo o que acontecia dentro dela, desde as brincadeiras das crianças até as conversas dos criados. Tudo aquilo me incomodava, e eu a detestava. Ansiava retornar para Iasnaia Poliana, onde me acostumava a andar pelos campos de trigo, de centeio, cevada e aveia. Conversar e trabalhar com os mujiques.

Desse modo, minha insatisfação e desgosto chegaram a um ponto que não suportei mais. Deixei Sofia com os filhos, em Moscou, e retornei para nossa propriedade rural. No entanto, com o passar do tempo, minha esposa mandou-me uma carta na qual reclamava do acúmulo de responsabilidades, com a instalação e gerência da casa; da contratação de empregados; da aquisição de carros e de cavalos; de cuidar de tudo que dizia respeito aos filhos,

Paixão de Primavera

como procurar professores para as crianças e conseguir vagas nas escolas, entre outras coisas. Era demais para ela, sentia-se sobrecarregada. Então, achei-me na obrigação de retornar a Moscou, embora a contragosto.

Lá, ao contrário do campo, onde me sobravam ocupações, sentia falta de atividades. Assim, resolvi ajudar no censo. Preparava-se o recenseamento municipal de 1882 e inscrevi-me como recenseador voluntário, pedindo que me atribuíssem o setor que abrangesse a região mais pobre de Moscou, o baixo mundo, onde se concentravam as maiores necessidades. É óbvio que não tive nenhuma dificuldade em consegui-lo, pois era local a que ninguém, voluntariamente, iria. Assim, visitei os cortiços de Moscou – já relatado em outra oportunidade –, "onde deparei com uma situação de miserabilidade jamais vista em toda a minha vida. Famílias habitando cômodos infectos, crianças cheias de doenças, falta de comida e de higiene. Os excrementos eram jogados a céu aberto, e a fedentina tornava insuportável a permanência no local. Entretanto, era ali que eles viviam! Sem alimentação, sem roupas, sem aquecimento no inverno."[15]

Foi, sem dúvida, a experiência mais traumatizante que vivenciei, e me abalou profundamente. Nunca mais esqueci aqueles rostos esquálidos e esfaimados. Diante desse quadro, concluí que a situação dos mujiques, que tanto me incomodava, era infinitamente melhor que a daqueles miseráveis que encontrara ali nos cortiços. Aos mujiques, libertados oficialmente em 1861 e cuja situação na Rússia, até 1868, era de verdadeiros escravos, nada faltava, pelo menos aos que trabalhavam em minha propriedade. Levavam vida simples, é verdade, porém cada família tinha sua *isba*, comida e, no inverno, tão inclemente em nosso país, não lhes faltava agasalhos.

Com o coração em frangalhos, descobri que a miséria na cidade grande era bem maior, mais intensa e mais dolorida do que

---

15. Idem, páginas 80 e 81.

a encontrada no campo, onde a fartura de grãos no mínimo lhes supria a fome do estômago. Assim, era cheio de piedade que conversava com os moradores dos cortiços, ouvia suas queixas, suas necessidades e suas histórias.

De todas essas pessoas, porém, houve uma que me tocou profundamente o coração. Certo dia, cheguei aos cortiços e enveredei por uma viela, dando continuidade ao meu serviço. No meio da imundície, sentada num montículo de musgo, vi a imagem mais bela que jamais se me deparou. Era uma jovem encantadora que, tendo ao colo um bebê, pareceu-me à primeira vista uma imagem primorosa de Nossa Senhora de Kazan, com seu filho nos braços, esculpida por genial artista, tal a beleza da cena. A jovem assemelhava-se a uma flor que houvesse nascido no meio do pântano e que florescia em graça e perfume. Seus olhos tristes eram de uma beleza sem par; a pele, de tonalidade clara e acetinada, parecia modelada em alabastro, e seus cabelos, negros e brilhantes, desciam pelos ombros em cascatas.

Aproximei-me e dirigi-lhe a palavra, apresentando-me, procurando conter a forte impressão que ela me causara. Depois, perguntei-lhe:

– Minha filha, você também mora aqui?

Ela levantou a cabeça e notei, em seu rosto de madona, uma sombra que impedia o brilho de seu olhar:

– Sim, *barine*. Moro de favor, no cortiço de Andrei e sua família.

A voz era educada e ela pronunciava bem as palavras, diferentemente das pessoas sem instrução. Seus gestos eram delicados, e tudo nela transpirava finura de trato.

– Ah! E onde está o pai de seu filho?

– Ele morreu, *barine*.

Apiedado da sorte daquela moça, exclamei:

– Lamento muito. É ainda tão jovem e já viúva!

– Ah, *barine*, a desgraça não escolhe idade. Todavia, como pode ver, apesar de tudo, estou amparada e nada me falta.

Paixão de Primavera

Fiel ao propósito que ali me levara, visto que tinha uma tarefa a cumprir, passei a fazer-lhe perguntas. Assim, fiquei sabendo que ela era natural de uma das aldeias dos montes Urais e que, se apaixonando perdidamente por um cossaco, partira com ele, deixando a família e os amigos. Com melancolia, ela concluiu:

– Infelizmente, meu amado veio a falecer pouco depois, sem saber que eu esperava um filho dele.

A essas lembranças, lágrimas verteram de seus olhos escuros e tristes, e eu nunca mais pude esquecê-la.

Voltei outras vezes para conversar com Ludmila e tornamo-nos amigos. Do jeito que podia, procurei tornar-lhe a vida melhor: levava-lhe guloseimas, roupas que minhas filhas já não usavam e muito mais, e ela repartia essas coisas com seus protetores.

Certo dia, quase ao término de meu trabalho, eu a procurei e disse-lhe:

– Minha cara Ludmila, sabendo de seu desejo de arrumar uma ocupação digna, falei a uma senhora, com a qual tenho relacionamento de amizade, e ela quer conhecê-la. O que me diz?

Abriu o belo semblante, num sorriso mais esperançoso, e respondeu-me:

– Senhor, aceito com prazer. Aliás, trabalhar é só o que desejo na vida.

Suspirei ao ver alguém tão jovem e tão desiludida:

– Não diga isso, Ludmila! Você tem a vida toda pela frente. É muito jovem e ainda há de encontrar alguém que a faça feliz.

– Não tenho ilusões, *barine*. As pessoas, de modo geral, não são delicadas, gentis e respeitosas como o senhor. Os homens, ao verem uma mulher sozinha, logo querem aproveitar-se, fazendo propostas indignas.

Baixei a cabeça a essas palavras, concordando com ela. "Pobrezinha! Deve ter experiências bem difíceis", refleti.

– Peço-lhe perdão por eles, Ludmila. Reconheço que você tem razão. O elemento masculino costuma ser, não raro, cruel e desumano com os mais frágeis, especialmente para com as mulheres jovens e bonitas.

Ludmila olhou-me e respirou fundo, completando:

– Felizmente existem homens como o *barine*, que dignificam o ser humano. Agradeço-lhe!

Tentando evitar a emoção, retruquei:

– Não me julgue melhor do que sou, minha amiga. Então, quando posso vir buscá-la?

– Quando o *barine* quiser. Amanhã mesmo, se for possível. Tenho medo de perder essa oportunidade – disse, respirando fundo.

– Ótimo! Virei amanhã às duas horas. As damas da sociedade costumam levantar-se mais tarde e, nesse horário, creio que a senhora Catarina já terá almoçado.

– Estarei esperando, *barine*.

Na manhã seguinte, fomos até a mansão de minha amiga, que ficou encantada com Ludmila, contratando-a para cuidar de seu filho, menino de cinco anos.

Retornamos ao cortiço, e Ludmila pôde dar a boa-nova a Andrei, Anna e Rudi, que receberam a notícia com reações diferentes.

– Mila, então você não virá mais nos visitar? Por que não pode morar aqui e ir trabalhar todos os dias, deixando Yuri aos meus cuidados? Sei tomar conta dele! – reclamou o pequeno Rudi.

– Claro que virei visitá-los, Rudi! E também confio em você, sim, para cuidar de meu Yuri. No entanto, a *barínia* Catarina prefere que eu fique em sua casa, porque à noite costuma receber amigos ou sair, atendendo a convites para ir a festas, à ópera, ao teatro, e, quando isso acontece, volta tarde. Por esse motivo, preciso ficar lá para tomar conta de seu filho. Porém, sempre que puder virei vê-los. Prometo.

– Se é assim... concordo – disse o menino, triste.

Todos sorriram, e Anna, levando uma ponta do avental aos olhos para enxugar uma lágrima, lamentou:

– Sentirei sua falta, Mila! Nesse tempo que está conosco aprendi a conhecê-la e apreciá-la. Hoje a considero como uma verdadeira filha. Aprendi muito com você!

Paixão de Primavera

— Também sentirei sua falta, Anna. Você supriu em mim a falta de minha mãe, que ficou tão distante e, acredite-me, também me ensinou muitas coisas.

Andrei acrescentou, comovido:

— Abençoado o dia em que, encontrando-a na rua, faminta e desesperada, trouxe-a para nosso humilde lar. Você jamais me deu motivos para arrepender-me de meu gesto. Quero dizer-lhe que sua presença iluminou nossa casa, com seu riso, sua graça e seu carinho.

Com os olhos úmidos de emoção, fitando a cada um deles, Ludmila disse:

— Vocês se tornaram muito importantes para mim e para meu pequeno Yuri. Só tenho a agradecer-lhes por terem-me recebido neste lar com tanto amor. Vocês não me conheciam e, mesmo assim, abriram seus braços para me receber. Que Nossa Senhora de Kazan os abençoe e proteja! Quanto a mim, terão minha eterna gratidão.

Ao observar a cena que se me deparava, também emocionado, concluí que somente essa conversa e o depoimento dos membros daquela família eram o suficiente para falar do caráter de Ludmila. Em pouco tempo ela se fizera amada por todos e os amava também, numa reciprocidade realmente comovente.

Satisfeito, despedi-me dos amigos e retornei à minha casa. Deixara com Ludmila o endereço de novo serviço e algum dinheiro, para que pudesse tomar um veículo de aluguel.

Na manhã seguinte, Ludmila despediu-se da família com abraços cheios de afeto e partiu rumo a uma nova vida.

～

Ao chegar à mansão, apresentou-se e foi introduzida pelo mordomo que a esperava.

— Acompanhe-me.

Caminhou à sua frente, dirigindo-se aos fundos da mansão, área reservada à criadagem. Havia um grande corredor com portas de ambos os lados. Abriu uma delas e lhe disse:

161

– Este será seu aposento. Terá toda a manhã para instalar-se. Depois, deverá apresentar-se à senhora, que a aguarda. Entendido?

– Sim. E meu filho?

– Ficará aqui. Estamos perto da cozinha e sempre alguém poderá ver como ele está. Além disso, temos várias meninas, filhas de criados, que poderão cuidar dele.

Após essas palavras frias, o mordomo afastou-se, empertigado. Ludmila olhou o quartinho que lhe reservaram – bem melhor do que o que tinha no cortiço de Andrei – e sorriu melancólica, murmurando para si mesma: "Ainda prefiro o outro, onde havia carinho, a este que me parece vazio e frio."

Observou o aposento empoeirado e precisando de uma boa faxina. O mobiliário era simples, mas suficiente às suas necessidades: havia um leito grande, uma cadeira, uma pequena mesa e sobre ela uma candeia; num canto, um grande baú. Saiu e encontrou uma vassoura e um pano. Forrou o colchão com uma manta e colocou Yuri sobre o leito. Depois, varreu e espanou tudo, deixando o recinto com outra aparência; ao terminar, percebeu que, providencialmente, Yuri adormecera. Estava cansada e com fome. Dirigiu-se à cozinha e, ao vê-la, as criadas olharam-na da cabeça aos pés. Elas estavam comendo, e a recém-chegada apresentou-se:

– Sou Ludmila, a nova criada que vai cuidar do menino.

– Seja bem-vinda, Ludmila! – disse uma delas, que mexia uma panela fumegante.

– Por gentileza, tenho um filho que está dormindo no quarto, aqui perto. Se alguém puder dar uma olhada nele, eu ficaria muito grata.

– Pode deixar. Aqui todos se ajudam.

– Obrigada. Agora, preciso apresentar-me à senhora. Como faço?

– Não se preocupe. Herbert, o mordomo, virá buscá-la.

Ao observar o olhar de Ludmila endereçado ao prato das criadas, a cozinheira sugeriu:

– Ainda é cedo, Ludmila, a *barínia* não se levantou. Sente-se e almoce.

Paixão de Primavera

Ludmila não esperou que repetissem o convite. Sentou-se, e a cozinheira trouxe-lhe um grande prato de comida, que ela comeu com prazer.

Mais refeita, Ludmila agradeceu e conversou com as demais criadas que ali estavam, informando-se dos hábitos da casa. Depois, voltou para o quarto e, vendo que Yuri continuava dormindo, andou um pouco pelos arredores, até o jardim. Encontrou um garoto brincando na relva e começou a conversar com ele. De repente, levou um susto. Esquecera-se de que devia se apresentar à senhora. Despediu-se do menino e voltou rápido.

Bem a tempo. O mordomo viera buscá-la para levá-la até a senhora. Ele fez um sinal para que o seguisse, pondo-se a caminhar à sua frente. Atravessaram corredores e salas, subiram escadarias, novo corredor com portas de ambos os lados e, ao final de uma galeria, viu uma parede quase totalmente de vidro, que dava para um jardim de inverno. Acomodada em confortável poltrona, estava a *barínia* Catarina. Ao vê-la, a dama sorriu:

— Ah, vejo que chegou, Ludmila. Herbert instalou-a convenientemente?

— Sim, senhora.

— Muito bem. Quero que conheça meu filho, Ergon. Mande trazê-lo, Herbert — ordenou.

O mordomo inclinou-se gravemente e saiu para cumprir a ordem, retornando pouco depois com o pequeno Ergon. Ao ver a mãe, o menino correu para seus braços.

— Meu filho, quero que conheça Ludmila, sua nova babá. Cumprimente-a!

O pequeno virou-se e, olhando Ludmila com seus grandes olhos negros, disse:

— Eu já conheço, Ludmila, mamãe.

Depois, deu alguns passos e estendeu-lhe a mão, que ela apertou na sua.

— Olá, Ergon! É verdade, já nos conhecemos. Você é um lindo menino.

Diante do espanto da senhora, explicou:

– Há pouco, encontrei Ergon no jardim e nos tornamos amigos.

– Você vai brincar comigo de novo, Ludmila?

– Claro! O que gosta de fazer?

– Gosto de brincar de bola no jardim.

– Ótimo! Podemos ir agora mesmo se quiser! Isto é, se a *barínia* permitir.

– Pode ir, Ludmila. Depois conversaremos melhor.

– Obrigada, senhora. Onde está sua bola, Ergon?

– Deixei-a no jardim. Vamos! Mamãe, eu vou brincar e volto logo!

– Vá, meu filho! Vá! Estou feliz por ter gostado de Ludmila.

Ludmila saiu contente, dando a mão ao pequeno, acompanhando-o rumo ao gramado. Brincaram por algum tempo e, quando Ergon se sentiu cansado, ela sugeriu que entrassem para ele tomar um refresco.

O dia passou e Ludmila nem percebeu, ocupada com o garoto. De vez em quando, o levava até seu quarto, para ver se Yuri estava bem.

– Por que ele não pode vir brincar conosco? – perguntou Ergon.

– Ele ainda é muito pequeno, Ergon. Mais tarde, quando crescer, e se sua mãe deixar, quem sabe?

À noite, antes de colocar Ergon para dormir, Ludmila levou-o para dar boa-noite à sua mãe.

– Então, já vai dormir, meu querido?

– Sim, mamãe.

– Como foi seu dia?

– Muito bom. Brincamos bastante. A senhora deixa o bebê da Mila brincar comigo quando ele crescer?

– Ainda é muito cedo para isso, meu filho – disse ela, sorrindo.

– Eu sei. Mas a senhora deixa?

– Deixo.

– Boa noite, mamãe!

– Boa noite, meu filho. Durma bem!

Ludmila levou-o para o quarto e, como ele ainda não estivesse com sono, contou-lhe uma linda história. Ao terminar, Ergon adormecera.

Cansada, jogou-se numa poltrona. Não estava habituada a acompanhar uma criança cheia de energia como Ergon. Ele era um menino bom e simpático, porém ela não podia parar de pensar que, enquanto dava todas as atenções ao filho da patroa, o próprio filho ficara desamparado durante todo o dia.

Decidiu verificar se Ergon dormia e saiu dos aposentos, rumo às dependências dos criados. Encontrou Yuri, também adormecido, em companhia de uma jovenzinha. Ao ouvir seus passos, ela acordou assustada:

– Ah! Você deve ser Ludmila, a mãe dele!

– Sim. E você quem é?

– Sou Karina, filha da cozinheira. Não se preocupe. Ele comeu direitinho, tomou banho e está dormindo há algum tempo.

– Meu pobre Yuri! Deve estar sentindo falta da mãe.

– Ele se acostuma, Ludmila. Todos se acostumam.

– Você ficará com ele a noite toda?

– Sim. Tenho que tomar conta dele, como você toma conta de Ergon.

Mais tranquila, Ludmila agradeceu a Karina e voltou ao seu posto. Acomodou-se e dormiu também.

CAPÍTULO CATORZE

Gregory Fiodorovitch

CONHECERA JÁ HÁ ALGUM tempo, numa daquelas reuniões festivas da sociedade, que minha esposa me obrigava a participar, um rapaz simpático e interessante, pelo qual experimentei imediata afinidade. Como eu, ele também não estava interessado nas danças e sentia-se entediado. Acabamos nos aproximando, apresentados por um amigo comum.

Conversamos sobre vários assuntos, e o tempo passou de maneira agradável e amena. Tornamo-nos amigos e, vez por outra, encontrávamo-nos, na minha casa ou na dele, quando estava em Moscou, visto que viajava bastante a negócios. O nome dele era Gregory Fiodorovitch.

Certo dia, conversávamos em sua bela residência, quando em certo momento perguntei-lhe:

— Meu caro Gregory, não entendo como, sendo tão novo, prefere a companhia de alguém mais velho como eu, quando poderia estar com jovens de sua idade, que certamente teriam muito mais a lhe oferecer.

Com uma chávena de chá nas mãos, ele me olhou, tomou um pequeno gole, e respondeu:

– Caro amigo, não sabe como são os jovens de nosso tempo. Preocupam-se apenas em aproveitar a vida, mergulham em farras e orgias, bebem muito, não se interessam por livros e nada aprendem.

Balancei a cabeça, concordando:

– Conheço bem tudo isso. Contudo, essa não é uma característica de sua época, mas creio que de todos os tempos. Confesso-lhe que também perdi muitos anos de minha existência, arrastado por bebidas, mulheres e jogos. Lutei intensamente para vencer tais tendências, e, a bem da verdade, ainda não sei se consegui libertar-me delas.

– Quando estamos juntos, conde Tolstói, conversamos sobre assuntos relevantes, refletimos sobre questões morais, analisamos aspectos negativos de nossa sociedade, que desejamos mudar... Enfim, conseguimos manter uma conversa atrativa e instigante. Com esses jovens, já não se dá o mesmo. Há ocasiões em que aparentam ter perdido a capacidade de pensar.

– A juventude tem suas exigências, meu caro Gregory, e a sensualidade, a impetuosidade, o desejo de gozar a vida falam mais alto, nessa etapa. No entanto, tudo passa. Como as tempestades de neve da estação invernal, a natureza recobra sua beleza, serenamente, abrindo-se em ramos novos e florescendo durante a primavera, para dar frutos à vida. Na atualidade, penso com mais condescendência a respeito dos arroubos juvenis, certo de que o tempo lhes cobrará uma postura diferente.

– Concordo com o que diz. Porém, eu nunca fui assim.

– Porque é diferente, mais maduro, dotado de uma natureza de rara ponderação.

Assim refletindo, conversamos demoradamente. Falamos de religião, e eu, como sempre, expus minhas ideias sobre o tema, enaltecendo a figura do Cristo e suas lições transformadoras, que ele ouviu um tanto cético, pois, segundo afirmava, ainda teria bastante tempo para pensar no assunto. Gregory contou-me passagens interessantes de suas viagens. Eu também lhe falei de experiências engraçadas que tivera com os mujiques e de visitas de curiosos a Iasnaia Poliana, desejosos de me conhecerem, visto que, nessa época, já havia publicado algumas obras e era um escritor famoso; falei até das brincadeiras em família, e demos muitas risadas.

Em virtude do avançado da hora, estava quase para me despedir, quando Gregory disse-me:

– Quero contar-lhe algo importante, caro conde.

– Sim? Pois vamos lá! Conte-me!

Tímido e um pouco reticente por abordar assunto que o incomodava, ele confidenciou-me:

– Encontrei a mulher de minha vida.

A essas palavras, seus olhos brilharam, e o rosto jovem iluminou-se. Incentivei-o, entre surpreso e alegre.

– E como foi isso?

Gregory, então, contou-me que conhecera uma moça, num dos saraus de madame Trussot, e que não mais conseguira tirá-la da mente.

Bem. Eu conhecia a fama da casa de madame Trussot. Sabia que Gregory frequentara algumas vezes essa casa. Porém, vê-lo tão entusiasmado por uma das coquetes de madame Trussot não era nada animador. Longe de querer emitir julgamentos sobre alguém que não conhecia, não pude impedir-me de pensar, enquanto o fitava, que um homem que convivia com a melhor sociedade russa, rico, jovem e belo, poderia aspirar a um casamento mais vantajoso, com alguém à sua altura. Pelo menos, com certeza, era exatamente isso o que pensariam seus pais. Jamais concordariam com união tão desigual. Além disso, particularmente, acreditava que a mulher que se utiliza de seus encantos para seduzir um homem, usando o sexo apenas por prazer; que se traja de forma indecente para atraí-lo; que foge à maternidade para não perder a beleza física, quando o Criador concedeu o sexo com o divino propósito da procriação, essa pessoa é alguém que não merecia o respeito da sociedade.

– Não vai dizer-me nada, conde?

Nesse momento, dei-me conta de que ele esperava um comentário de minha parte. Sorri e acrescentei:

– Desculpe-me, caro amigo Gregory. Pegou-me de surpresa. E ela, também o ama?

Ele respirou fundo e meneou a cabeça, com sorriso triste:

– Ela não me conhece, não sabe quem eu sou, acho até que nem me viu. Na verdade, nunca conversei com ela.

– Ah! E o que pretende Gregory?

– Vou aguardar. Vê-la, para mim, é suficiente. O que sei é que acaba de chegar à casa de madame Trussot e é muito tímida.

Mais tranquilo ao notar que não havia nada entre eles, dei-lhe alguns conselhos e, como realmente fosse bastante tarde, despedi-me de Gregory desejando-lhe felicidades.

Agora que minha filha Tatiana fora apresentada à sociedade russa, Sofia e ela saíam bastante. Nessa tarde, elas tinham ido visitar uns amigos e já deveriam ter voltado. Com certeza, Sofia esperava-me, impaciente.

Depois dessa tarde, vez por outra, meu amigo colocava-me a par da situação. Contou-me que se tornara amigo da jovem e se preocupava com ela, pois a via fenecer um pouco mais a cada noite, descontente com a vida que levava. Gregory desejava ajudá-la, mas não sabia o que fazer.

Assim, acompanhei todos os lances desse romance platônico, ignorando tudo sobre a jovem: seu aspecto físico, de onde viera e qual seu nome. Discreto, como um digno cavalheiro, Gregory Fiodorovitch jamais me deu indício algum que pudesse identificar sua amada.

Ficamos cerca de trinta dias sem nos ver. Pela falta de notícias, julguei que ele estivesse viajando. Certo dia, seu criado procurou-me para informar-me que Gregory sofrera um acidente e desejava ver-me. Imediatamente, dirigi-me à sua residência, sendo logo introduzido em seus aposentos. Acomodado em uma poltrona, eu o vi. Estava pálido e emagrecido, com talas na perna esquerda, que a deixavam imobilizada, mas sorriu com satisfação ao ver-me.

Abracei-o, penalizado.

– Caro amigo, em que situação o encontro! O que houve?

Gregory sorriu-me tristemente, enquanto dizia:

– É uma longa história, conde Tolstói. Vou contar-lhe.

Fiquei sabendo, então, que o acidente acontecera na noite na qual ele pretendia fugir com a jovem, exatamente na ocasião em que se dirigia ao local do encontro. Contou-me, pormenorizadamente, como, na noite chuvosa e nevoenta, quase ao chegar a uma esquina, seu cocheiro notou, pelo ruído das rodas e das patas dos cavalos em contato com as pedras do calçamento, que um veículo em disparada se aproximava por outra rua. Como os cavalos do outro veículo viessem a galope, o cocheiro que o dirigia não conseguiu frear os animais.

– Victor, meu cocheiro, tentou evitar o acidente. Lembro-me apenas de que fui arremessado no espaço, e a carruagem, jogada contra uma árvore. Depois bateu no muro de uma propriedade. Senti uma dor violenta na perna e na cabeça, e não vi mais nada.

– E o estouvado que provocou o acidente, parou para prestar-lhe socorro?

– Não. Ao ver o que fizera, fugiu, certamente temendo as consequências de sua insensatez. Ou, quem sabe, não tenha conseguido frear os animais?

– Lamento profundamente, meu amigo. Por que não mandou me avisar? Não o procurei porque pensei que estivesse fora do país, talvez na França! Como me informara ter e viajar em breves dias...

– Tem razão, caro conde. Pretendia contar-lhe depois de resolver meu problema. A viagem era por esse motivo: retirar minha amada de Moscou, para livrá-la de madame Trussot.

Gregory fez uma pausa, diante de minha perplexidade, e prosseguiu:

– Estou desesperado, amigo Tolstói. Não podendo comparecer ao local de nosso encontro, perdi o contato com ela! Ignoro o paradeiro de minha amada, agora sozinha numa cidade grande como Moscou sem minha proteção, deve estar na rua e sem recursos! Temo que, não tendo outra escolha, possa voltar às garras de madame Trussot.

Acalmei-o da melhor maneira que pude, lamentando sua desdita. Contou-me, também, que já estava bem melhor e que, em virtude do fechamento de alguns negócios inadiáveis, teria de viajar à França, ao que acrescentou:

– Mas não se preocupe, amigo. Sei que ela não voltou para o *rendez-vous*. Oleg, o criado de madame, que me ajudou a tirá-la daquela casa e continua sendo meu contato, afirmou-me que ela ainda está desaparecida, e madame está envidando todos os esforços para encontrá-la. Da minha parte, coloquei alguns homens à sua procura e, assim que tiverem notícias, serei avisado.

Despedi-me do amigo, desejando-lhe melhoras e que conseguisse realizar seu objetivo, isso é, encontrar a mulher amada e livrá-la de vida tão insuportável.

Nessa altura dos acontecimentos, minha opinião sobre essa mulher já era diferente. Especialmente porque, em meu tempo de devassidão, era forçoso reconhecer, encontrara mulheres dignas, não obstante o ofício que exerciam. O fato de essa mulher não querer voltar às garras de madame Trussot mostrava-lhe o caráter, pois seria muito mais simples retornar à vida de antes, uma vez que seu "protetor" não fora ao encontro marcado.

No entanto, Gregory Fiodorovitch viajou à França e demorou a voltar.

Trocávamos correspondência com certa regularidade e fiquei sabendo que, em virtude de alguns problemas graves, ainda não resolvidos, permaneceria mais algum tempo em Paris. Falava-me de sua preocupação, pois ainda não tivera notícias de sua amada. Não desistia, porém, de procurá-la, embora estivesse muito triste e com o coração apertado pela falta de notícias. Não se perdoava pelo que tinha acontecido àquela noite, culpando-se pelo acidente.

Paixão de Primavera

Ao que eu lhe respondi afirmando que o amigo não tinha culpa alguma, pois o acidente não fora causado por ele. Ao contrário, sua intenção foi a melhor, isto é, dar uma condição de vida mais digna e respeitável para alguém que amava tanto. Sugeri que, se fosse de sua vontade, mandasse-me os dados da jovem desaparecida, que eu me propunha também a procurá-la. Colocava-me a seu dispor para o que se fizesse necessário. Talvez não pudesse fazer grande coisa, porém seria mais um a ajudá-lo. Em seguida perguntei-lhe como iam os negócios e se ainda ficaria muito tempo longe de nossa Rússia.

Respondeu-me que estava bastante apreensivo. Não propriamente pelos negócios, cujos problemas haviam sido solucionados; quanto a isso estava tudo bem. Entretanto, temia pela sua saúde. Sentia-se debilitado, a cabeça doía terrivelmente, e os médicos consultados não encontravam a razão para seu estado. Quanto à minha generosa oferta de ajudá-lo a encontrar sua amada, agradeceu-me a boa vontade, mas não desejava aumentar ainda mais minhas preocupações, visto que a esposa e os filhos já me davam bastante ocupação, no seu modo de entender. Que eu ficasse tranquilo; muitos homens reviravam Moscou para descobrir seu paradeiro, e ele tinha esperança de que logo tudo seria resolvido.

Ao receber tais notícias – que não obstante eram para serenar-me –, fiquei ainda mais preocupado, não vendo a hora de meu jovem amigo retornasse a nossa terra.

No entanto, eu também não estava bem. Sentia-me desmotivado, inquieto e desocupado. A falta de atividades deixava-me incomodado, mas surgiu uma oportunidade de ser útil. Preparava-se o recenseamento municipal de 1882, e inscrevi-me como recenseador voluntário. Fui além: pedi que me dessem como setor de atividade o bairro mais pobre de Moscou, o baixo mundo onde se localizava a escória da grande cidade.

Assim, no exercício da tarefa que me fora atribuída, fui até os cortiços de Moscou e fiquei conhecendo a jovem Ludmila, que me encantou. Como escritor, a presença de uma jovem tão bela e delicada, que mais parecia uma flor nascida num pântano, aguçou-me a curiosidade e o interesse. Com seu filho nos braços, ela mais parecia uma imagem de Nossa Senhora de Kazan, tão venerada pelo povo russo.

Como havia um questionário do censo, fiz-lhe algumas perguntas, as quais ela respondeu com monossílabos. Notei que não era de muito falar e respeitei sua vontade. Desse modo, da vida de Ludmila, apenas fiquei sabendo que amara um homem e que ele morrera, sem saber que ela esperava um filho dele. Assim, após o nascimento do filho, à procura de ajuda, sozinha, ela acabou vindo para Moscou, e, depois de algum tempo, encontrara Andrei, que a recolhera, dando-lhe teto e comida.

Várias vezes eu retornei aos cortiços, na realização de minhas atividades. Sempre que podia, dava um jeito de rever Ludmila e seu filho Yuri, preocupado com a situação dela. Até que, sabendo de seu desejo de arrumar um serviço, consegui colocá-la na casa de um casal de amigos meus.

Vez por outra, visitava-os, e era sempre com satisfação que revia Ludmila, alegre e sorridente, cuidando do pequeno Ergon. Conversávamos, e ela sempre me agradecia por ter-lhe proporcionado a bênção de trabalhar naquela casa, onde encontrara acolhimento e afeto.

Certo dia, eu conversava com a senhora Catarina sobre trivialidades. Seu esposo, Pierre Grotivosk, estava ausente, no exercício de suas obrigações. Era militar e integrava o efetivo do exército imperial aquartelado em Moscou, e só retornaria no final da tarde. Catarina fez um chá em seu samovar de prata, e servira-me com a delicadeza que só uma dama possui. Tomávamos o chá com biscoitos amanteigados numa sala, cujas amplas janelas de vidro davam para o jardim. Nesse momento, a babá brincava de bola com Ergon, que ria cada vez que ela perdia a bola.

Ao observá-los, Catarina levou a chávena aos lábios, tomando um gole; depois, depositou-a suavemente na mesinha, limpou os lábios com o guardanapo de linho e disse-me:

– Conde Tolstói, nunca será demais agradecer-lhe por ter trazido Ludmila a nossa casa. Ergon tem por ela verdadeira adoração. E olhe que várias moças já passaram por aqui e não puderam permanecer. Algumas, por não terem jeito com crianças; outras, pelos modos grosseiros ao extremo, o que não seria conveniente para o menino; além dessas, havia as que não gostavam de asseio, o que também lhes impossibilitou a permanência. Com Ludmila, no entanto, foi diferente. Ela é perfeita em todos os aspectos. Sabe portar-se, em todos os momentos, e tem uma postura que mais parece a de uma dama da nobreza.

– Tem razão, senhora Catarina. Desde que a conheci, senti a mesma coisa.

– Noto apenas algo que me intriga: ela não fala de si mesma. Quando pergunto da família, responde que é sozinha no mundo! Porém, ninguém pode ser absolutamente destituída de família! Porventura sabe algo mais a respeito dela?

Meneei a cabeça negativamente.

– Muito pouco. Lamento informar-lhe que também nada consegui arrancar dela sobre sua vida, a não ser que se casou muito jovem, e seu esposo morreu antes de saber que ela esperava um filho dele. Sempre que eu demonstrava interesse de saber algo mais sobre sua vida, esbarrava numa muralha impenetrável. Diante de uma pergunta, Ludmila responde laconicamente, ou desconversa e muda de assunto. Reconheço que, para mim, ela é um mistério fascinante.

Catarina respirou profundamente, com os olhos fixos na imagem do filho e da jovem, que corriam no jardim, e murmurou quase para si mesma:

– Creio que essa moça já sofreu muito. Deve ter sido bastante atingida pelas adversidades, e julgo que algo ainda a corrói por dentro... bem lá no fundo. Talvez seja a falta do marido, falecido tão prematuramente. Seus olhos, embora belos, são extremamente tristes, e seu sorriso, melancólico. Somente quando está com Ergon, como agora, ou com seu filho Yuri, mostra um pouco mais de alegria no rosto.

– Tem toda razão. Ela é uma incógnita.

Calei-me. Não desejava estender aquele assunto, porém prometi a mim mesmo que iria descobrir o segredo que se escondia naqueles olhos escuros, que longas pestanas sombreavam.

Despedi-me de minha amiga Catarina, e saí daquela casa com o firme propósito de investigar a história de Ludmila. Todavia, com o passar dos dias, deixei-me envolver por outros assuntos, esquecendo-me um pouco da misteriosa moça.

No momento, o que mais me incomodava era pensar nos moradores dos cortiços, sem expectativas de melhorar suas vidas e vivendo de maneira miserável, sem qualquer conforto. Não tinham água, comida, agasalhos no inverno e nem fogo para aquecer seus corpos. O ambiente era insalubre, com a sujeira acumulando-se pelas vielas, e a água suja de excrementos escorrendo pelo solo, tornando a fedentina insuportável. E ali, naquele ambiente, as crianças brincavam, os cães pegavam dejetos do chão para comer, disputando-os com as crianças esfaimadas.

Qual o objetivo daquelas vidas? Por que razão elas sofriam tanto, quando outras pessoas levavam existência regalada, com todo conforto?

Concluí meu serviço e não voltei mais aos cortiços, mas a lembrança daquelas pessoas não me saía da mente. Ajudara algumas, como Ludmila, por exemplo, mas era tão pouco! Todas as que ali se aglomeravam precisavam de auxílio, mas sentia-me impotente para socorrê-las. Ao frequentar as festas da nobreza russa, a que nossa condição social nos obrigava – e agora também pela querida filha Tatiana, que fora apresentada à sociedade –, examinava tudo com olhos críticos. Olhava aquelas damas bem-vestidas, penteadas com capricho, adornadas com lindas joias, recendendo a deliciosos e caríssimos perfumes, e me lembrava daquelas outras mulheres, que não tinham quase roupas para vestir, cujos rostos abatidos falavam de uma vida de privações e de misérias.

Então, cansado de tudo, enojado da sociedade e de não ter o que fazer, recordava-me de Iasnaia Poliana e de meus mujiques –

que eu acreditara serem os seres mais infelizes da Rússia. Felizmente, descobria, agora, que a vida deles era boa: tinham uma *isba* onde moravam com a família, não lhes faltava comida para saciar a fome, nem agasalhos no inverno; qualquer coisa que precisassem, eu providenciava, fosse madeira para o telhado, sementes para o plantio de verduras e legumes, um gorro para proteger as cabeças; enfim, tinham tudo. Já os moradores dos cortiços de Moscou eram infinitamente mais infelizes que meus mujiques.

Esse contato com a verdadeira miséria mudou a minha vida. Por meio dos relatos das pessoas, verifiquei quanta sordidez, quanta baixeza existe por detrás da miséria: a queda moral daqueles que, pela falta do necessário, resvalam para abismos insondáveis da podridão humana.

Quase perdi o contato com a realidade, amedrontado com a realidade que me era dado observar.

E, submetendo tudo isso a meticuloso raciocínio, analisando em profundidade a situação, questionava-me: qual a causa dessa miséria tão dolorosa e tão profunda? Qual a causa dos vícios que se desenvolvem nesse meio?

E a resposta me veio rápida e clara: se há pessoas na miséria é porque outras têm o supérfluo. Se há pessoas na ignorância é porque outras possuem conhecimentos demais e inúteis. Se há quem esteja sob o peso de um trabalho estafante é porque outros vivem na ociosidade.

E continuando a questionar-me, quis saber: quem são esses "outros" que têm o supérfluo, que possuem conhecimentos demais e que não fazem nada?

E, novamente, a resposta veio, direta e terrível: eu e minha família!

Ao chegar a essa conclusão que a lógica meridiana impôs, temi perder a razão. Eu já desconfiava dessa verdade, mas vê-la assim, clarificada sob a luz da consciência desperta, levou-me quase à loucura.

Sentia imperiosa necessidade de dar um novo rumo à nossa existência: deixar aquela vida de supérfluos; trocar aquela casa luxuosa que eu comprara por algo menor e mais simples. Contudo, era impossível! Até que tentei, mas minha família, acostumada com aquele estilo de vida, não me entendia as razões. Afinal, aquela fora a vida que eu sempre dera à minha esposa e aos meus filhos! E agora, de repente, eu queria mudar tudo?

Foi uma época de grandes traumas e confusões. Discutíamos com frequência e não conseguíamos nos entender.

Então, uma saudade imensa fez com que desejasse retornar à minha propriedade rural. Abandonei Moscou e voltei para a tranquilidade de Iasnaia Poliana.

Antes de deixar a cidade, procurei alguns amigos mais chegados. Entre eles, meu jovem amigo Gregory Fiodorovitch, mas fui informado de que ele ainda não havia voltado a Moscou e que também não era previsível quando o faria. Deixei meu endereço em Iasnaia Poliana e, agradecendo ao criado, fui embora. Quanto à minha amiga Ludmila, também não consegui vê-la. Certa tarde, me dirigi à residência do casal Pierre e Catarina, para despedir-me deles e de Ludmila, porém fui informado de que haviam viajado para o campo e só voltariam dentro de um mês. Decepcionado, deixei-lhes um bilhete de despedidas e, depois, não soube mais deles.

Ainda escrevi uma carta para Gregory, mas não obtive resposta, e acabei esquecendo-me do assunto, mergulhado em outros problemas que me exigiam a atenção.

Durante muitos anos, não tive mais contato com essas pessoas.

CAPÍTULO QUINZE

A visita

ATRAVESSEI PERÍODO bastante difícil da existência, preocupado com outros assuntos. Um dos problemas que me assoberbavam a mente eram as aulas de catecismo de meus filhos. Desde que tomei conhecimento do que os padres ensinavam a meus filhos pequenos, fiquei furioso. Naturalmente, minha esposa Sofia não concordou comigo, uma vez que era muito ligada à Igreja Ortodoxa.

Passei a analisar tudo conscienciosamente, a estudar em profundidade as lições que Cristo nos deixara, e cheguei à seguinte conclusão: o que se pregava, em termos de doutrina cristã, era absolutamente contrário ao que Jesus de Nazaré transmitira a todos que o ouviram atentos, durante sua inolvidável trajetória pelo planeta.

Devotei-me à luta contra as ideias absurdas que a Igreja Ortodoxa russa pregava e impingia às crianças.

Tudo isso, porém, já tratei à saciedade em outros momentos, e não desejo tornar-me repetitivo.

No intuito de descobrir a verdade, estudei grego e hebraico e fiz uma tradução do *Novo Testamento*, diretamente dos mais antigos documentos existentes no idioma grego, para meu uso pessoal, o que me custou bastante esforço e determinação. No entanto, eu precisava disso. Ansiava descobrir a verdade que os textos utilizados pela Igreja escondiam, que faziam com que eles me parecessem absurdos e incompreensíveis. Sentia necessidade de entender as lições do Cristo, de esclarecer-me sobre o real significado dos ensinamentos evangélicos tão deturpados, através dos séculos, pelos interesses humanos.

E a verdade revelou-se em toda sua grandeza. Luz brilhante expulsando as trevas abriu-se aos meus olhos, maravilhados ante os conteúdos evangélicos. Retirada a canga que lhe obscurecia as palavras, a verdade surgiu como um brilhante raro e de incalculável valor. Encantei-me com os conteúdos evangélicos, com a clareza de objetivos expostos por Jesus, com o amor que Ele devotava aos sofredores e aflitos, geralmente pertencentes às faixas mais pobres da população. Assim, passei a dedicar minha vida a ajudar as pessoas e a tentar agir de acordo com as pregações do Cristo.

⁓

Após alguns anos, minha família retornou para Iasnaia Poliana. Eu continuava escrevendo, no afã de colocar no papel, as reflexões que brotavam da mente.

Certo dia, alguém bateu à nossa porta. O mordomo veio avisar-me que chegara uma visita. Isso não era novidade, visto que as pessoas me procuravam em Iasnaia Poliana, não raro vindas de longe, até de outros países, para conhecer-me, atraídas por minhas ideias e obras.

Naquele momento, eu estava em meu gabinete de trabalho, e fiquei um pouco descontente, pois algo diferente viera-me à cabeça e precisava aproveitar a ocasião para anotá-lo antes que me fugisse. Todavia, resignado, mandei que fizesse a visita entrar. Nunca recusava receber alguém.

Nesse meio tempo, entre a ordem que dera ao mordomo e a chegada da visita ao meu gabinete, de cabeça baixa aproveitava para analisar o texto que acabara de escrever. Entretido, demorei-me alguns instantes para notar que alguém estava à minha frente. Ao dar-me conta, levantei os olhos para ver quem era e fiquei surpreso.

O cavalheiro trajava-se elegantemente, mas deveria ter algum problema físico, uma vez que se apoiava em uma bengala, cujo cabo fora finamente esculpido em ouro. Usava-a não apenas como um acessório, ornamento comum à época, mas por necessidade. Tinha a pele clara e o semblante sereno; os cabelos grisalhos nas têmporas eram curtos, e uma pequena e bem aparada barba conferia-lhe distinção; os olhos claros pareciam sorrir, talvez se divertindo com a situação.

Fiquei ali, aparvalhado, fitando-o. Curioso! Eu tinha absoluta certeza de que conhecia aquele cavalheiro que ali estava, de pé, à minha frente. No entanto, por mais que buscasse na memória, não conseguia localizá-lo em minhas lembranças. Onde o teria visto? Em que situação teríamos nos encontrado?

Na confusão que se me estabelecera na mente, sem perceber, estava sendo indelicado, pois não o cumprimentara nem o mandara sentar-se. Finalmente, ergui-me às pressas para reparar minha falta de gentileza, cumprimentando-o, quando ele sorriu, compreensivo:

– Não me reconhece mais, caro Leon Nicolaievitch, conde Tolstói?

Aquela voz era inconfundível! Passei a mão pelos cabelos revoltos e, contornando a mesa, fui ao seu encontro, ainda sem poder acreditar:

– Gregory Fiodorovitch! Pois é você mesmo?

– Sim, querido amigo Tolstói. Tendo retornado à nossa "santa" Rússia, não poderia deixar de vir cumprimentá-lo.

– Há quanto tempo não nos vemos! Perdi contato com as pessoas, enfurnado aqui em minha casa. Escrevi-lhe algumas vezes e, como não tivesse obtido resposta, acabei por resignar-me.

Abraçamo-nos com muita alegria pelo reencontro.

– Perdoe-me a indelicadeza, caro amigo Gregory. Sente-se, por favor!

Gregory acomodou-se numa cadeira à minha frente e pusemo-nos a conversar como antigamente. E ali, a saborear um chá de melissa, ele contou-me:

– Ah, querido amigo! Durante esse tempo em que estivemos longe um do outro, atravessei situações bastante difíceis.

– Conte-me, meu amigo – incentivei-o, voltando satisfeito aos velhos tempos, enquanto ele me abria o coração e eu o ouvia atento.

– Lembra-se de que fui à França, ainda não completamente recuperado do acidente que sofri em Moscou? Pois bem! Lá chegando, apesar das dificuldades, em poucos meses consegui resolver os negócios mais urgentes, e preparava-me para retornar à nossa Rússia, quando estranhas sensações passaram a dominar-me. Sentia-me ora febril, ora gelado. Terrível angústia e mal-estar intraduzível faziam-me desejar a morte. Não encontrava satisfação em coisa alguma; só queria ficar no leito, inerte. Sem ingerir líquidos e sem me alimentar, fui piorando cada vez mais. Abandonei os negócios, e esse estado só não me levou também a uma derrocada financeira, porque meu pai, informado, assumiu a responsabilidade de tudo, passando a gerir meus bens.

Assustado, acompanhava seu relato, lembrando-me que também atravessara fase semelhante. Aproveitando uma pausa que ele fizera para levar a chávena aos lábios, indaguei:

– Diga-me, Gregory, o que o levou a essa situação de desespero?

– Tolstói, eu nunca me recuperei pela perda da mulher amada. Jamais recebi qualquer notícia dela, foi como se ela tivesse se esfumado no ar ou sido tragada pela terra. Porém, no fundo, algo me segredava que, algum dia, em algum lugar, eu acabaria por encontrá-la. Mas, na verdade, minha situação era muito mais grave. Quando tomava a decisão de retornar à Rússia, meu estado de saúde piorou. Passava as noites em claro, dominado por um medo estranho e incompreensível, como se meus aposentos estivessem cheios de seres horríveis que desejavam me destruir. Houve momentos em que tive a sensação de estar cercado por um bando de cossacos! Essa sensação enlouquecedora acabou por dominar também meus dias, afastando-me das pessoas, da sociedade, de tudo. Temia deixar minha residência, passear, ver pessoas e divertir-me. Acabei recluso, envelhecendo sem viver.

– Meu amigo! Se eu soubesse, teria ido ao seu encontro. Talvez não conseguisse ajudá-lo, mas oferecer-lhe-ia minha presença amiga e confortadora. No entanto, apesar de tudo pelo que passou, agora vejo que está bem. Mas como saiu dessa situação estarrecedora?

Com expressão um tanto constrangida, ele fitou-me:

– Leon Nicolaievitch Tolstói, talvez não creia no que vou contar.

– Ah, sim? Pois estou bastante curioso. Conte-me!

– Pois bem. Em minha propriedade, nos arredores de Paris, tenho uma criada há muitos anos, Rose Marie. Ela tem cerca de cinquenta anos, mas disposição de trinta; é grande, bonachona e muito estranha. Seus olhos azuis, vivos e expressivos, parecem devassar a alma das pessoas; pelo menos, foi o que ouvi de meu criado de quarto, que tem muito medo dela. Certo dia, essa criada foi levar a refeição, em meus aposentos, e viu-me sentado numa poltrona a olhar o jardim pela janela. Aproximou-se, colocou a bandeja numa pequena mesa, trazendo-a para junto de mim, de modo que não precisasse levantar-me. Depois, talvez preocupada com meu estado, disse-me algo que não entendi. Levantei a cabeça e perguntei-lhe o que desejava. E ela, limpando nervosamente as mãos no avental, murmurou algo, temerosa, "o senhor precisa lutar!".

– Só isso? – indaguei.

– Nada mais.

Em seguida, pediu-me licença, como se arrependida do que dissera, e deixou o aposento, quando deveria ter permanecido e me servido. No entanto, pensativo, nem me dei conta disso, refletindo nas suas palavras: "O senhor precisa lutar! O senhor precisa lutar!" Por Nossa Senhora de Kazan, lutar contra o quê?

"Aquelas palavras não me saíam da cabeça. Após ter comido alguma coisa, continuei pensando no que tinha ouvido. Vezes sem conta, a cena se repetia e eu escutava a mesma coisa: 'O senhor precisa lutar!' Tentei dormir e não consegui. Quando meu criado de quarto entrou para pegar a bandeja, eu, decidido a colocar ponto final naquela situação, pedi a ele que me mandasse Rose com urgência. Quando ela entrou, temendo uma reprimenda, perguntei-lhe a razão de suas palavras. Ela informou-me que eu precisava lutar contra essa situação, contra a doença. Expliquei-lhe que estava tomando remédios prescritos pelos médicos, ao que ela me respondeu que apenas os medicamentos não seriam suficientes para minha cura. Então, tornei: 'Você conhece algum outro método?' E ela, respirando fundo, disse-me simplesmente: 'Sim, a prece'. Então pedi: 'Você poderia orar por mim?' Diante de sua concordância, coloquei-me à sua disposição. Rose Marie fez uma oração singela e curta, pedindo o amparo de Deus para mim. Em seguida, calou-se e foi embora."

– E depois?

– Inacreditavelmente, naquele dia, comecei a melhorar. Passei a noite sem problemas e sem medos. Em alguns dias, era como se ela tivesse tirado com a mão todo o meu sofrimento, angústia e mal-estar, que, por tantos anos, foram meus companheiros inseparáveis.

– E a que você deve isso, isto é, a sua cura?

– Ignoro. Confesso-lhe, porém, que acho que foi a fé de Rose que me salvou.

– Pois, caro amigo Gregory, afiança-lhe que sei muito bem o que passou. Há anos, também enfrentei um problema semelhante ao seu. Só que não tive nenhuma criada Rose Marie para curar-me.

– É mesmo? E como saiu dessa difícil situação? – indagou, interessado.

– Não sei. Após algum tempo, fiquei curado. Talvez tenham sido minhas preces...

– Então, deve ter muita fé, amigo Tolstói!

– Cristo disse que não precisaríamos ter tanta fé. A fé do tamanho de um grão de mostarda já seria suficiente – respondi.

– É verdade!

Trocamos um olhar de entendimento e caímos na risada.

Diante desse milagre, ou qualquer coisa parecida, somente pude agradecer ao Cristo por ver meu amigo bem. Quanto a acreditar que fora um milagre ou algo sobrenatural, preferi não entrar no mérito da questão, uma vez que não fazia parte das minhas crenças, apenas alegrei-me ao ver Gregory recuperado.

Naquele dia, conversamos durante longo tempo, falando sobre vários assuntos. Como Sofia tivesse viajado para visitar uma tia e levado nossos filhos, ficamos à vontade. Passamos a tarde conversando e jantamos juntos.

Em certo momento, perguntei-lhe a razão da bengala. Era normal que cavalheiros usassem uma bengala como um adorno, um complemento da indumentária, o que não era o caso dele, evidentemente, pois tinha um problema na perna. Ele respondeu-me:

– Pois é resultado daquele acidente que sofri em Moscou, lembra-se?

– Sem dúvida! Contudo, não pensei que tivesse deixado sinais tão marcantes.

Ele sorriu melancolicamente, considerando:

– As cicatrizes do corpo nada são comparadas com as da alma, meu amigo.

Entendi perfeitamente que jamais se recuperara das decepções amorosas do passado. Para suavizar o ambiente, evitando que a tristeza o dominasse, passei a referir-me às lembranças dos nossos encontros em Moscou, o que sempre seria um assunto mais agradável e ameno. E, em dado momento, tentando tirar a atenção dos problemas, fitei a janela aberta, com o pensamento longe, recordando-me do passado e das experiências que tive na grande cidade.

– Gregory, aquela época também me deixou marcas profundas. As visitas que fiz aos cortiços de Moscou, como recenseador voluntário, descortinaram-me uma realidade que eu não conhecia, assinalando-me nova etapa da existência.

– Sim, lembro-me de que estava bastante impressionado com tudo o que via.

Sorri, meneando a cabeça, e contei-lhe:

– Dentre as experiências mais marcantes que vivi àquela época, uma delas foi realmente especial. Certo dia, entrando por aquelas vielas sujas e malcheirosas, tive uma visão celestial. Sentada à porta de um dos cortiços, deparei-me com uma jovem de rara beleza. Assemelhava-se a uma bela flor que houvesse nascido no pântano. Tinha os traços delicados e não parecia fazer parte daquele mundo. A expressão do semblante dela, ao fitar um bebê que trazia nos braços, deixou-me emocionado, como se estivesse diante de Nossa Senhora de Kazan em pessoa, a segurar o menino Jesus. Fiquei tão comovido que quase me ajoelhei aos seus pés.

Conseguira meu objetivo. Gregory fitava-me, embevecido ante a narrativa. Parei de falar por alguns instantes, ainda sob a forte impressão que aquele quadro me causara, mesmo depois de tantos anos, e, notando-lhe o interesse, prossegui:

– Essa jovem foi das poucas pessoas que consegui ajudar, tirando daquele lugar infecto. Arrumei-lhe um emprego de babá, na casa de um casal amigo, e Ludmila mudou-se para lá com seu filhinho, Yuri.

Enlevado pelas lembranças, meu olhar fixava-se num ponto qualquer ao longe, vislumbrando as imagens do passado, e não me dei conta da expressão perplexa de Gregory, que me fitava com os olhos arregalados, como se fossem saltar das órbitas. De repente, ouvi que ele me chamava:

– Tolstói!... Tolstói!

Voltei à realidade, surpreso ante sua voz alterada:

– O que houve, Gregory?

Paixão de Primavera

– Qual é o nome da moça à qual se referia? – disse, gaguejando.

– Ludmila. Porventura a conheceu?

Sem responder-me a pergunta, ele tornou:

– Por que nunca me falou dessa jovem, Tolstói?

– Por quê? Não sei! Talvez porque fosse um assunto de trabalho! Mas, qual a razão dessa pergunta agora? Que valor teria isso, depois de tanto tempo? E, mesmo se, à época, eu tivesse lhe falado sobre ela, que interesse poderia ter um rapaz rico e de boa família por uma jovem que morava num cortiço, a região mais pobre de Moscou?

Com os olhos lacrimejando, pálido, as mãos trêmulas, ele ergueu-se, olhando-me estático, parado, como em estado de choque.

– O que está acontecendo? – estranhei.

– Meu amigo Tolstói! Essa jovem é aquela que tenho procurado durante todos esses anos!

– Não pode ser! – exclamei, aturdido.

– Pois é a verdade! A mulher que eu amo chama-se Ludmila e tem um filho, de nome Yuri. Por que nunca me falou dela?

– Gregory, não podia saber! Você nunca me disse o nome dela, lembra-se? Nem mesmo quando me coloquei à sua disposição para procurá-la! Eu não sabia o nome, como era e de onde tinha vindo essa jovem que você amava!

Atordoado, Gregory caiu sentado na cadeira, afirmando:

– Que destino caprichoso, amigo. Procurei tão longe, em todos os lugares, sem notar que a resposta estava ao meu alcance. Minha mãe tinha razão. Ela afirmava que, muitas vezes, a solução para nossos problemas está mais perto do que imaginamos; nós é que teimamos em não enxergar.

– Sábias palavras, Gregory! – concordei, impressionado.

De repente, como se uma luz acendesse em seu íntimo, meu amigo mostrou-se eufórico. Cheio de renovadas esperanças, ponderou:

– O que passou, passou. Agora já sabemos onde procurá-la, isso é o que importa.

Em seguida, pôs-se a crivar-me de perguntas. Queria saber tudo sobre Ludmila: como fora parar nos cortiços de Moscou, o nome das pessoas que a acolheram; o endereço e o nome completo da família para a qual trabalhava naquela época – tudo isso como referência para começar as investigações. Anotei num papel o que ele me pedira. Depois, com delicadeza, tentei alertá-lo:

– Gregory, eu quase nada sei sobre Ludmila. Ela era uma pessoa bastante fechada e não falava de si mesma nem de seu passado. O que lhe relatei é tudo o que sei. Por isso, gostaria que refletisse, meu amigo. Muitos anos são passados desde que a viu pela última vez. Já pensou que ela deve ter mudado bastante? Agora é uma mulher, com muitos anos a mais, e pode até ter voltado para sua aldeia, nos montes Urais; pode ter casado... pode ser até que...

– Diga! Que tenha morrido? É isso?

– Gregory, todos nós, vivos, estamos sujeitos à morte!

Ao passar as mãos pelos cabelos, nervosamente, diante de minhas palavras, respondeu-me, incisivo:

– Não importa, Leon. Vou descobrir o que aconteceu com ela. Procurá-la-ei no fim do mundo, se necessário. Nada me fará desistir de vê-la novamente.

Ele ergueu-se e agradeceu-me pelas notícias. Aproximamo-nos e trocamos um longo e apertado abraço. Gregory não resistiu e chorou em meu ombro. Depois de alguns minutos, despediu-se:

– Obrigado. Obrigado por tudo. Mantê-lo-ei informado, Tolstói.

– Conte comigo para o que precisar, amigo.

Acompanhei-o até a porta de saída e vi quando ele tomou a carruagem, que mergulhou na escuridão da noite.

Meu coração estava apertado. Aquele drama que fizera infelizes duas criaturas que mereciam a felicidade, e não era culpa de ninguém, mas do destino, deixara-me acabrunhado.

Tentei voltar ao meu escritório e retomar o texto no qual estava trabalhando, mas não consegui. As imagens jovens e belas de Ludmila e Gregory antepunham-se à minha frente.

Uma grande sensação de impotência fez com que curvasse meus ombros e chorasse também.

CAPÍTULO DEZESSEIS

Em busca de informações

APÓS ESSE DIA, vez por outra eu recebia notícias de Gregory Fiodorovitch, que se lançara com determinação ao objetivo de encontrar aquela que considerava a mulher de sua vida. Para tanto, segundo relatou-me por carta, estabelecera um roteiro de possibilidades para encontrar Ludmila.

Começou pelo endereço de Pierre Grotivosk e Catarina, que eu lhe fornecera.

Solicitou uma entrevista com o casal, que, apesar de estranhar o pedido, concordou em recebê-lo em seu lar, quando Gregory assegurou-lhes que vinha em meu nome. Conversaram sobre amenidades, até que Pierre pediu-lhe notícias minhas.

– Leon Nicolaievitch Tolstói, nosso amigo comum, está bem. Estive com ele na semana passada, em Iasnaia Poliana, e mandou-lhes recomendações.

Encontrado um ponto em comum para começar o diálogo, falaram sobre minha pessoa, as ideias que eu esposava e as obras que escrevera. Tomaram chá com biscoitinhos amanteigados, até que o dono da casa, deixando de lado os rodeios, foi direto ao ponto, perguntando-lhe delicadamente:

– Mas a que devemos a honra desta visita? Podemos ajudá-lo em algo, caro Gregory Fiodorovitch?

Ao colocar a chávena sobre a mesinha ao lado, Gregory respirou fundo e respondeu:

– Tenho muita esperança de que possam realmente ajudar-me. Nosso amigo comum, conde Tolstói, relatou-me que, há muitos anos, a senhora Catarina teve uma babá, por indicação dele, chamada Ludmila.

– Sim, é verdade! – a senhora assentiu, surpresa com a lembrança. – Mas, perdoe-me, o senhor conheceu essa moça?

Novamente, Gregory respirou fundo e explicou:

– É uma longa história, senhora. Eu amava Ludmila e, por obra do destino, sem que nenhum dos dois tivesse qualquer culpa, afastamo-nos e nunca mais a vi. Estou tentando encontrá-la, e, se a senhora puder dar-me notícias, eu serei eternamente grato.

Ainda mais surpresa, a dona da casa retrucou:

– Depois de tantos anos, senhor Gregory Fiodorovitch! Se a amava tanto quanto diz, por que não tomou essa atitude mais cedo?

O visitante concordou com um gesto de cabeça.

– Sim, a senhora tem toda razão. Compreendo sua perplexidade, até sua dúvida. Mas, como afirmei, é uma longa história!

– Não se preocupe, Gregory Fiodorovitch. Temos tempo e disposição para ouvi-lo – incentivou-o Pierre, intrigado.

– Sou grato pela gentileza e atenção. Pois bem... Àquela época, sofri um acidente aqui em Moscou, cuja consequência persiste ainda hoje. Vivo com esta bengala, da qual não posso me apartar – disse, mostrando a perna – Ainda não recuperado, após muitos meses de tratamento, precisei viajar à França, onde negócios urgentes me aguardavam e, infelizmente, fui acometido por uma enfermidade por muitos anos. Eu havia perdido o contato com Ludmila, por uma dessas razões que só Deus explica, mas jamais desisti de encontrá-la. Retornando à Rússia, há quinze dias, após longa ausência, fui procurar Tolstói, ansioso por rever o amigo, que me informou sobre a passagem de Ludmila por esta residência.

Ao vê-lo falar, Catarina sentiu sua sinceridade e encheu-se de piedade diante do sofrimento daquele cavalheiro tão distinto.

– Lamento não poder ajudá-lo. Ludmila, realmente, trabalhou durante seis anos em nossa casa e ganhou nossa confiança e nosso afeto. Contudo, ela mostrava uma tristeza tão profunda que, somente agora, ouvindo-o, pude aquilatar e compreender melhor. Ludmila acabou por pedir dispensa do serviço, alegando que desejava retornar à aldeia onde nascera. Entendi perfeitamente essa sua vontade de retornar às origens, visto que era uma pessoa bastante solitária. Apesar de ser boa, doce, gentil para com todos, não me lembro de alguém que a tivesse procurado aqui, nesta casa, com exceção de nosso amigo comum. Não tinha amigas, parentes, ninguém; salvo a família que a recolheu das ruas, segundo nos relatou Tolstói. Nosso filho, Ergon, ficou inconformado com o afastamento de Ludmila, pois nutria verdadeira adoração por ela. Apesar de ser um rapaz hoje, vez por outra ainda fala nela, lembrando-se com carinho daquela época.

– Ah! Realmente Ludmila é alguém muito especial. Mas essa é uma notícia auspiciosa! A senhora Catarina pode dizer-me o nome da aldeia?

– Infelizmente não, senhor Gregory Fiodorovitch. Ludmila era uma pessoa bastante reservada. Nunca falava da família, do passado, de onde viera. Muito estranho! Parecia temer alguma coisa ou alguém. Desse modo, nada sabemos a seu respeito, a não ser que a aldeia fica nos montes Urais.

– Já é alguma coisa. Agradeço-lhe, senhora. Não vou desistir. Procurarei Ludmila em cada uma das aldeias dos Urais, pode ter certeza.

– Espero que encontre sua amada Ludmila. E, quando isso acontecer, transmita-lhe lembranças nossas.

– Certamente, senhora.

Gregory despediu-se. Deixando a mansão, sentiu-se um tanto tristonho e acabrunhado por não ter conseguido notícias mais precisas. Todavia, temeroso de voltar a ficar doente, espantou a tristeza e disse para si mesmo: "Eu vou vencer! Hoje tive a primeira informação. Passarei à etapa seguinte."

Naquela noite, arrumou-se com esmero. Lá pelas dez horas, tomou a carruagem rumo à mansão de madame Trussot.

Ao chegar, deixou o sobretudo de lã com a criada, à entrada. O som tão familiar de música, do tilintar dos cristais, das conversas e risadas dos grupos que se espalhavam pelo ambiente, o aroma dos perfumes, tudo fez com que Gregory suspirasse, retornando ao passado. Tudo ali recordava a amada. Passando os olhos pelo grande salão, ainda teve a impressão de que iria vê-la no meio das pessoas.

Abriu um ligeiro sorriso ao ver uma dama que, apesar dos anos transcorridos, ainda reconheceu. Ela pareceu-lhe menor e mais magra; o semblante, excessivamente pintado, assemelhava-se a uma máscara; grossa camada de base acentuava ainda mais as profundas rugas, e as duas bolas vermelhas nas bochechas fizeram-no lembrar da figura de um palhaço; nos olhos pequeninos, as pálpebras coloriam-se de azul intenso, e a pequena boca estava pintada de batom vermelho vivo; a cabeleira, em tom lilás, num penteado alto, trabalhado com laços de fita e arranjos complicados, obrigava a cabeça equilibrar-se com dificuldade, sustentada pelo frágil pescoço, que fazia malabarismos para suportar o peso.

Ao notar o novo cliente, cavalheiro elegante, bem-posto e, certamente, muito rico, veio ao seu encontro e estendeu-lhe a mão enquanto o avaliava:

– Boa noite! Seja bem-vindo, *monsieur*! Aqui, encontrará diversão e prazeres que em nenhum outro lugar poderá achar.

– Madame Trussot! – murmurou ele, inclinando-se galantemente diante da dama, enquanto beijava a enrugada mão, estendida.

Aquela entonação de voz, o olhar e o sorriso zombeteiro do cavalheiro fizeram com que ela indagasse:

– Parece que o conheço! E o cavalheiro certamente me conhece, porque chamou-me pelo nome.

– Madame, não se lembra de mim? Tem a fama de jamais se esquecer de alguém. É verdade que há muitos anos não tenho o prazer de entrar nesta casa, porém fui frequentador assíduo no passado!

Fitava-o com os olhos pequeninos, excessivamente pintados, buscando-o febrilmente na memória.

– *Pardon, monsieur*! Confesso-lhe que minha memória já não é a mesma de antes.

– Então, apresento-me: Gregory Fiodorovitch – disse, inclinando-se elegantemente.

Largo sorriso surgiu no rosto encarquilhado, e os olhinhos viraram uma linha apenas.

– Como pude me esquecer? Sim, recordo-me, como não? Sentava-se sempre à mesma mesa e raramente escolhia alguma mulher. O que aconteceu para esquecer-nos por tanto tempo?

– Madame deve ter sabido do acidente que sofri. Nesta cidade, as notícias têm asas!

– Sim, lembro-me agora. Mas isso foi há muito tempo, *monsieur*!

– É verdade. Minha recuperação, porém, foi demorada. Depois, fui para a França, onde tenho negócios, e fiquei doente. Por esse motivo, somente agora estou retornando à nossa querida Rússia.

– Pois então, seja bem-vindo! Sinta-se em casa! Temos muitas coquetes, belas, experientes e agradáveis. Posso sugerir alguma? Tenho uma jovem que chegou por estes dias e está sendo apresentada à nobre sociedade moscovita.

– Madame Trussot, hoje sou um homem bem mais vivido e prefiro damas não tão jovens. Daquela época, ainda terá alguém? Confesso-lhe que sou conservador por natureza.

Madame respondeu rindo, com os olhinhos vivos a percorrer o salão:

— Meu caro Gregory Fiodorovitch, escolha uma mesa e aguarde. Tenho exatamente o que deseja.

Ele sorriu, pegou uma taça de champanhe que um criado lhe oferecera, e encaminhou-se ao canto onde costumava ficar. Para sua satisfação, a mesa preferida estava desocupada. Não demorou muito, madame retornou, trazendo uma bela moça.

— Lembra-se dela? É Amanda.

— Sim, como não? Sente-se, Amanda.

Madame Trussot afastou-se discretamente, deixando-os a sós. Gregory e Amanda puseram-se a conversar, e, após algum tempo, ele direcionou o diálogo para o passado. Gregory relatou-lhe rapidamente que deixara a Rússia e que, somente agora, estava voltando. E, como quem não quer nada, pediu-lhe notícias das companheiras daquela época.

— Duas ficaram doentes e morreram. Outras não estavam mais em condições de trabalhar e mudaram de função; hoje, estão na cozinha ou na limpeza.

— Onde estão as outras? Foram embora?

Ela sorriu melancolicamente e respondeu baixinho:

— Claro que não. Daqui ninguém foge.

— Ninguém? Nunca?

— Bem. Às vezes, acontece de alguém escapar à segurança. Mas logo é encontrada e trazida de volta. A única que fugiu e jamais voltou foi Ludmila. Lembra-se dela?

— Mais ou menos. Não é aquela que apresentava uma dança cigana?

— Sim, essa mesma.

— Ela não voltou mais?

— Não. Nunca mais.

— Mas, ao que sei, madame não é de aceitar uma derrota. Pelo menos, não era.

— E continua sendo assim. Acredite, a maior frustração de madame é nunca ter encontrado Ludmila. E olhe que ela procurou muito, espalhou homens por todos os lados, mas a fujona desapareceu mesmo.

Paixão de Primavera

– E vocês, não têm ideia de onde ela possa estar? Ludmila deve ter contado para alguém. Certamente teria uma confidente.

– Não, *monsieur*. Ela foi muito esperta. Se tivesse contado para uma de nós, talvez não tivesse escapado. Madame apertou-nos de todas as maneiras para obter a verdade, acreditando que sabíamos para onde teria ido.

– Entendo.

Cansada daquela conversa, Amanda sugeriu:

– Basta de falar no passado! Vivamos o presente. Vamos dançar?

– Adoraria dançar com você, Amanda, mas não posso. Lamentavelmente, tenho um problema na perna que não me permite esse tipo de movimento. Mesmo agora, está doendo bastante. Mas, se quiser dançar, fique à vontade. Estou vendo um amigo que não encontro há anos. Com licença.

Gregory levantou-se discretamente, passando às mãos de Amanda uma boa recompensa pelo seu tempo. Não queria gerar um ressentimento nela, por sentir-se rejeitada, e desejava mantê-la como amiga, caso voltasse a precisar de seus serviços. Com um sorriso, despediu-se dela e caminhou pelo salão observando tudo, especialmente os criados. De repente, viu um homem parecido com Oleg, apesar dos anos.

"Não é possível!", pensou. "Oleg deveria estar longe, casado e feliz!"

Encaminhou-se para o lado dele e ficou parado. O criado inclinou-se cortês, oferecendo-lhe uma taça.

– Como vai, Oleg? Prazer em revê-lo.

– O senhor!

– Sim. Preciso falar-lhe. Onde pode ser?

– Naquele local não dá. Agora é bastante frequentado.

– Então escolha outro lugar.

O criado pensou um pouco e sugeriu um local nas imediações da cidade, cuja estrada era deserta e onde poderiam conversar sem problemas.

– Sei onde fica. Quando?

– Amanhã, às três horas da tarde.

– Muito bem. Obrigado, Oleg.

Gregory tomou um gole da bebida e dirigiu-se à saída. Madame, que não o perdia de vista, foi ao seu encontro.

– Vai embora tão cedo, *monsieur*?

– Sim, madame. Apesar do imenso prazer de ter retornado a esta casa, sinto muita dor na perna. Voltarei outro dia. Apresente minhas desculpas a Amanda. Hoje eu não seria uma boa companhia para ela.

～

No dia seguinte, Gregory acordou mais animado. Tomou um leve desjejum e ficou lendo até a hora do almoço. Alimentou-se frugalmente, como de hábito, e, precisamente às duas horas, saiu de casa, tomando a carruagem que já o esperava. Assim, faltavam quinze minutos para as três horas quando deu entrada no estabelecimento. Sentou-se a uma mesa e olhou em torno. Tudo tranquilo, não havia ninguém. Um rapazinho aproximou-se, sem muita vontade, e ele pediu uma bebida.

Poucos minutos depois, chegou Oleg. Lançando um olhar pelo ambiente, viu Gregory Fiodorovitch e encaminhou-se à mesa próxima. Pediu uma caneca de vinho ao rapaz e aguardou.

Ao vê-lo sentado à mesa ao lado, Gregory levantou-se, dizendo em voz alta, o suficiente para que o rapaz pudesse ouvir:

– Com licença. Posso sentar-me? Estamos sozinhos e, não sei o que pensa, mas não gosto de beber sem companhia.

– Sente-se, senhor. Ficarei honrado com sua presença.

Ao chegar a bebida, Gregory sugeriu:

– Então, façamos um brinde!

Eles começaram a conversar e o moço afastou-se, sentando-se atrás do balcão, desinteressado, certamente voltando ao seu cochilo interrompido.

Em voz mais baixa, Gregory indagou:

– Então ainda está a serviço de madame Trussot? Julguei que nunca mais fosse vê-lo, que estivesse em algum lugar, casado e feliz, administrando a fortuna que lhe dei!

Oleg explicou, concordando com um gesto de cabeça:

– Nada deu certo para mim, senhor. Como combinado, fiquei alguns dias ainda na mansão, para não despertar suspeitas. Mas, antes, expliquei a minha namorada que logo poderíamos nos casar; contei-lhe que estava para receber uma herança de um tio distante que falecera, e Kátia ficou toda feliz. Disse-lhe, ainda, que começaria a procurar uma propriedade para comprar, onde viveríamos felizes após o casamento; não desejava que fosse perto de Moscou, preferindo região mais tranquila, para que pudéssemos criar nossos filhos. Enfim, fizemos muitos planos. Um dia, ela veio com a notícia de uma propriedade que estava à venda, distante de Moscou, como eu queria. Em virtude de estar sempre preso ao serviço de madame, Kátia sugeriu-me que deixasse a seu cargo tomar as providências necessárias para a compra do imóvel. Então, após a fuga de Ludmila, e já com os recursos na mão, entreguei a ela a soma para concretizar o negócio. E fiz mais ainda: temendo a desconfiança de madame, que parecia olhar-me de forma diferente, resolvi passar tudo o que tinha à mulher amada, por questão de segurança, pois madame costumava mandar seus homens fazerem uma devassa em caso de qualquer suspeita.

Ante esse relato, Gregory indagou aflito:

– E daí, o que aconteceu?

Com os olhos úmidos, o outro prosseguiu:

– Ah, senhor! Era tudo mentira. Aquela mulher traiu-me da forma mais torpe. Um dia, Kátia não fora ao nosso encontro, depois de tudo "concretizado", segundo informações que eu recebera. Tínhamos combinado de nos ver às segundas, quartas e sextas-feiras. Também não apareceu nos outros dias. Preocupado, resolvi ir até a sua casa, mas me informaram que Kátia desaparecera. Ninguém sabia dela. Então, dei uma desculpa à madame Trussot e pedi-lhe licença para afastar-me do serviço por três dias. Aluguei um cavalo e, seguindo as orientações que a Kátia me dera, fui até o local onde acreditava estar o imóvel adquirido. Tolamente, ainda procurava uma desculpa, achando que ela poderia estar arrumando a casa para nós, visto que se referira à necessidade de adquirir alguns móveis e tudo o mais que precisássemos para uma vida confortável. Na verdade, não havia imóvel algum.

– Não é possível!

– Indaguei às pessoas da região sobre a existência do imóvel, mas todas foram unânimes em assegurar-me que não existia nenhuma casa à venda nas imediações.

– Meu pobre Oleg! E eu que o julgava rico e feliz! E ela?

– Nunca mais a vi. Desapareceu completamente. Assim, não tive outro jeito senão continuar a serviço de madame. Algum tempo depois, tive notícia de que Kátia teria sido vista ao lado de outro homem, toda bonita, bem-vestida e feliz. Contudo, apesar de tê-la procurado para reaver o que era meu por direito, nunca a encontrei.

– Por que não me contou?

– Ah, senhor! Não seria justo incomodá-lo com meus problemas, quando tinha sido tão generoso comigo. Além disso, sentia vergonha de minha ingenuidade. Como pude confiar tanto numa mulher?

Cheio de ódio, Oleg deu um murro na mesa, acordando o atendente, que espichou os olhos para nós, assustado com o barulho.

– Por nossa Senhora de Kazan, eu juro! Se algum dia eu a encontrar, mato-a. Mato os dois! Pode acreditar.

Gregory tentou acalmá-lo:

– Se quiser aliar-se a mim, quem sabe poderei ajudá-lo? Passado tanto tempo, não existe mais motivo para permanecer na casa de madame Trussot, a menos que não queira ser meu aliado como outrora. Afinal, ambos temos o mesmo objetivo: estamos à procura de uma mulher.

– Não posso negar-lhe nada. O senhor foi muito generoso e leal comigo. Aceito. O que deseja que eu faça?

Paixão de Primavera

– Ótimo, Oleg. Por enquanto, fique de olhos e ouvidos bem abertos na mansão de madame, relatando-me tudo. Especialmente, junto às mulheres mais antigas. Ontem conversei com Amanda e ela me pareceu sincera. Contudo, nunca se sabe. Veremos. Vamos continuar nos encontrando aqui. Gostei do lugar. É tranquilo e sem movimento. Não se preocupe com nada. Caso surja algum problema, estará sob minha proteção e virá para minha casa.

Após Gregory pagar a conta, eles se despediram, e cada qual tomou um rumo diferente.

CAPÍTULO DEZESSETE

Decisão

ACOMODADO EM SUA carruagem, enquanto transitava pelas ruas da grande cidade, Gregory pensava. De repente, ele colocou a cabeça pelo postigo da janela e ordenou ao seu cocheiro e homem de confiança:

— Victor, vamos para os cortiços!

Assustado, o pobre homem retrucou:

— Mas, senhor, tem certeza? A região é perigosa, e talvez não seja conveniente irmos até lá!

— Nada tenho a temer, meu fiel Victor. Preciso procurar alguém. Vamos!

O cocheiro fez o veículo diminuir a marcha até parar; depois, puxando os arreios, obrigou os cavalos a dar meia-volta, retornando por onde tinham vindo. Na terceira rua, virou à esquerda, entrando numa rua sem grande movimento, e prosseguiu por cerca de meia légua; em seguida, virou à direita, tomando o rumo ordenado. Ao aproximar-se da região do baixo mundo, desconfiado e temeroso, o cocheiro parou algumas centenas de passos antes, desceu e, abrindo a portinhola, informou:

– Meu senhor, por precaução, parei a carruagem antes de chegarmos aos cortiços. Se preferir, eu mesmo posso informar-me sobre a pessoa que procura, sem necessidade de que o senhor se exponha a qualquer perigo.

Ao descer do veículo, Gregory fitou-o, resoluto:

– Sua preocupação é excessiva, Victor. Essas pessoas são como nós, sem tirar nem pôr.

– Mas, senhor! Diante de um cavalheiro tão importante, bem-vestido e rico, eles poderão nos atacar para roubá-lo!

– Tranquilize-se, Victor. Se você tem tanto medo, fique. Irei sozinho.

Gregory Fiodorovitch girou sobre os calcanhares e saiu caminhando, rumo à vila. Ao ver que não conseguiria convencer o patrão, ainda um tanto temeroso, o criado não teve outra alternativa senão segui-lo.

Ao aproximar-se dos primeiros casebres, Gregory parou penalizado. A descrição que Tolstói lhe fizera era bem mais branda e favorável. O que tinha agora diante dos olhos deixou-o horrorizado. A viela era estreita, ladeada por casebres, onde uma água fétida escorria, carreando excrementos e restos de comida; a sujeira que se via em tudo, nos adultos, nas crianças, nos animais, era nauseante. O estômago retorceu-se, e ele fez força para não vomitar ali mesmo, diante daquela gente.

Na rua, pessoas desocupadas conversavam, riam, jogavam cartas, sentadas em banquinhos, ao redor de pequena mesa; crianças brincavam descalças, correndo e botando os pés naquela água suja. Conforme Gregory e Victor passavam, os moradores olhavam-nos de alto a baixo, cochichando entre si, fazendo comentários sobre a aparência do cavalheiro, curiosos sobre o motivo que teria levado um fidalgo a visitá-los; alguns faziam chacotas, diziam pilhérias em voz alta, e depois caíam na gargalhada.

Ao notar que alguns homens de expressão rude e desconfiada caminhavam lentamente para perto deles, Gregory entendeu que não poderia demonstrar fraqueza ou temor. De cabeça erguida,

Paixão de Primavera

com ar decidido, parou e, olhando para o homem que estava sentado no chão, bem próximo deles, indagou:

– Bom homem, preciso de uma informação.

Ao erguer-se, respeitosamente, o morador respondeu:

– Pode falar, *barine*. O que deseja?

– Estou procurando por Andrei. Porventura o conhece?

O outro pensou um pouco e meneou a cabeça:

– Não, *barine*. Sou novo aqui. Não conheço ninguém com esse nome.

Gregory agradeceu a gentileza e continuou perguntando. A resposta era sempre a mesma: não, ninguém sabia. Até que um dos moradores sugeriu:

– Ali, na outra rua, moram algumas famílias mais antigas. Talvez lá o senhor encontre com Anton a informação que deseja.

Novamente Gregory agradeceu e encaminhou-se com Victor para a rua indicada, perguntando por Anton a um senhor mais idoso, que se encontrava à porta de seu cortiço. Ao saber que era ele mesmo, pediu notícias de Andrei. Pensativo, o outro tornou:

– Será talvez Andrei, casado com Anna, que tem um neto chamado Rudi?

– Sim! Esse mesmo! Esse mesmo! Pode dar-me notícias dele? Andrei ainda reside aqui no bairro?

Um tanto desconfiado, ao ver a expressão de Gregory, o ancião não respondeu, voltando a perguntar:

– Por que o procura, *barine*?

– Eu sou amigo dele, Anton. Conheci Andrei há muitos anos, quando eu ainda era criança. Por isso gostaria de encontrá-lo novamente – mentiu, cheio de escrúpulos, ao mesmo tempo em que pensava: "É por uma boa causa."

Desarmado diante das palavras do desconhecido, o velhinho informou:

– Infelizmente, Andrei já não está mais aqui. Foi embora com a família.

– Foi embora? Para onde?

205

– Parece-me que eles foram para bem longe, lá para os montes Urais.

– Por que? Qual o motivo que o levou a aventurar-se assim por regiões longínquas? – tornou a perguntar Gregory.

O velhinho pensou um pouco e esclareceu:

– *Barine*, o que sei é que Andrei recebeu a visita de uma linda moça, a quem tinha dado abrigo por um tempo, que veio despedir-se dele e da família. Conversaram, e Andrei resolveu acompanhá-la, já que ela empreenderia aquela viagem sozinha, apenas com o filho.

Comovido, Gregory teve de conter-se para não chorar. Receber notícias de Ludmila – porque só podia ser ela! – assim, de repente, deixou-o emocionado. Era como se já estivesse mais perto dela.

– Sei a quem se refere. Conheço Ludmila e seu filho. E sabe me dizer para onde eles foram, isto é, para qual das aldeias?

– Isso eu não sei dizer não, meu senhor.

– Haverá alguém que saiba?

Novamente o ancião meneou a cabeça.

– Não. Estou informado de tudo porque sou amigo de Andrei. Aqui não tem ninguém que saiba mais sobre ele do que eu, posso assegurar-lhe.

Gregory agradeceu ao bom homem e fez um leve sinal a Victor, que tirou um saquinho de moedas da algibeira e entregou-o ao velhinho. Ao ouvir as moedas tilintarem, surpreso, ele recusou:

– Nada me deve, senhor. Nada fiz para merecer tal fortuna – disse o ancião, com dignidade, devolvendo-lhe as moedas.

Ao pegar o saquinho, Gregory depositou-o nas mãos do ancião, dizendo:

– Não é pagamento por sua ajuda, meu amigo. É um presente. Sou sumamente grato ao senhor e gostaria de presenteá-lo com alguma coisa. Como é só o que tenho, peço-lhe que aceite, com meus respeitos.

O velhinho sorriu e os olhos úmidos fitaram o cavalheiro com gratidão.

– O mundo seria bem melhor se existissem mais pessoas como o *barine* – foram suas últimas palavras.

Gregory despediu-se e partiram. No íntimo, ele trazia uma certeza: iria para os Urais.

Durante o resto daquele dia e nos dias que se seguiram, Gregory permaneceu pensativo e quieto. Quase não falava, quase não comia. Sentado em sua poltrona preferida, ao pé da lareira, ele observava as chamas.

Alguém bateu discretamente à porta, e logo uma cabeça surgiu.

– Senhor, o conde Tolstói chegou.

– Finalmente! Mande-o entrar, Victor.

Eu entrei e nos abraçamos como velhos amigos. Após falarmos de amenidades, perguntei:

– Estou à sua disposição. O que está havendo, Gregory?

– Ah, meu querido amigo! Tive notícias de minha Ludmila!

– Sim? Parabéns! Congratulo-me com você. Conte-me o que descobriu!

E Gregory Fiodorovitch relatou-me a visita que fizera à mansão de madame Trussot, à residência de Pierre Grotivosk e, em seguida, a ida aos cortiços de Moscou.

– Meu caro! Correu perigo, certamente. Não sabe que ali se concentra todo o *bas-fond*[16] de Moscou? Com certeza, ali vive muita gente miserável, mas de bons sentimentos, mas há também muitas pessoas ligadas ao crime e aos vícios. Quando lá estive, em virtude de minha função a serviço do censo municipal, não tive problemas, mas corri riscos, sim.

– Eu sei. Eu sei. Contudo, não resisti. Victor prontificou-se a fazer esse serviço, mas eu precisava ver com meus próprios olhos as condições em que vive aquela gente, Tolstói. E cheguei a uma conclusão surpreendente.

---

16. Expressão de origem francesa, refere-se à camada miserável e moralmente degradada da sociedade, submundo – (Nota da Editora).

– E qual é, posso saber?

– É que você foi muito brando ao descrever o lugar. A realidade é dez vezes pior.

Respirei fundo, voltando ao passado, relembrando-me das cenas que vira e que jamais se apagaram da memória.

– Tem razão, a realidade deles é terrível. Mas conte-me. Quais são as boas-novas?

Gregory, todo empolgado, contou-me que, após procurar bastante, finalmente encontrou alguém que conhecera Andrei. O problema é que ele não estava mais lá. Mudara-se com a família para uma das aldeias dos Urais, ao receber a visita de uma moça que ele ajudara e que estava de partida com o filho.

– Interessante! E para onde eles foram?

– Isso eu não sei. Não souberam informar.

– Lamento, meu amigo Gregory.

– Não, não lamente, caro Tolstói. Eu sei que eles estão numa das aldeias e vou procurá-los!

Gregory estava feliz, e eu, intimamente, perguntava-me a razão, visto que nada mudara a respeito das informações que ele tinha de Ludmila. Disse isso a ele, que me respondeu:

– Ah! Querido amigo, não entende que saber dela já foi importante para mim? Que ao ouvir alguém falar de Ludmila reavivou-se em mim a esperança, como se isso me assegurasse de que ela realmente existe e que não é um sonho? Depois de tantos anos de buscas infrutíferas, sem a mais ligeira esperança de encontrá-la, sentia-me, em certas horas, como se amasse uma sombra, alguém existente apenas na minha imaginação. Ouvir falar dela, por meio de alguém que a conheceu, é voltar a acreditar na existência de Ludmila. Entende? Por isso estou empolgado, Tolstói!

– Entendo perfeitamente. Então, congratulações, Gregory. O que pretende fazer? – indaguei, sabendo de antemão o que ele responderia.

– O que pretendo fazer? Vou procurá-la por todo o Ural. Por cada aldeia, perguntar pelas estradas, a cada habitante com quem me deparar, até encontrá-la. E vou o mais rápido possível. É só o tempo de acertar meus negócios e arrumar a bagagem necessária.

— Meu amigo, passou pela sua cabeça que o inverno aproxima-se e que, tendo em vista suas condições de saúde, talvez fosse mais conveniente esperar a chegada da primavera?

Contudo, ele estava irredutível:

— Não. Vou partir logo. O inverno ainda vai demorar um pouco e pretendo aproveitar os dias que ainda temos, para avançar o quanto puder. Quando não tiver mais condições de prosseguir, paro e encontro um lugar adequado onde possa hospedar-me.

— Bem. Vejo que está realmente decidido a fazer esse longo percurso. Pelo menos, procure cercar-se de todas as garantias para uma viagem segura.

Despedimo-nos com um abraço apertado. No fundo, eu temia pela sorte dele, empreendendo aquela viagem tão longa e arriscada, a percorrer estradas repletas de perigos, apenas na companhia do seu fiel Victor. Tinha dúvidas de que voltaria a rever meu amigo Gregory. Assim, ao deixar o aposento, procurei gravar sua imagem na memória, enquanto os olhos se me umedeceram. Antes que a porta se fechasse, ainda voltei-me e acenei-lhe com a mão.

Deixei sua residência com o coração apertado. Se pudesse, teria permanecido em Moscou até sua partida. No entanto, precisava retornar para Iasnaia Poliana, onde alguns problemas me aguardavam.

~

Gregory Fiodorovitch ainda demorou-se alguns dias em Moscou[17], tempo utilizado para resolver seus problemas mais prementes. Deixou com seu intendente tudo acertado quanto aos negócios, fazendo-lhe recomendações, explicando-lhe assuntos que

---

17. Os acontecimentos posteriores, somente chegaram ao meu conhecimento após ter-me desligado do corpo físico, quando já recuperado no mundo espiritual.

desconhecia e entregando-lhe a chave do cofre para gerir tudo durante sua ausência. Mandou chamar Oleg e perguntou-lhe se aceitaria trabalhar a seu serviço, viajando para os montes Urais. O criado de madame Trussot não teve nenhuma dúvida:

– Sim, meu senhor. Desde que comecei a fazer investigações, a seu pedido, cheguei à conclusão de que não há o que se apurar ali na mansão de madame Trussot. Realmente ninguém sabe de nada. No entanto, como madame passou a olhar-me atravessado – julgo que alguém tenha contado a ela sobre minhas perguntas –, creio que o melhor a fazer é sair de Moscou. E já que o senhor oferece-me esta oportunidade, aceito com prazer.

– Muito bem. Não esperava outra coisa de você. E seu objetivo de descobrir o paradeiro daquela mulher que o traiu, como fica? Não sei quando vamos voltar... se é que vamos voltar algum dia...

– Não se preocupe, senhor. A cada dia mais, convenço-me de que Kátia fugiu para bem longe e encontrá-la será muito difícil, talvez impossível. Além disso, desejo uma nova vida para mim, e a ocasião é oportuna. Quando partimos?

Gregory sorriu, satisfeito:

– Assim que estiver tudo pronto, Victor mostrará a você o que deve ser feito. Agradeço-lhe, Oleg. Não se arrependerá. Quando tudo acabar, farei de você um homem rico.

O novo empregado da mansão inclinou-se respeitosamente e saiu, enquanto Victor entrava para comunicar o patrão das providências tomadas.

– Senhor, fiz tudo como ordenou. As roupas estão nos baús, também a comida, a água e o que mais for necessário para uma viagem longa. Só falta limpar as armas e carregá-las, o que farei ainda hoje.

– Muito bem, Victor. Então, partiremos amanhã, às primeiras horas da madrugada.

Victor foi terminar suas tarefas, e Gregory gastou as horas que lhe restavam escrevendo uma carta a seus pais e fazendo um testamento para que, em caso de morte, o pai pudesse tomar as devidas providências. À tarde, o notário foi à sua casa e legalizou devidamente a sua vontade.

Ao deitar-se, estava ansioso. Teve dificuldade para dormir. Parecia que uma vaga sensação de medo apoderava-se dele, como se seres invisíveis estivessem tentando assustá-lo. Reunindo forças, fez uma oração, suplicando a Jesus que não o abandonasse nessa nova empreitada. Não queria voltar a ficar doente, incapacitado para tudo, sem vontade e sem decisão para nada. Intuindo que dependia da sua vontade, falou em voz audível e firme:

– Ninguém me impedirá de conseguir o que desejo.

Após tal afirmação, virou de lado, puxou as cobertas e adormeceu.

Despertou com a presença do criado de quarto, que o chamava:

– Senhor! É chegada a hora de partir!

Levantou-se enquanto ele preparava o banho. Afinal, não sabia quando teria condições de tomar outro. Após esse momento, o criado vestiu-o com presteza, penteou-lhe os cabelos e calçou-lhe. Ao dar por terminado seu serviço, disse:

– Senhor, leve-me junto consigo! Como fará para vestir-se sem minha ajuda?

Gregory fitou o criado de tantos anos, que atendia suas menores vontades e o entendia por um olhar, um arquear de sobrancelhas, um sinal.

– Infelizmente, não poderei levá-lo comigo, Karl. A viagem será demasiadamente longa e levaremos o mínimo indispensável. Fique aqui e ajude o intendente Nathan a cuidar de tudo na minha ausência, está bem?

Ele curvou-se com lágrimas nos olhos.

– Está bem, senhor. Que Nossa Senhora de Kazan o acompanhe e proteja.

– Obrigado. Agora, desçamos. O tempo urge.

Gregory tomou uma refeição ligeira e, ao terminar, encaminhou-se para o saguão de entrada. Os criados, enfileirados, aguardavam para despedir-se.

Tranquilizou-os, afirmando que voltaria o mais rápido possível e pediu-lhes que cuidassem de suas obrigações como se ele estivesse presente e concluiu:

– O nosso intendente Nathan ficará responsável por tudo. Contem com ele para o que precisarem, ele manterá contato comigo. Sempre que puder, mandarei notícias. Adeus!

Passou pela porta, dirigindo-se à carruagem que o aguardava. Victor e Oleg estavam a postos.

Dentro em pouco, haviam deixado a propriedade que ele tanto amava, e ganharam a estrada.

Ainda estava escuro. Com as cortinas do postigo cerradas, por longo tempo Gregory entregou-se aos pensamentos, contente por ir ao encontro de sua amada Ludmila.

O rodar da carruagem, o ruído das rodas repetitivo e enfadonho, apenas quebrado pelo estalar do chicote no ar, seguido da voz do cocheiro, acabaram fazendo com que ele adormecesse.

CAPÍTULO DEZOITO

A longa viagem

A UM SOLAVANCO mais forte, Gregory despertou assustado.

— O que houve, Victor?

— Nada sério, senhor. Apenas um buraco na estrada. Esse trecho está horrível e precisei reduzir a marcha dos animais.

— Onde estamos? – indagou o passageiro.

— Viajamos muitas *verstás*[18], senhor. Passamos pela região de Vladimir e mais duas pequenas aldeias. Contudo, agora o trecho apresenta-se mais difícil, desabitado, e ainda não encontrei povoado que nos indicasse a localização.

Gregory olhou para o alto. Havia amanhecido, e o sol brilhava no céu, contudo, como atravessavam uma região de vegetação cerrada, pouco dava para ver. Pela posição do sol, estavam na direção certa, mantendo sempre rumo leste.

---

18. Medida itinerária russa equivalente a 1.067 metros.

Gregory Fiodorovitch, apesar da insistência de seus afeiçoados para que levasse mais homens, preferira viajar apenas com Victor e Oleg, de modo a não chamar a atenção. Assim, Victor seguia como cocheiro, hábil no manejo dos animais, e Oleg a cavalo, como olheiro, adiantando-se à carruagem para verificar o trajeto, detectar problemas na estrada, algum impedimento, buracos, o estado das pontes, ou mesmo a existência de salteadores, sempre temíveis nos territórios desertos que fossem obrigados a atravessar.

– Muito bem, Victor. Se aparecer alguma estalagem, avise--me. Precisamos fazer uma parada.

– Sim, senhor.

Gregory fechou novamente o postigo da janela, puxou a manta de pelo de carneiro até o pescoço, preparando-se para dormir mais um pouco. Todavia, por mais que se ajeitasse, não conseguia conciliar o sono. As imagens vinham à mente e recordava o tempo em que se encontrava com Ludmila na mansão de madame Trussot, as conversas que entreteciam e os projetos de fuga. Surgiu na tela da memória, o momento em que, correndo ao encontro da amada, viu-se jogado para o alto e arremessado sobre um muro. De repente, deu um pulo e abriu os olhos, assustado, como se o acidente tivesse ocorrido naquele momento. Ao perceber os solavancos da carruagem, o ruído característico das rodas de encontro ao solo e o chicote a estalar no dorso dos animais, acompanhado da voz tão conhecida do condutor, Gregory respirou sumamente aliviado. Felizmente, o acidente e suas consequências eram coisas do passado.

O dia ia pela metade, quando Oleg veio avisá-lo de que pouco adiante existia uma hospedaria, o que Victor confirmou ao ver, depois de uma curva, sinais de fumaça. Atravessavam agora um território em que a vegetação era baixa, facilitando a visão. Satisfeito, o cocheiro aproximou-se mais. Logo viu uma construção e, ao lado, vários animais. Parou a carruagem e informou Gregory. Este já estava com o postigo aberto, curioso:

– Meu senhor, chegamos a uma estalagem.

– Ótimo. Precisamos nos alimentar, descansar um pouco e cuidar dos cavalos.

Entraram. O estabelecimento era simples, mas acolhedor. Gregory sentou-se a uma mesa próxima da janela, enquanto Victor, que estava acostumado com os hábitos do patrão, ao ver um rapaz atrás do balcão, indagou:

– O que tem para se comer?

– Temos guisado de carneiro e porco no braseiro, além de legumes, queijos e pães. Para beber: chá, *kvass* e vinho.

– Muito bem. Traga-nos o que tiver de melhor. Também precisamos que tratem dos cavalos.

– Não se preocupe, senhor. Tudo será feito de acordo com sua vontade.

Pela janela, viram outro rapaz, que retirava os arreios dos animais, deixando-os descansar, enquanto dava-lhes comida e água.

As iguarias vieram e, talvez pela fome, acharam tudo muito bom. Gregory estava cansado, com dor na perna, mas permaneceu calado. Não podia entregar-se, estavam apenas começando. Ao terminarem a refeição, Victor sugeriu:

– Senhor Gregory, precisa descansar um pouco. Devem ter aposentos e...

– Não, Victor. Quero prosseguir. Temos de aproveitar o tempo favorável. O inverno aproxima-se. Chegará o momento em que nos será impossível seguir viagem e teremos, necessariamente, que parar. Então, vamos em frente!

Após atrelarem novamente os cavalos, Gregory acomodou-se melhor na carruagem, preparada para longos trajetos. Pensando no bem-estar do patrão, Victor tinha adquirido uma caleça, veículo mais largo e confortável, o que lhe permitiria viajar melhor acomodado, podendo deitar-se no banco, que faria vezes de leito.

Oleg e Victor revezaram-se nas atividades, passando Oleg a conduzir a carruagem e Victor a cuidar da segurança, vigiando a estrada.

Por muitos dias viajaram, aproveitando as horas diurnas e parando para dormir em alguma hospedaria que surgisse. Quando o território era mais desabitado, acomodavam-se ao relento, perto de algum riacho. Oleg e Victor, que haviam trazido o necessário para acampar, acostumados à vida mais rude, deitavam-se ao lado da porta da caleça para proteger o patrão, que se acomodava no banco, em segurança.

Todavia, com o passar dos dias e o inverno aproximando-se, o frio começou a aumentar, e a baixa temperatura piorava o problema da perna de Gregory, que sentia intensas dores. Então, quando ele não suportava mais, paravam para descansar em alguma estalagem no caminho, até que se sentisse melhor. Assim, muitas vezes, permaneceram por dias e dias hospedados em algum lugar, enquanto Gregory, recolhido ao leito, delirava de febre.

Numa dessas ocasiões, os dois fiéis auxiliares aproximaram-se dele, e Victor ponderou:

– Senhor, Oleg e eu estivemos conversando e resolvemos perguntar-lhe: não seria mais aconselhável retornar enquanto é tempo? O trajeto que fizemos até agora ainda é pequeno diante daquele que teremos que fazer. Se voltarmos, talvez ainda cheguemos a Moscou antes da fase mais intensa do inverno.

O enfermo, debaixo de cobertores e mantas, somente deixava ver a cabeça. Com os olhos vermelhos de febre, fitando os empregados, ele meneava a cabeça:

– Não se preocupem. Logo estarei bem novamente. Os chás e as infusões de ervas medicinais têm-me feito muito bem. Amanhã mesmo estarei melhor e em condições de partir. De qualquer modo, agradeço-lhes pela preocupação.

Os leais amigos baixaram a cabeça, deixando o quarto, impotentes para fazer alguma coisa e obrigados a aceitar a vontade do patrão. Várias outras vezes, depois, em situações semelhantes, fizeram a mesma sugestão, porém Gregory sempre rejeitava a recomendação, firme, confiante de que melhoraria e poderiam prosseguir sem problemas.

Paixão de Primavera

Assim, eles continuaram, entre paradas e retomadas do trajeto, até que uma tempestade de neve os impediu de prosseguir. Com a neve que caíra, grossa camada de gelo cobriu a estrada, e a caleça não conseguiria mais seguir viagem, visto que as rodas deslizavam no solo, aumentando o perigo de um acidente, possibilitando o despencar num precipício.

Novamente os fiéis empregados consideraram, agora tendo Oleg como porta-voz:

– Meu senhor, impossível prosseguir! Logo vai anoitecer e pela sua segurança, que nos é tão cara e pela qual empenhamos nossas vidas, temos de arrumar um abrigo e parar por algum tempo. Logo à frente, apesar do trecho deserto, existem sinais de fumaça. Creio ser um sinal divino para nos proteger.

Gregory pensou um pouco e, embora contrariado, aceitou a sugestão:

– Muito bem. Se for uma hospedaria, lá nos abrigaremos.

Dentro em pouco, chegaram ao local. Na pequena construção, a luz de uma vela iluminava a janela, mostrando que havia gente. Victor bateu e, após algum tempo, ouviu passos arrastados. A porta abriu-se, e um homem perguntou:

– Quem vem, em nome de Deus?

– Somos viajantes, senhor, colhidos pela nevasca. Meu *barine* está enfermo. Se puder dar-nos pousada, pagaremos bem.

O homem espichou os olhos. Vendo a grande e forte caleça, afinal concordou:

– Entrem. Com certeza devem estar famintos. Verei o que posso arranjar para comerem.

Victor e Oleg carregaram o patrão nos braços, para que não se molhasse na neve, e o acomodaram numa cadeira. O dono da casa fitou o elegante cavalheiro, fazendo uma reverência. Gregory cumprimentou-o com ligeiro sorriso:

– Obrigado pela acolhida, meu bom homem.

– Nestes ermos, todos nós temos de nos ajudar para sobreviver. Agora, com sua licença, *barine*. Verei alguma coisa para comerem.

O fogo crepitava na lareira, e o ambiente aquecido encheu-os de bem-estar. Logo voltou o benfeitor, trazendo uma panela e um pão, que colocou sobre a mesa; abriu o armário e pegou pratos, colheres e canecas. Depois, convidou-os a tomar assento nos bancos e se servirem. Trouxe também uma caneca com vinho aquecido que reanimou os recém-chegados.

Em torno da pequena mesa, tomando a sopa de legumes, comendo pão e bebendo vinho, logo se tornaram amigos. Nicholas, o anfitrião, sentia-se feliz por estar em tão boa companhia.

– Caro Nicholas, mora sozinho? – indagou Gregory.

– Sim, *barine*. Desde que minha esposa morreu, os dois filhos foram fazer a vida numa cidade grande, e eu fiquei aqui, nesta solidão.

– Não gostaria de viver junto com outras pessoas?

– *Barine*, houve um tempo, logo no início, em que a solidão me doía na alma. Depois, acostumei-me, e hoje não sinto falta de nada.

– Existe povoação aqui perto? Como consegue o que comer? – perguntou Oleg.

– Meu bom rapaz, tem uma aldeia que dista algumas *verstás* daqui, onde tenho amigos; troco a produção de minha propriedade com o que preciso, e assim vou vivendo. Nada me falta. Minha alimentação é frugal e necessito de pouco para viver. Às vezes, recebo a visita de algum amigo, especialmente quando demoro a aparecer lá na aldeia. Ficam preocupados comigo.

Conversaram até bem tarde, enquanto a tempestade de neve prosseguia lá fora. A noite era um breu. Cansados da viagem, de beber e de conversar, resolveram dormir. Nicholas desculpou-se:

– Não tenho muito a lhes oferecer. Contudo, em meu leito poderá dormir o *barine*. Quanto a nós três, podemos nos ajeitar no chão, aquecidos pelas cobertas.

Gregory agradeceu ainda uma vez ao novo amigo e, caindo no leito, apagou de imediato. Os outros, estirados no chão da sala, ainda conversaram mais um pouco, até que o sono os venceu.

Paixão de Primavera

Na manhã seguinte, despertaram tarde. O primeiro a acordar foi Victor, que despertou o amigo. Olharam em torno. Não viram Nicholas.

– Por certo foi buscar lenha para a lareira – sugeriu Oleg.

Algum tempo depois, ouviram ruído de passos do lado de fora. Era o dono da casa que chegava.

– Bons-dias! Vejo que já acordaram. Fui até a aldeia e trouxe algumas coisas para comerem: carne salgada, batatas, couves, nabos, pão e aveia. Como está o *barine?*

– Ainda dorme.

– Ótimo. Assim, terei tempo de preparar a refeição.

Nicholas colocou uma panela com água no fogão, para cozinhar os legumes e a carne. Dentro em pouco, um cheiro bom de comida espalhava-se pela casa.

Gregory acordou e levantou-se.

– Bom dia, *barine!* Dormiu bem? – perguntou o anfitrião.

– Talvez eu nunca tenha dormido tanto! Agradeço-lhe, Nicholas, pela acolhida.

– Não tem pelo que agradecer, *barine.* Aqui, todos se ajudam. Como disse, é assim que sobrevivemos. Agora, vamos nos sentar e comer. A refeição está pronta.

Em torno da pequena mesa, novamente dividiram a comida, acompanhada de um chá de ervas que, segundo Nicholas, era excelente para diminuir os efeitos do vinho.

Após a refeição, ainda acomodados em torno da mesa, os viajantes pensavam em como prosseguir viagem.

– Impossível, *barine!* – afirmava Nicholas. – Nevou muito esta noite e ainda há risco de novas nevascas. A região é perigosa, e a caleça, embora resistente, não é a mais indicada nestes casos. Para a neve, o ideal seria uma *troika*[19]. Mesmo assim, prosseguir continuaria sendo bastante arriscado. Além disso, por ser aberta, não serve para longas distâncias, ainda mais considerando que o

---

19. Grande trenó puxado por três cavalos emparelhados.

senhor tem problemas de saúde. Infelizmente, não tenho como hospedá-los em minha humilde casa, mas, por que não fica algum tempo na aldeia, *barine*? Lá terá mais recursos do que aqui. Quando passar o inverno, poderá seguir em frente.

No entanto, de tudo o que Nicholas falara, apenas uma coisa o interessou:

– Uma *troika*! Tem toda razão, amigo Nicholas!

Os três trocaram um olhar de entendimento, como se dissessem: "não adianta. Ele só escuta o que interessa aos seus propósitos."

– Existe alguma *troika* por aqui? – voltou a perguntar Gregory.

– Bem. Na aldeia existe uma *troika* deixada por um viajante que, passado o inverno, precisava prosseguir, e o veículo o atrapalharia. Vendeu por alguns rublos a um negociante.

– Ótimo! Nicholas, pode levar-nos até a aldeia?

– Sem dúvida.

– Então, vamos! Arrumem as bagagens que vamos partir.

Tudo pronto, Nicholas seguiu à frente, em seu cavalo, indicando-lhes a localização da aldeia. Depois, ao chegarem ao povoado, ele virou em uma pequena rua e fez sinal para pararem defronte a uma oficina de carpintaria. Desceu e cumprimentou sorridente o homem à porta:

– Bom dia, Ananias. Trouxe comigo um amigo interessado na aquisição da *troika* que tem para vender.

Admirado, o carpinteiro fitou os três desconhecidos à sua frente.

– É verdade que quer vendê-la? – perguntou Gregory.

– O *barine* tem intenção de comprá-la?

– Sim. Faça seu preço. Pagarei o que pedir.

– Ainda nem a viu, *barine*. Não sabe seu estado. Por que quer adquiri-la?

Um tanto irritado com a intromissão do comerciante, que interferia em sua vontade, contra seus hábitos, Gregory reagiu com certa arrogância:

Paixão de Primavera

— E que interesse tem em fazer-me tantas perguntas? O que importa é que tenho necessidade urgente de prosseguir viagem! Isso, porém, não lhe diz respeito. Faça seu preço e pagarei pela *troika*.

Ananias trocou um olhar com Nicholas, respirou fundo, enchendo-se de paciência, e justificou-se:

— *Barine*! O senhor veio até aqui trazido por um amigo meu, que se apresentou como seu amigo também. Diante disso, preocupo-me com sua segurança. Aqui, nos ajudamos mutuamente. O que não é bom para um, também não é bom para o outro. Entendeu? Assim, deixe-me explicar, *barine*. Não pode prosseguir viagem com esse tempo. É impossível! A *troika* é veículo para pequenas distâncias e não serve para longos trajetos. Pode dizer-me qual é seu destino?

Mais calmo, entendendo que o outro estava preocupado com ele, Gregory respondeu, mais humilde:

— Desculpe-me, bom homem. Tenho um objetivo a atingir e não descansarei enquanto não chegar lá. Estou nervoso e irritei-me. Perdoe-me. Estamos indo para os Urais.

— Caro *barine*, isso é impossível nesta época do ano. Os caminhos ficam intransitáveis. Se por acaso se aventurarem, poderão despencar em uma ravina e jamais serão encontrados com vida. Acredito que sua vida deva ser muito preciosa para alguém. Então, ouça minha sugestão. Aqui, na aldeia, existe uma boa hospedaria, onde poderá ficar durante os meses de inverno. Depois, prosseguirá viagem em segurança. O que acha?

Gregory Fiodorovitch ouviu tudo calado, depois olhou para Nicholas, que os tinha albergado com carinho e por quem sentira, desde a véspera, imediato sentimento de amizade. O olhar do amigo concordava com Ananias; fitou os dois leais empregados e viu o mesmo brilho e a mesma concordância.

— Está bem. Contra minha vontade, acatarei as ponderações de todos.

— Ótimo! — exclamou Ananias. — E, se ainda quiser a *troika* para locomover-se enquanto estiver aqui, na região, eu a emprestarei de bom-grado, sem cobrar nada em troca. Ela está em excelentes condições, posso garantir-lhe.

Os demais respiraram aliviados. Despediram-se de Ananias, agradecendo-lhe, e Nicholas levou-os até a hospedaria.

Por seis meses os três permaneceram na aldeia; o inverno fora especialmente rigoroso naquele ano, e a sugestão de Ananias mostrou que ele sabia o que estava dizendo; se os viajantes tivessem se aventurado, talvez não mais estivessem vivos.

Gregory e seus acompanhantes fizeram amizades, e o tempo passou entre visitas e passeios pela região. Foram convites para chás e almoços, jantares e reuniões festivas.

Assim, os meses escoaram-se rapidamente. Quando o sol surgiu, rompendo as nuvens pesadas, aquecendo a temperatura, as primeiras neves começaram a derreter, juntando-se em montículos sob as cornijas das janelas; quando os filetes de água desciam da montanha, formando regatos, e os primeiros brotos surgiam da terra e a paisagem se transformava em colorido vibrante de flores e delicados perfumes, Gregory Fiodorovitch percebeu que chegara a hora de partir.

Reuniu os amigos na hospedaria, fazendo uma festa para despedir-se deles. Quanta gente boa encontrara ali, quantos corações generosos a extravasar carinho por ele, Victor e Oleg. Jamais imaginou que sentiria tanto partir de uma pequena aldeia no sopé de uma montanha.

Quando foi se despedir de Nicholas, o coração subiu aos olhos, vertendo-se em lágrimas de afeto e gratidão. Quase sem poder falar, Gregory disse-lhe:

– Deixo aqui muitos amigos, mas nenhum como você, meu querido Nicholas. Quero fazer-lhe uma proposta: venha conosco! Deixe a solidão de sua casa. Dar-lhe-ei tudo o que precisar. Trabalhará comigo e ganhará uma boa soma em dinheiro. O mais importante, contudo, é que estaremos juntos. Preciso de você ao meu lado.

Nicholas também estava emocionado. Durante aquele tempo de convivência, aprendera a conhecer Gregory. Sabia das

Paixão de Primavera

dificuldades dele, dos seus anseios, da procura desesperada pela mulher amada e o quanto aquela viagem era importante. Trocou com ele um longo olhar, depois considerou:

– Gregory Fiodorovitch, meu amigo. Agradeço-lhe o convite, a amizade que me dedica e que é recíproca. No entanto, não posso interferir no seu caminho. A jornada é sua, as decisões terão que ser suas. Não posso ir com você agora. Algum dia, porém, quando voltar – e se voltar –, prometo-lhe pensar em sua proposta, que muito me honra. Vá e conte comigo! Estaremos sempre juntos em pensamento, e rezarei para que Nossa Senhora de Kazan o ampare e ilumine nas decisões.

Parou de falar por momentos, engasgado pela emoção, e prosseguiu:

– Não pense em mim sozinho na *isba*. Não! Mesmo lá, estou sempre ligado aos meus amigos, a todos pelos quais tenho afeto, e é isso o que realmente conta, amigo. O pensamento é tudo. Não adianta estarmos juntos e longe em espírito. Se nós temos ligações pelo pensamento, estaremos sempre juntos. Entendeu?

Gregory não conseguia falar. Mostrou que entendera com um gesto de cabeça, apertando entre as suas as mãos do amigo. Nicholas pareceu pensar por alguns instantes e depois tornou:

– Meu amigo Gregory! Sinto que sua busca não será fácil. Enfrentará muitos obstáculos, mas conseguirá o que deseja. Vá em paz!

Trocaram um abraço apertado e despediram-se. Nicholas foi embora.

Na manhã seguinte, os três puseram-se a caminho, ainda acenando e recebendo adeuses pelas ruas por onde passaram, até ganharem a estrada.

CAPÍTULO DEZENOVE

Novas esperanças

AINDA COM O CORAÇÃO despedaçado pela ruína de suas mais caras expectativas de vida, Ludmila decidira voltar a sua aldeia natal. Em Moscou, levava uma vida de solidão afetiva, onde apenas o filho querido era seu tesouro maior. Sem desejar ser ingrata para com a família que a acolhera em seu lar, como babá do pequeno Ergon, pensava em seu futuro. Ergon crescera bastante, estava com onze anos, e logo não precisaria mais de seus cuidados, entregue às mãos dos preceptores. E então, o que seria dela e de Yuri? Além disso, com o tempo decorrido sentia saudade dos afetos mais caros, da família. Depois de tantos anos, via-se voltando à aldeia onde nascera; queria pedir perdão a seus pais e tinha certeza de que a desculpariam pela longa ausência. Mas não era só isso. Desejava sair da grande cidade, ter uma vida livre, caminhar pelas *deciatines* sob o sol, colocar as mãos na terra abençoada de sua aldeia, ter tempo para poder conversar com as amigas quando lhe aprouvesse e, o mais importante, queria dar uma vida melhor ao seu pequeno Yuri.

Apesar de terem sido muito bem tratados pela *barínia* Catarina, ela não tinha vida própria, sendo obrigada a permanecer o tempo todo cuidando de Ergon, em detrimento de seu próprio filho.

Assim, após muito refletir, certo dia Ludmila conversou com a senhora Catarina, e, humildemente, explicou seu desejo de dar um rumo novo à sua vida, concluindo:

– Senhora! Então, peço-lhe dispensa de minhas funções de babá nesta casa. Sou infinitamente grata por sua generosidade comigo, durante todos estes anos, mas espero que compreenda minha decisão.

– Ludmila, meu filho sentirá muito a sua ausência!

– Sei disso, senhora, e eu também sentirei a falta dele – disse suspirando, emocionada. – Afinal, foram seis anos de convívio! Mas creio que será o melhor a fazer, mesmo porque Ergon não precisará mais de meus serviços.

– Se sua decisão é inabalável, não posso fazer outra coisa senão concordar. Para onde pretende mudar-se?

– Voltarei para minha aldeia nos Urais, senhora.

– Muito bem. Desejo que seja muito feliz, Ludmila.

A dama pediu licença, foi até seus aposentos e, abrindo um armário, pegou um pequeno saco de moedas. Voltou, entregando-o à criada, com carinho:

– Ludmila, aqui está uma boa quantia em dinheiro, com os nossos agradecimentos pelos seus serviços. Sei que vai precisar para sua viagem.

Ao segurar o pequeno saco nas mãos, Ludmila mentalmente calculou que, pelo peso, a importância era relevante. Somada a mais algumas economias que guardara durante todo aquele período, poderia adquirir um veículo para viagens, simples, mas resistente.

Despediu-se da senhora e do pequeno Ergon, agora um rapazinho que ela muito amava, e tomou o rumo da periferia. Quando chegou à casa de Andrei, ele surpreendeu-se ao vê-la com o filho e toda a bagagem, então ela explicou a situação aos amigos.

Andrei, que se mantivera pensativo enquanto ela falava, considerou:

– Tem certeza, minha filha, de que não vai arrepender-se?

– Meu bom Andrei, refleti bastante antes de tomar essa decisão. Daqui a alguns anos, de qualquer modo, perderia meu trabalho. Quem sabe o que seria de nós, depois? Então, apenas adiantei o inevitável! Além disso, se algo me acontecer de mais grave, pois todos estamos sujeitos a isso, como ficaria meu Yuri, sozinho e sem família?

Ludmila parou de falar por um momento, avaliando a reação dos amigos. Depois, prosseguiu:

– Anna! Andrei! Entendem minha preocupação? E digo mais! Faço-lhes um convite: por que não vêm comigo? Nada teriam a perder, visto que nada têm. Lá, ao contrário, teriam tudo a ganhar: uma *isba*, trabalho, comida, além de melhores condições de vida, pois lá o ar é puro, recendendo a flores, não infecto como este aqui, em que se respira podridão. O que me dizem?

Anna trocou um olhar com Andrei. Rudi, que calado acompanhava o diálogo, nesse momento arregalou os olhos e falou animado:

– Eu vou, Ludmila! Eu vou! Pode contar comigo!

Andrei, com a cabeça baixa apoiada nas mãos, diante do convite que Ludmila fizera, refletia, ainda reticente. Era muita novidade de uma hora para outra, e ele temia mudanças.

Anna, porém, deu sua opinião:

– Creio que tem razão, Ludmila. Merecemos uma vida melhor. Sim, estou cansada de vegetar nesta cidade, onde cada um pensa apenas em si próprio e onde mal temos o que comer! Rudi é jovem e merece um futuro melhor.

Ludmila fitou seu generoso protetor:

– E você, meu amigo, não gostou da ideia?

Andrei permaneceu pensativo ainda por alguns instantes, depois ponderou:

– Querida Ludmila, eu concordo com a viagem. Nem que seja apenas para proteger você e o Yuri. O trajeto é muito longo e, sozinha, não teria condições de realizá-lo. Depois, veremos. O pior que pode acontecer é não nos adaptarmos aos costumes da região e querermos retornar.

Ludmila sorriu, ganhando novo ânimo:

– Tinha certeza de que poderia contar com você, Andrei.

– Todavia, uma coisa é certa: se vamos viajar, precisamos aproveitar a época propícia. O inverno está terminando e o tempo está bom.

Ludmila abraçou com carinho aquele que considerava um verdadeiro pai:

– Tem razão, meu amigo. Obrigada pela generosidade. Realmente, sei que sozinha não conseguiria levar adiante meus planos. Mas garanto-lhe que vai gostar.

E novamente, como tantas vezes o fizera, passou a descrever sua aldeia, falar do carinho e da união que existia entre todos, da beleza das paisagens e das flores. Enquanto falava, seus gentis ouvintes mentalizavam quadros com as imagens encantadoras de uma vida ao ar livre, de campos cultivados, de festas na aldeia, onde não faltavam músicas e danças. Quando ela parou de falar, Rudi havia adormecido.

– Creio que é hora de nos recolhermos. Amanhã conversaremos melhor sobre o assunto, relacionando tudo o que é necessário para uma longa viagem – sugeriu Andrei.

Naquela noite, todos tiveram lindos sonhos, cheios de esperança, já pensando na aldeia distante.

Na manhã seguinte, ao voltarem ao assunto, Ludmila pediu sigilo quanto ao destino deles:

– Ninguém poderá saber para onde vamos.

– Fique tranquila. Ninguém saberá – garantiu-lhe Andrei.

Então, puseram-se a planejar a grande viagem. Estabelecidas as necessidades, partiram para conseguir o que precisariam levar.

Trinta dias depois, tudo estava preparado. Partiriam de madrugada. Conferiram tudo ainda uma última vez, para ver se nada faltava. Depois, ansiosos, foram dormir. Andrei, em vez de se deitar, dirigiu-se à casa de um amigo de quem queria despedir-se. Contou-lhe a novidade, pedindo-lhe que cuidasse de seu cortiço até seu retorno.

– Não tenha preocupação com isso, Andrei. Cuidarei de suas coisas. Para onde vão?

– Também não sei ao certo, Anton. Vamos para os Urais. Mas guarde segredo, a não ser que seja necessário, por uma forte razão, revelar a alguém de confiança.

– Entendo. Boa viagem, meu amigo. Sentirei falta de você e de nossas conversas.

Despediram-se com um abraço apertado. Naquela madrugada, Anna, Andrei, Rudi, Ludmila e Yuri acordaram bem cedinho. Colocando tudo na carruagem, que haviam deixado escondida ali perto, partiram. Quando os vizinhos começaram a acordar, já estavam longe de Moscou.

A viagem não foi rápida nem fácil. Todavia, eles venciam todas as dificuldades e obstáculos com bom humor. Rudi, agora com quatorze anos, e seu amigo Yuri, com oito, estavam adorando. Nunca haviam saído da cidade, e agora, surgindo a oportunidade de conhecerem lugares diferentes, mantinham-se alegres e animados.

Viajaram aproveitando o tempo. Como os recursos fossem reduzidos, em virtude de terem usado grande parte na compra do veículo e de tudo o que precisavam para a viagem, evitavam gastá-los. Quando encontravam uma hospedaria, pediam um prato de comida e pagavam com trabalho. Todos, até mesmo Yuri, ajudavam fazendo alguma coisa. Nos trajetos desérticos, quando não havia nem mesmo uma casa para pedirem comida, alimentavam-se com o que guardavam para uma emergência. Quando tudo faltava, Andrei caçava pequenos animais; além disso, sempre podiam contar com os frutos silvestres e a água dos regatos. Assim, ajudados pela temperatura agradável e pelo tempo bom, avançavam celeremente.

Um dia, ao aproximar-se da região tão conhecida, Ludmila não conteve as lágrimas de emoção e alegria.

– Finalmente, chegamos!

Entraram na aldeia. Nada tinha mudado durante aqueles anos de ausência. Dirigiram-se à casa de Boris e Macha. Ao passar pelo pequeno portão da entrada, Ludmila viu sua mãe, no fundo do quintal, esta, ao notar a aproximação de estranhos, veio ver quem estava chegando.

Ludmila não pôde deixar de notar as marcas do tempo no rosto da mãe, agora triste e cansado. Sentiu falta do ar risonho, das bochechas coradas, dos olhos vivos e do ar alegre que ela sempre tivera. A senhora fitou os recém-chegados, assustada.

– O que desejam?

– Mamãe! Não me reconhece? Sou eu! Ludmila!

Ao ouvir aquela voz, a senhora imediatamente olhou para aquela que falara e, apertando os olhinhos, reconheceu a filha:

– Mila! Minha filha! Pensei que nunca mais fosse vê-la!

Abraçaram-se emocionadas, não contendo as lágrimas.

– Por que demorou tanto? Eu e seu pai sofremos muito com sua ausência.

– Agora eu voltei, mamãe. Estou aqui para ficar com vocês.

Nisso, ela viu o pai que chegava apressado, limpando as mãos sujas de terra nas calças. Ele olhou a filha, viu o casal, um rapazinho e um garoto. Depois olhou novamente para a filha.

– Disseram-me que você tinha voltado. Alguém a reconheceu. Viram quando se aproximavam da aldeia e foram me avisar. Mas eu não acreditei. Não depois de tantos anos.

– Papai! Papai, que alegria vê-lo novamente! Senti muito a falta de vocês.

Ela abriu os braços e deu um passo, aproximando-se dele para abraçá-lo, mas ele não permitiu, recuando com ar altivo e rancoroso:

– Sabe, porventura, tudo o que sofremos após sua partida? Os anos de humilhação que amargamos, ao saber que você preferira seguir um cossaco a permanecer conosco. Preferira abandonar-nos, simplesmente!

Ludmila sabia que seria difícil, mas não pensou que fosse tanto. Não fazia ideia da mágoa e do rancor que seu pai cultivara durante esse tempo todo de ausência.

– Papai! Eu também sofri muito, acredite. Perdoe-me por tudo o que o fiz sofrer.

Macha, que era mãe e, como todas as mães, mais compreensiva, procurou acalmá-lo:

– Boris, por favor, não estrague este momento de reencontro. Estou feliz por rever nossa filha e sei que você, embora tente não demonstrar, também está contente.

Ao lembrar-se dos amigos, Ludmila voltou-se para eles. Um pouco atrás dela, acompanhavam a cena. Viu que estavam constrangidos. Lamentou passarem por semelhante situação, pois somente quiseram ajudá-la. Então, procurando acalmar-se, ela enxugou as lágrimas e disse, com voz pausada:

– Papai! Sei que está muito zangado comigo, mas meus amigos não merecem ser recebidos desta forma, pois eles não têm culpa. A culpa é toda minha. Eles me acompanharam apenas para, generosamente, ajudarem-me nesta longa viagem. Peço-lhes, para eles, a hospitalidade que costumam dar a qualquer estranho que chegue a esta aldeia. Meus amigos estão muito cansados e precisam alimentar-se e descansar.

Ao ouvir aquelas palavras, Boris virou-se para o pequeno grupo que aguardava calado. Como a de Ludmila, a aparência deles era de extremo cansaço; estavam com as roupas em frangalhos, sujos, emagrecidos e carentes de tudo.

– Estes são meus grandes amigos: Andrei; Anna, sua esposa, e Rudi, seu neto. O pequeno é meu filho.

Macha, sempre generosa, aproximou-se deles, cumprimentando-os:

– Sejam bem-vindos! Vamos entrar. Aqui, sempre temos comida para repartir com os que batem à nossa porta.

Depois, olhou o menino, de olhos grandes e negros, e perguntou ao neto:

– Como se chama?

– Yuri, senhora.

– Pode me chamar de vovó. Eu sou sua avó!

Assim dizendo, tomou-o nos braços e apertou-o de encontro ao coração. Depois, com os olhos úmidos, fitou novamente o menino, completando:

– Ah! Nossa Senhora de Kazan é muito pródiga conosco. Além de atender meu pedido e trazer de volta nossa filha, ainda me deu um lindo netinho.

Meia hora depois, reunidos em volta da mesa, os recém-chegados saciavam a fome que os martirizava, com pão fresco, leite de cabra, queijo, geleia e *kvass*.

Enquanto comiam, Boris os observava calado. Afinal, vencendo a curiosidade, perguntou:

– Há quanto tempo estão viajando?

– Há meses. Partimos de Moscou e agradeço a nossa Senhora de Kazan por chegarmos sãos e salvos.

– Tão longe assim! – exclamou o dono da casa, que, na verdade, desejava saber onde a filha tinha estado em todos aqueles anos de ausência.

Boris pigarreou e, pela primeira vez olhando a filha de frente, comentou:

– Pelo nome, vejo que o menino é filho de Yuri Vanilevitch. O que foi feito dele e do seu bando de cossacos?

Tensa, ela empalideceu diante das informações que teria de prestar ao pai, e respondeu em voz baixa:

– Yuri Vanilevitch morreu numa emboscada de salteadores, meu pai. Quanto ao bando, não sei. Nunca mais soube deles.

– Bem. Segundo parece, ele não assumiu o filho gerado em seu ventre, não é?

– Yuri Vanilevitch morreu sem saber que eu estava esperando um filho dele, meu pai.

– Ah! Dimitri, ao retornar, contou-nos que a pediu em casamento, mas que você não o aceitou, preferindo levar sua vida de "qualquer jeito".

Paixão de Primavera

Diante daquela infâmia, pois era evidente a intenção com que haviam sido ditas aquelas palavras, Ludmila corou. Respirou fundo e respondeu lentamente:

– Não sei o que Dimitri Alexeievitch contou-lhes, mas o que quer que seja não é verdade, meu pai.

– Como assim? – prosseguiu Boris, com o rosto vermelho e a voz alterada.

Ao perceber que a conversa poderia descambar a uma discussão, Macha interferiu:

– Isso não importa agora. Nossos hóspedes estão exaustos e precisam descansar. Vejam! Rudi e Yuri estão dormindo sentados! Vou arrumar acomodação para todos.

– Não se preocupe, Macha. Somos pessoas muito simples e precisamos de pouco para dormir. O tempo está bom e nos acomodaremos ao relento, como temos feito tantas vezes – disse Andrei, para tranquilizá-la.

– De jeito nenhum! Não permitirei que durmam ao relento! A temperatura já está caindo e fará bastante frio pela madrugada.

Macha pegou mantas de pelo de carneiro para estenderem no chão da sala e para se cobrirem.

– Quanto a você, Mila, seu quarto está do mesmo jeito. Poderá ficar lá com Yuri.

Assim, todos se deitaram cedo. Precisavam repousar. Nem acreditavam que, finalmente, haviam chegado ao destino! Amanhã seria outro dia, e Andrei já pensava em procurar serviço para ele e para Rudi. Não queriam ser um peso para os pais de Ludmila.

Na manhã seguinte, ao despertar, sentiram o cheiro de pão fresco, assado por Macha. A dona da casa levantara-se bem cedo para preparar a refeição, visto que nada sobrara do dia anterior. Boris há horas trabalhava nas *deciatines*.

Rudi acordou e foi chamar Yuri para fazerem o reconhecimento da região. Queriam passear pela aldeia, conhecer tudo. Após comerem, pediram permissão para sair:

– Macha, podemos caminhar pela aldeia?

– Certamente. Depois, levarei Andrei até onde Boris está trabalhando.

– Nós também queremos ir! – responderam os dois garotos.

– Sem dúvida. Podem passear à vontade. Mais tarde iremos ver Boris.

Os jovens saíram e Andrei tocou no assunto que o incomodava:

– Macha, preciso conseguir um serviço. Não posso ficar sem fazer nada. Também iremos precisar de uma casa. Porventura terá na aldeia alguma desocupada?

– Não. Aqui é difícil. Os moradores não costumam deixar a aldeia. Só quando alguém morre e não tem descendentes, uma *isba* fica vazia. Mas não lhe cause isso preocupação. Pode levantar uma *isba* aqui, perto da nossa. Madeira é o que não falta, e, os vizinhos sempre ajudam na construção. Enquanto isso, serão nossos hóspedes.

Andrei olhou para a esposa, mais aliviado.

– E para conseguir serviço, com quem eu falo, Macha?

– Ao chegar, viram uma mansão, do outro lado da aldeia?

Ele fez um gesto negativo com a cabeça.

– Fique tranquilo. Saia caminhando e logo verá, um pouco mais distante, uma grande mansão, com muro alto e portão de ferro. É lá a residência do *barine*, dono destas terras. Fale com o intendente dele, Alexei Grotienko.

Andrei levantou-se e, com gesto de mão, saiu, enquanto sua esposa permanecia na *isba*, ajudando Macha nas tarefas domésticas. Logo, as duas ficaram amigas.

Uma hora depois, Andrei voltou contente. Conversara com o intendente e este o mandara trabalhar junto com Boris na plantação.

Ludmila desejava andar também pela aldeia, mas estava um pouco receosa da reação dos moradores, em virtude da maneira como dela saíra. Logo, porém, as amigas começaram a aparecer para visitá-la, informadas de seu retorno. Estavam casadas, tinham filhos e haviam engordado.

Em pouco tempo, todos se adaptaram à vida na aldeia.

CAPÍTULO VINTE

Dimitri Alexeievitch

APÓS ABANDONAR Ludmila, enlouquecido ao saber que a mulher amada esperava um filho de seu rival, que considerava um inimigo e odiava com todas as forças de seu coração, Dimitri Alexeievitch voltara à aldeia.

Com o transcorrer do tempo, porém, seus sentimentos haviam abrandado, a raiva esvaíra-se há muito, não existia mais razão para o ciúme, e Dimitri passou a lamentar a atitude que tomara num momento de exasperação.

Após alguns anos, favorecidas pela distância, as lembranças tornaram-se mais amenas, e Dimitri começou a recordar o passado com saudade. Sentia falta das longas conversas que tinha com Ludmila, de seu riso espontâneo e encantador e, especialmente, do carinho e da amizade que sempre existira entre eles. O coração aquietou-se no peito, e a chama do amor voltou a queimar dentro dele, levando-o a passar noites em claro a cogitar o que teria acontecido com ela. Nunca mais tivera notícias e, às vezes, julgava até que ela pudesse estar morta, por ter sido abandonada no meio daquela pequena estrada, sujeita a malfeitores e animais ferozes.

Recriminava-se por não ter aceitado a gravidez de Ludmila. Que importava se aquele filho era de outro homem, que não existia mais, pois estava morto e enterrado, não representando, portanto, nenhum perigo? Se tivesse agido de outra forma, teria conservado a mulher amada, e o filho que ela estava gerando cresceria a seu lado, seria dele e de ninguém mais. À força de tanto amá-la, tinha certeza de que a lembrança do rival desapareceria do coração dela. Além disso, a imagem de Ludmila desesperada, naquela estrada deserta no meio da floresta, à noite, suplicando-lhe que não a abandonasse, não saía de sua mente.

Na verdade, Dimitri não sabia direito o que tinha acontecido naquela noite; as lembranças permaneciam um tanto embaralhadas em sua cabeça. Apesar disso, vez por outra, laivos de imagens surgiam, e ele via-se bebendo, berrando com ela, discutindo, enlouquecido pela raiva, depois, para sua vergonha, dando-lhe bofetadas no rosto, enquanto ela gritava de dor, arremessada ao solo. Diante disso, cheio de remorsos, culpava-se por qualquer coisa que tivesse acontecido com Ludmila.

Assim, quando recebeu a notícia de que ela havia retornado à aldeia, seu coração passou a bater forte e desenfreado, como cavalo selvagem em disparada, e Dimitri encheu-se de novas esperanças. No íntimo, convivia com um turbilhão de emoções desencontradas e não sabia o que fazer. Ele temia a reação dela, por conhecer, sobejamente, seu caráter reto, a altivez e a dignidade, e, em virtude disso, evitava encontrar-se com ela. Todavia, não suportava mais a ansiedade entre o desejo de revê-la e o medo de como seria recebido. Por outro lado, como o sentimento de culpa e de remorso oprimiam-no, precisava saber se ela já lhe perdoara. Caso contrário, pediria seu perdão, nem que fosse necessário humilhar-se, ajoelhando-se a seus pés. Apesar de sua boa disposição, tinha medo desse encontro, que seria muito difícil. E, por isso, retardava-o.

Paixão de Primavera

Chegou um momento, porém, em que Dimitri não suportou mais essa situação. Assim, algum tempo depois, enchendo-se de coragem, decidiu-se. Tomou um bom banho, vestiu-se com capricho, penteou os cabelos, colocando sebo de carneiro para domá-los e, montando seu cavalo, dirigiu-se à casa de Macha e Boris. Bateu e aguardou. Um garoto atendeu à porta. Tirando o gorro da cabeça, Dimitri perguntou surpreso:

– Quem é você?

– Sou Yuri.

Aquele nome agitou suas fibras mais profundas. Fitando o menino, Dimitri entendeu que era filho de Ludmila. Esquadrinhou seu rosto, à procura de alguma semelhança com o cossaco. Tranquilizou-se ao notar que a pele, os cabelos e os olhos grandes e negros eram da mãe. Como o garoto permanecesse parado, aguardando, ele indagou:

– Ludmila está? Sou amigo dela e gostaria de vê-la.

– Entre. Vou chamá-la – respondeu o garoto, gentilmente.

Aquela voz fez com que Dimitri estremecesse. Um calafrio percorreu seu corpo: era igual à do cossaco que ele matara.

Pouco depois, Ludmila entrou na sala, enxugando as mãos no avental. A porta de entrada estava aberta, e o recém-chegado recortava-se contra a luz, mantendo-se na sombra, o que dificultava a visão. No entanto, ao ver a imagem cercada por um contorno iluminado, ela não teve dúvidas de que era Dimitri. A expressão risonha e serena fechou-se, e, contraindo as sobrancelhas, ela disse com amargura:

– Yuri disse-me que um "amigo" desejava falar comigo. Não o esperava.

Ao notar sua reação, Dimitri começou a rodar o gorro com as mãos, nervosamente.

– Compreendo sua mágoa, Ludmila, e reconheço que tem toda a razão. Agi muito mal com você. Mas, o ciúme é péssimo conselheiro e ditou-me palavras e atitudes que hoje lamento profundamente. Perdoe-me! Sempre fomos amigos, crescemos juntos.

239

Em nome da amizade que sempre existiu entre nós, peço-lhe que me perdoe. Por favor!

Ludmila continuava a fitá-lo de cabeça erguida, altiva e inflexível. Ao ouvir suas palavras finais, pareceu abrandar um pouco.

– Sofri muito por sua causa, Dimitri. Abandonou-me na hora que eu mais precisava, sem um gesto de piedade, sem a menor compaixão. Mais do que isso, os insultos que me dirigiu ficaram gravados na memória, como também as covardes agressões que sofri por suas mãos naquela hora.

Sua voz soou carregada de amargura, e Dimitri entendeu o quanto a magoara. De cabeça baixa, tentou desculpar-se:

– Reconheço que nada justifica os meus atos naquela noite, Ludmila. A verdade é que não me lembro direito de tudo o que aconteceu, a não ser que, em má hora, comecei a beber.

Ela olhou-o com desprezo e sorriu desdenhosa:

– É sórdido de sua parte querer justificar-se, usando a bebida como desculpa. É lamentável que utilize esse tipo de argumento para isentar-se de responsabilidade pelos seus atos.

Ludmila parou de falar por alguns instantes, depois, respirando fundo, tornou:

– Entretanto, não posso guardar rancor de alguém que de mim não merece nada, nem ódio. Para mim, você não existe mais, Dimitri Alexeievitch. Está morto. Não me procure novamente. Adeus.

Ela virou-se e o deixou sozinho na sala, vermelho de vergonha, parado, sem reação. Depois, cambaleando, ele passou pela porta e foi embora. Merecera cada palavra que ela dissera, cada humilhação.

$\sim$

O tempo, porém, é um bálsamo que cura todas as feridas.

Meses depois, já participando da vida da aldeia, Ludmila saía para passear, divertir-se e visitar os amigos. Nessas ocasiões, às vezes, encontrava Dimitri e perturbava-se, o que a fazia virar

240

o rosto, mas, porque isso acontecia com muita frequência, passou a encarar o fato com naturalidade. Ignorava-o, simplesmente. Talvez por ter jogado no rosto dele todo o seu desprezo; por vê-lo humilhado à sua frente, sem uma reação sequer, talvez isso tenha retirado de seu íntimo o ressentimento, a amargura de ter sido abandonada em momento tão doloroso de sua vida. Seja por esse ou por outro motivo, a verdade é que ela já não se incomodava ao vê-lo. Considerava Dimitri indiferente, eis tudo. Com isso, ele nunca mais se aproximou dela.

Ao chegar a festa da primavera – ocasião em que todos se reuniam na praça, para comemorar o fim do inverno –, convidaram Ludmila para dançar, e ela, depois de muitos anos, voltou a fazer uma das coisas que mais gostava.

O olhar triste de Dimitri acompanhava todos os seus movimentos, o que não passou despercebido a ela. A mágoa que sentia dele arrefecera, o prazer por estar de volta ao lar e junto da família fez com que Ludmila se tornasse menos amarga, menos ressentida e mais alegre. O fato é que, nessa festa, fez questão de mostrar-se com melhor aparência. Vestiu seu melhor traje, passou carmim nos lábios e nas faces, penteou os cabelos negros, enfeitando-os com flores. Ao olhar-se num pequeno espelho de metal polido que trouxera – resquício do luxo que desfrutara em casa de madame Trussot –, sorriu ao reconhecer que ainda era muito bela.

Quando começou a dançar, cada gesto seu, seduzia e encantava. À luz das fogueiras, a assistência batia palmas, enquanto o ritmo tornava-se ora mais forte e impetuoso, ora mais suave e melancólico. Nesse clima, Ludmila intensificava os frenéticos movimentos e pisadas firmes, até o final, sempre brusco e apoteótico.

O coração de Dimitri batia vigorosamente, e ele arfava, levando a mão ao peito. Ludmila, relanceando o olhar em torno para agradecer aos aplausos, não pôde deixar de notar seu olhar ardente, que parecia devassá-la e que ela tão bem conhecia, a fitá-la com paixão. Ainda recuperando o fôlego, após a dança, ela sorriu, sedutora. Sentia-se vitoriosa. Estava vingada.

Cumprimentada por todos, somente Dimitri não se aproximou. Andrei, Anna, Rudi e até Yuri estavam maravilhados. Não conheciam esses dotes de Ludmila e acompanharam a apresentação bastante emocionados. Boris e Macha trocaram um olhar de entendimento, respirando aliviados. Finalmente, tudo voltava ao normal, a filha estava em seu lugar, de onde nunca deveria ter se afastado, e eles estavam felizes.

Com o passar dos meses, Ludmila foi obrigada a enfrentar seus pais que, vez por outra, voltavam ao assunto, falando-lhe do amor que Dimitri nutria por ela, tanto que nunca aceitara outra noiva, embora existissem várias interessadas. Andrei, Anna e Rudi, que agora moravam numa *isba* próxima, não escondiam a amizade pelo rapaz, que lhes parecia honesto e bom, sempre prestativo e dedicado em tudo o que fazia. Sem contar que, com a morte do pai, Dimitri tornar-se-ia o intendente da propriedade, respondendo por tudo diante do patrão.

Sob o peso dessa pressão, Ludmila resistia valentemente.

No entanto, após meses e meses de cerco fechado, ela acabou capitulando.

Seus pais, juntamente com Andrei e a esposa, certa ocasião resolveram ter uma conversa séria com ela. Tomando a palavra, disse Boris:

– Minha filha, estou ficando velho. Nem eu nem sua mãe viveremos para sempre. Repugna-nos deixá-la só com seu filho, nosso querido neto, Yuri. Tenho pensado bastante e creio ser melhor para todos se você aceitasse o amor do pobre Dimitri, que se arrasta a seus pés desde que vocês eram muito jovens. Agora, nem você nem ele têm mais as ilusões da primeira mocidade. Você tem um filho que está crescendo e que precisa do pulso firme de um pai. Por que não unir-se a ele, dando uma família a Yuri?

– Seu pai tem razão, minha filha. Nós ficaríamos mais tranquilos sabendo-a amparada por um marido – concordou a mãe.

Ludmila fitava os pais com expressão de piedade. Compreendia as preocupações deles, porém não podia contar-lhes

Paixão de Primavera

como Dimitri a magoara anos antes, justamente na hora em que ela mais precisara de um ombro amigo. Ele a abandonara na estrada, à noite, sujeita a todos os perigos, grávida, sem nada. Além disso, sob o efeito da bebida, tornara-se agressivo e violento, chegando a espancá-la. Os olhos de Ludmila toldaram-se de lágrimas que não chegaram a cair.

– Papai! Mamãe! Compreendo suas razões, mas...

– Não diga nada agora, filha. Reflita em tudo o que eu lhe disse e, daqui a três dias, voltaremos a conversar.

Ela virou-se para Andrei, a quem considerava como um pai e que até então permanecera calado, e notou que ele era da mesma opinião. Vendo que ela esperava que dissesse alguma coisa, ponderado, ele reavivou sua memória:

– Lembra-se, Ludmila, que entre suas razões para deixar Moscou estava a preocupação com o futuro de Yuri?

– Lembro-me. Tem razão, Andrei. Eu temia que me acontecesse algo e que meu filho ficasse desamparado.

Andrei fez um gesto com as mãos, como se dissesse: "E então?".

Realmente, seria o melhor para ela. Por alguma estranha razão, seu filho gostava muito de Dimitri e não faria objeção à união dos dois.

– Vou pensar por três dias, como sugeriu meu pai – ela decidiu.

Ao cabo desse tempo, durante o qual nem conseguia dormir direito, refletindo no assunto, Ludmila acabou por aceitar o compromisso com Dimitri Alexeievitch, considerando que ele realmente fora traído pela bebida e que antes, por longo tempo, sempre fora seu amigo. Além disso, se devia casar-se, segundo seus pais, quem mais poderia escolher? Em sua memória, surgiu a imagem tão querida de Gregory Fiodorovitch, o homem com quem um dia desejara compartilhar sua vida, e que a ajudara a abandonar a casa de madame Trussot, mas que, por algum motivo misterioso, jamais fora ao encontro marcado, deixando-a amargurada. O coração dizia-lhe, porém, que ele não era culpado, e, de qualquer modo, ela era grata a Gregory por tê-la ajudado a deixar aquela vida que a horrorizava.

Após considerações, aceitou, melancolicamente, o que o destino a reservava.

Assim, num belo dia de primavera, no ano seguinte, um *Pope*[20] de passagem pela aldeia celebrou o casamento.

Depois, foram para a casa que Dimitri construíra para eles. Passados alguns meses, Boris foi vítima de um problema cardíaco e veio a falecer, confirmando a preocupação que tivera. A dor pela perda do pai foi intensa, enchendo Ludmila de tristeza e remorso por haver ficado tanto tempo longe dele. Esse fato tão doloroso fez com que se ligasse mais à mãe, agora sozinha, temendo perdê-la também.

No início do casamento, tudo caminhou bem entre Ludmila e o marido. Com o passar do tempo, porém, Dimitri passou a beber mais do que já bebia e mudou completamente. Chegava a casa sempre bêbado, tratava mal a esposa e Yuri. Reclamava que ela não o amava e que vivia com o pensamento no outro que morrera.

Na verdade, o infeliz Yuri Vanilevitch, inconformado por ver sua amada e seu filho morando na mesma casa de seu rival e assassino, lutava para separá-los. E gritava, tentando alertá-los:

– *Não acreditem nele! Esse miserável tirou-me a vida! Não confiem nele, afastem-se! Sei o que estou dizendo. Ele representou a desgraça em minha vida. Maldito! Traidor! Eu era feliz até acreditar nele e recebê-lo como amigo em meu bando.*

Yuri Vanilevitch continuava falando e explicando, vezes sem conta, tudo o que tinha acontecido àquela época. No entanto, por mais que se esforçasse, não conseguia fazer-se ouvido. Então, seu ódio ficou ainda mais concentrado.

Com sua presença, o ambiente da casa tornou-se insuportável. Colocava um contra o outro, e as brigas do casal tornaram-se

---

20. Sacerdote da Igreja Ortodoxa, de categoria inferior na escala hierárquica.

constantes. Procurava criar desentendimentos entre Yuri, seu filho e o padrasto, por não suportar que fossem amigos. Para seu desespero, apesar das grosserias de Dimitri, o garoto não reagia, mantendo-se equilibrado, o que deixava o infeliz pai desencarnado louco de raiva e frustração.

Com a sua vibração pesada e deletéria, Yuri, de forma permanente, passou a dominar Dimitri. Este, com a presença do inimigo desencarnado, começou a recordar-se do assassinato, das traições e de tudo o que fizera contra ele. Ao despertar para essas lembranças, Dimitri deixou-se envolver pelo sentimento de culpa, gerando o remorso, e isso o colocou sob a influência direta de Yuri Vanilevitch que, desapiedado, não lhe concedia tréguas.

Desse modo, para fugir das recordações, Dimitri passara a beber o tempo todo, tornando-se irascível, violento e desequilibrado.

No entanto, o jovem Yuri Georgeovitch, espírito que renascera para ajudar a família, mantinha-se sereno nessa situação, não se deixando dominar pelas infelizes ideias do pai desencarnado, nem se deixava contaminar pelas atitudes do padrasto.

Dimitri, apesar das bebedeiras e das ressacas intermináveis, nos poucos momentos de lucidez fitava o enteado e pensava: "Como Yuri pode suportar minhas atitudes, grosseria e rispidez constantes sem alterar-se?" O garoto o fitava com os grandes olhos serenos e sorria. Quando Dimitri chegava bêbado, sujo, rasgado, e não raro ferido, após meter-se em brigas, era ele que o recebia. Yuri, calmamente, tirava-lhe as botinas, colocava seus pés numa bacia com água quente, limpava-o e, depois, trazia-lhe um chá fumegante, para minorar os efeitos da bebedeira. Em seguida, levava-o para o leito, no próprio quarto dele, uma vez que a mãe já não aceitava que o marido bêbado dividisse o mesmo leito com ela.

No fundo, apesar de não ver o espírito do pai, o garoto "sentia" a presença dele, sabia que era ele que gerava os desentendimentos na casa e precisava ajudá-lo. Então, ajoelhava-se no piso de terra batida, como tantas vezes a mãe o ensinara, e rezava para Jesus e para Nossa Senhora de Kazan, suplicando-lhes o auxílio de que tanto precisavam.

O tempo passava, e ele continuava fiel ao seu propósito de ajudar o pai, o padrasto e demais membros da família.

Conversava com Andrei, a quem amava e em quem aprendera a confiar desde criança, abrindo-lhe o coração:

– Andrei, não sei o que aconteceu para que meu pai sinta tanta raiva de Dimitri. Contudo, sei que existe uma razão, e não é apenas porque minha mãe casou-se com ele. Há problemas muito mais sérios envolvidos nesse caso.

O idoso, com sua experiência e em tudo o que Yuri lhe contava, também aprendera a acreditar na continuidade da vida após a morte, e balançava a cabeça, concordando:

– Tem razão, meu filho. Não sabemos a história que há por trás desse ódio, mas um dia tudo isso vai ter fim, com certeza. Por isso, vamos continuar rezando para ajudar todos os envolvidos.

Com o passar do tempo, o exemplo do jovem Yuri foi despertando outras ideias no pai desencarnado. De tanto ouvir suas orações endereçadas a ele, Yuri Vanilevitch comoveu-se. Sem perceber, foi mudando suas íntimas disposições, tornando-se mais brando, menos agressivo, pois sabia que seu comportamento atingia aquele que tanto amava: seu filho.

Então, apesar de não deixar a casa, começou por afastar-se dos encarnados, observando-os a certa distância, triste e sofredor. Chegou um momento em que sentiu desejo de abandonar aquele lugar. Afinal, nem sabia há quanto tempo sofria daquele jeito.

Yuri Vanilevitch foi embora daquela casa, desistindo da ideia de vingança que, em razão da ajuda de seu filho, já não o satisfazia. Entendeu que sua presença gerava mal-estar em todos e, o que era pior, dificultava a vida de Ludmila e de Dimitri, prejudicando especialmente a seu amado filho, que sofria com o ambiente do lar.

Então, sofredor e aflito, Yuri Vanilevitch vagou por muitos lugares do mundo espiritual, regiões desconhecidas de miséria e dor, de sofrimentos atrozes, até que, depois de tanto penar, acabou, finalmente, por buscar o socorro em Deus, de Quem se afastara há tanto tempo. Revolvendo-se na lama, num ambiente triste, gelado e nevoento, começou a orar, suplicando ajuda, como tantas vezes vira seu filho fazer, e as lágrimas de arrependimento lavaram sua alma, limpando-o das emanações escuras e deletérias.

CAPÍTULO VINTE E UM

Chegando ao destino

QUASE DOIS ANOS se passaram. Na busca constante por descobrir notícias da mulher amada, Gregory e seus companheiros venceram longos trajetos, prosseguindo sempre atrás do objetivo. Muitas vezes tiveram de parar, não raro durante meses, em virtude do estado de saúde de Gregory Fiodorovitch, bastante abalado pelas precárias condições da viagem. Mesmo quando havia condições de prosseguir, a carruagem rodava lentamente, pois os solavancos, em virtude das pedras e depressões do solo, atingiam muito duramente Gregory, que sentia dores horríveis ao menor balanço. Apesar de viajarem devagar, eram obrigados a paradas constantes para que ele pudesse refazer-se dos incômodos. Além disso, o percurso obrigava-os a se aventurar por territórios inóspitos, correndo perigos de toda sorte, como serem atacados por salteadores, tão comuns naquelas estradas e sempre temíveis. Também as rudes condições do trajeto e a falta de comodidade, a que Gregory não estava habituado, transformaram a busca desesperada numa verdadeira saga.

Os companheiros de viagem, Oleg e Victor, agora mais amigos do que servidores, sofriam calados. Longe do olhar do senhor, suspiravam de tristeza, distantes do torrão natal e desejosos de retornar o quanto antes. O pior, o mais difícil nisso tudo, é que não tinham nenhuma expectativa de mudança, não havia esperança em seus corações de que, algum dia, pudessem retornar a Moscou.

Quando o senhor finalmente dormia, após um dia estafante, sentavam-se para conversar, fosse à mesa de uma hospedaria, à luz de uma vela, ou ao relento, quando o tempo permitia. Nessas ocasiões, sob o manto estrelado, falavam mais livremente sobre seus problemas e analisavam a situação que ora atravessavam, tentando encontrar uma solução e refletindo no que poderia ser feito. Terminavam sempre fitando o céu, de madrugada, suplicando à Nossa Senhora de Kazan que os socorresse; que Gregory Fiodorovitch conseguisse atingir seu objetivo de encontrar a amada de seu coração e que não viessem a encontrar a morte longe da terra natal.

Finalmente, aproximaram-se dos montes Urais. À distância, os contrafortes da cordilheira os impressionaram pela grandeza e majestade. Emocionados, choraram de alegria e alívio, ajoelhando-se no solo para agradecer a Deus.

No dia seguinte, no sopé da montanha, acamparam pela última vez, antes de iniciarem a subida. Oleg acendeu uma fogueira e comeram o que ainda tinham de reserva, adquirido na última parada. Ali, aquecidos pelo fogo, que colocava reflexos avermelhados em seus rostos mais animados, planejaram o que fazer.

– Muito bem. Finalmente estamos mais perto do objetivo! Agora, iremos de aldeia em aldeia, perguntando por Ludmila e seu filho Yuri. Tenho certeza de que vamos achá-los.

– Senhor, já pensou que ela pode estar casada? Ou mesmo... enfim... – tentou perguntar Victor, que se calou, temendo continuar.

Gregory fitou-o com firmeza:

Paixão de Primavera

– Sei o que quer dizer, Victor. Que talvez ela possa ter morrido. Não, algo me diz que está viva em algum lugar. Não importa. Preciso ter qualquer notícia de Ludmila, sejam ela quais forem. Estou preparado para tudo.

Após acabarem de comer, acomodaram-se para dormir. A ansiedade, porém, fez com que nenhum dos três conseguisse conciliar o sono.

Na manhã seguinte, levantaram-se cansados. Puseram-se a caminho, calados, cada um remoendo os próprios pensamentos. Oleg e Victor sentiram-se mais esperançosos de poderem retornar a Moscou, se conseguissem notícias de Ludmila. Se Gregory optasse por permanecer nos Urais, que ficasse: era decisão dele. Quanto a eles, retornariam. Conforme conversado tantas vezes, comprariam bons cavalos e, sem amarras de qualquer espécie, viajariam bem mais rápido.

Gregory, ao contrário, em virtude do questionamento de Victor, na noite anterior, sentia o peito opresso e angustiado. Apesar da resposta que lhe dera, temia realmente, no fundo, que as notícias não fossem boas ou que ela, sua amada, jamais tivesse conseguido retornar a sua aldeia natal.

Assim, a cada vilarejo encontrado, indagavam por uma mulher cujo nome era Ludmila e que tinha um filho chamado Yuri. Mas nada de conseguir a notícia tão esperada. E assim prosseguiram.

～

Por essa época, esgotado e sofrido pelos desentendimentos com minha esposa, Sofia, um dia eu saí de casa, pela madrugada, e pela última vez. Minha filha Tatiana foi atrás de mim, alcançando-me. Tentou convencer-me a voltar, mas recusei. A decisão fora definitiva. Tomei o trem, porém eu estava muito doente, febril, e o vagão gelado, sem aquecimento, piorou meu estado. Passando mal, fui obrigado a descer do trem numa cidadezinha, Astapovo. Apiedado de minha situação, o chefe da estação, um bom homem, recolheu-me, cedendo-me um pequeno quarto, ali mesmo – fatos

251

sobejamente divulgados pela imprensa do mundo todo. Ali permaneci, até que a morte orgânica me colhesse, obrigando-me ao retorno à verdadeira vida.

Ao tomar conhecimento da surpreendente vida *post-mortem*, encantei-me com tudo. Recuperei-me, auxiliado por benfeitores espirituais e ciceroneado por Boris Pietrovitch – amigo da última encarnação, que reencontrara no Além –, que escancarou, aos meus olhos deslumbrados, as belezas dessa nova morada. Dispondo-me ao trabalho, tornei-me um servidor do bem, auxiliando necessitados e sofredores de ambos os lados da vida.

Certa ocasião, comecei a receber pedidos de ajuda de alguém que eu não conhecia. Os apelos vinham de uma região de grande sofrimento no umbral inferior.

Habituado a esse tipo de ação, desloquei-me até lá, com mais dois servidores do bem, e, em meio à vegetação triste e sem cor, localizei um homem que, sentado numa pedra, com os braços a sustentar a cabeça, chorava, enquanto eu percebia seus pensamentos, em forma de súplica:

– *Piedade, meu Deus! Sei que errei muito e que provoquei o sofrimento dela. Agora, todos estão sofrendo e nada posso fazer, não consigo! Socorra-me, Senhor, ajude-me!*

Nesse momento, crivei meus olhos naquele espírito, sem entender a razão pela qual suas súplicas foram a mim direcionadas. Não o conhecia! Pelo menos, em sã consciência, não me lembrava dele.

De qualquer modo, era alguém que sofria muito. Calando meus íntimos questionamentos, cheio de piedade, aproximei-me mais, colocando a mão em sua cabeça.

– *Meu irmão, lembre-se de que o Senhor é Pai de todos nós, e ninguém está desamparado sob as suas vistas magnânimas. Seja qual for seu problema, confie. A bondade e a misericórdia de Deus nos envolvem, mesmo que não percebamos Sua presença. Assim, acalme-se, serene seu coração. Por que chora, meu irmão? O que o aflige?*

Ele ergueu a cabeça, ao ouvir minha voz. Ao ver seu semblante em lágrimas, tive a certeza de que não o conhecia. Era um cossaco, identifiquei pelos traços fisionômicos e pelas vestes, embora andrajosas. O infeliz arregalou os olhos e fitou-me, caindo de joelhos na gramínea rala.

– *Deus ouviu minhas preces! Oh, Mensageiro Divino! Ajude-me! Sofro muitíssimo.*

Ao ver aquele infeliz ajoelhado a meus pés, imediatamente segurei seus braços com delicadeza e recoloquei-o sobre a pedra, enquanto assegurava-lhe:

– *Engana-se, meu filho. Não sou um mensageiro divino. Sou apenas seu irmão.*

Ele chorava de alívio e gratidão. Coloquei a mão espalmada sobre sua cabeça, desejando conhecer sua íntimas dificuldades, para melhor ajudá-lo. E, como se estivesse narrando sua história, pude ouvir seus pensamentos, que giravam sempre em torno dos mesmos acontecimentos, enquanto as cenas surgiam diante de meus olhos:

– *"Certa ocasião, cansado de cavalgar, entrei com meus homens numa das aldeias do Ural. Era noite e procurávamos abrigo, quando vimos que os moradores estavam reunidos na praça. À luz das fogueiras, vi uma jovem dançando. Encantei-me com ela, que não me saiu mais da mente. Ah! Aquele momento modificou minha vida! Ao deixar a aldeia, levei-a comigo, pois ela também me amava. Algum tempo depois, alguém em quem eu confiava e a quem eu chamava de amigo, tanto que o incorporei ao grupo, atraiçoou-me. Estávamos cavalgando por região perigosa e, aproveitando-se de um ataque de salteadores, ele tirou-me a vida, o maldito! Agiu de modo que todos acreditassem que eu fora vítima dos ladrões. Assim, ficou livre de acusações. Nunca mais tive um momento de sossego. Depois disso, vivi como um louco, acompanhando meus homens, sem que ninguém desse pela minha presença. Demorei longo tempo para entender que não fazia mais parte dos 'vivos'. Incapaz de afastar-me dela, passei a acompanhá-la o tempo todo. Após minha morte, ela descobriu que estava esperando um filho meu."*

A verdade é que, desde que iniciara aquelas reflexões, sob intensa emoção, eu via as imagens que ele descortinava-me ao olhar, enquanto elevava o pensamento ao Criador, agradecendo a oportunidade de ter notícias de minha querida amiga Ludmila.

Eu a reconhecera na jovem bailadeira que encantara aquele espírito sofredor. Em virtude de minhas próprias dificuldades, eu esquecera Ludmila durante muitos anos. É certo que me lembrava dela esporadicamente, quando algo me fazia recordá-la. Nessas ocasiões, cogitava o que teria acontecido com ela e onde estaria. Mas nada fazia para obter resposta aos meus íntimos questionamentos, uma vez que meus próprios problemas dilapidavam todas minhas energias. Então, mais uma vez, pude reverenciar a bondade e misericórdia do Senhor, que encontra resposta para todas as coisas, atendendo com amor a todas as necessidades.

Naquele instante, pude entender a ligação que existia entre mim e aquele ser tão desventurado. Ambos tínhamos ligações com Ludmila, cujo destino não era indiferente nem a ele e nem a mim.

Enquanto mantinha a mão em sua fronte, continuei a visualizar tudo o que acontecera. Então revi a luxuosa mansão de madame Trussot, a interferência dele, espírito desencarnado, na vida de Ludmila, utilizando-se de todos os momentos para estar junto dela, como também suas manobras para afastar concorrentes. E, o mais dramático, sua interferência na decisão que mudaria a vida daquelas pessoas. A meus olhos, apareceu a imagem de Ludmila, de comum acordo com meu amigo Gregory Fiodorovitch, fugindo da mansão de madame Trussot, de modo a começar nova vida. Yuri Vanilevitch, porém, cheio de ira, aproveitou-se da carruagem que vinha em disparada, pela outra rua, e assustou os cavalos, provocando o acidente que quase matou meu amigo, além de impedir Gregory e Ludmila de se encontrarem. Depois, ele fez de tudo para convencê-la a retornar à mansão e ficar sob a proteção de madame Trussot. Contudo, como ela não aceitasse suas sugestões, amargurado, Yuri acompanhou-a pelas ruas da cidade, com o filho nos braços, sem saber o que fazer ou para onde ir; ela passou frio, fome e toda sorte de privações. Ele ficou apavorado ao vê-la aproximar-se do rio, percebeu seu desejo de atirar-se nele, e, desesperado, acordara o bebê, que chorou e fez com que ela desistisse da ideia.

Paixão de Primavera

Ludmila afastou-se o mais rápido possível daquele lugar, chorando, horrorizada com as próprias intenções. Passado o momento de perigo, prosseguiu confiante no socorro de Nossa Senhora de Kazan, até que conheceu Andrei e foi para os cortiços de Moscou, recolhida por ele, que se apiedara da infeliz jovem.

Somente então pude entender todos os envolvimentos daquele caso tão misterioso, que levara Gregory, desesperadamente, a contratar pessoas para descobrir o paradeiro de sua amada. E vi mais: a ação odiosa de Yuri Vanilevitch contra aquele a quem Ludmila realmente amava, Gregory Fiodorovitch, cercou-o de espíritos malfazejos em Paris. Tais entidades eram cossacos, seus fiéis companheiros, que, retornando ao mundo espiritual, reencontraram-no e aliaram-se a ele, para atormentar o rival. Yuri queria evitar que ele retornasse à Rússia e reencontrasse Ludmila. Graças a Deus, o socorro chegou por intermédio da fé fervorosa e prece de Rose Marie, uma criada. Isso possibilitou o afastamento das entidades que tanto maltratavam Gregory, deixando-o enfermo.

Continuando por suas lembranças, vi quando Ludmila e o filho Yuri, juntamente com Andrei, Anna e Rudi, puseram-se a caminho dos Urais, rumo à aldeia natal da moça.

Respirei fundo, cheio de piedade daquele espírito que, por ter sido traído, procurara vingar-se, comprometendo-se ainda mais perante a Lei Divina. Então, envolvendo-o com afeto, disse-lhe:

– *Meu irmão, é chegada a hora de sua libertação. Tranquilize-se e relaxe. Será levado a um local onde poderá começar vida nova. O Senhor sempre nos concederá novas oportunidades de regeneração. Antes, porém, deve reajustar-se perante a Lei Divina. Confie em Deus!*

Fiz um sinal aos dois servidores do bem que me acompanhavam, e eles abriram um amplo lençol, estendendo o necessitado sobre ele. Dentro em pouco, estávamos de volta ao nosso lar, no Além, a Colônia Estrela da Manhã.

Levado ao hospital, Yuri Vanilevitch receberia todo o tratamento necessário à sua recuperação. E eu, agora de volta ao "caso Ludmila", procurei informações, de modo a localizá-la rapidamente.

255

Após realizar, com a brevidade possível, as obrigações que me foram destinadas, deixei nosso recanto de paz, rumo à crosta planetária.

Ao chegar ao Ural, não foi difícil encontrar seu paradeiro. Assim, foi com imensa alegria que tornei a ver Andrei, Anna e Rudi, agora um moço responsável e trabalhador. Mas a emoção e o carinho que senti ao rever a querida Ludmila, após tantos anos, fez com que meu coração se expandisse em eflúvios de amor. Junto dela estava Yuri, um belo jovem, em quem se percebia uma alma superior, pelas emanações de luz que dele se exteriorizavam.

Casada com Dimitri Alexeievitch, minha amiga atravessava período bastante tumultuado. A ausência de Yuri Vanilevitch, agora sob cuidados hospitalares, sem dúvida colaborara na melhora do ambiente do lar. Todavia, as emanações pesadas e doentias ainda persistiam, uma vez que o dono da casa prosseguia agindo da mesma forma, isto é, ingerindo bebidas alcoólicas todos os dias, o que lhe dificultava o cumprimento das obrigações no serviço e complicava as relações familiares.

Procurei isentar-me de qualquer julgamento e aquilatar a real condição de todos os envolvidos, para ajudar com acerto.

Em atendimento ao meu apelo, o amigo Boris Pietrovitch veio ao meu encontro. Analisando a situação, estabelecemos algumas prioridades no socorro aos encarnados. Para auxiliar realmente, precisávamos buscar apoio em pessoas com ascendência moral sobre Dimitri. Antes, porém, fazia-se necessário que conhecêssemos as raízes dos problemas atuais.

Desse modo, retornamos à nossa Colônia Estrela da Manhã, buscando, nos registros espirituais, as matrizes dos relacionamentos ocorridos entre os componentes desse grupo de espíritos. Dentro em pouco, estávamos de posse das informações que procurávamos.

Na última encarnação, ocorrida no início do século 18, na Rússia, Vladimir Bulgatov (Yuri Vanilevitch) era noivo de Natasha (Ludmila), por um acordo celebrado entre as famílias. Com o tempo e a convivência, Vladimir passou a amá-la, embora Natasha, vaidosa e fútil, fosse apaixonada por Mikhail Ulianov (Gregory Fiodorovitch), um belo e elegante rapaz, que tinha o defeito de ser pobre, razão pela qual Natasha nunca se casaria com ele, ainda mesmo que o acordo com Vladimir fosse rompido. Bela e volúvel, Natasha regozijava-se intimamente pelo sucesso que tinha com os nobres da corte, e acabou deixando-se envolver por Nikolai Petrovitch (Dimitri Alexeievitch), aristocrata extremamente rico, que ocupava cargo importante junto ao *czar*. Ela estava encantada por despertar o interesse de alguém tão rico e poderoso. Descoberto o relacionamento entre eles, temendo a ira do noivo e no auge da paixão, ela aceitou fugir com Nikolai Petrovitch. Vladimir, inconformado, passou a beber, anulando-se para conquistas melhores naquela existência, conforme planejamento feito ainda no mundo espiritual.

Mikhail Ulianov, que a amava profundamente, mas que, em razão de sua condição de pobreza, nada podia fazer, passou a existência frustrado e sofrido, o que acabaria por causar a depressão que o abateu, em Paris, no século 19, quando, como Gregory, viu-se novamente separado de Natasha (Ludmila) e sob a ação de inimigos espirituais. Vladimir (Yuri), jogando toda a culpa sobre Nikolai (Dimitri), movido pelo ódio ao rival, fez de tudo para encontrá-los. Ao descobrir o esconderijo dos amantes, um palácio que Nikolai possuía numa província, preparou-lhe uma armadilha. Aproveitando ocasião em que ele estava sozinho, sem sua escolta, obrigou-o a um duelo. Como fosse mais ágil e forte que Nikolai, matou-o com uma estocada certeira, após cansar-se da brincadeira, em que vira o rival sofrer sob seus ataques. Retornando ao mundo espiritual, os desentendimentos prosseguiram de parte a parte. Aquele que estava em situação de vantagem espezinhava o outro; depois, a situação se invertia, continuando ambos nessa disputa ferrenha.

Quanto a Natasha (Ludmila), que não era de mau coração, apenas vaidosa e volúvel, agora arrependida dos erros que cometera, desejava reconciliar os opositores, ajudando ambos.

No fundo, ela amava Mikhail (Gregory) de todo coração. Todavia, com seu modo inconsequente de agir, gerara grandes males aos envolvidos. Se Natasha tivesse respeitado o acordo de casamento com Vladimir àquela época, mesmo sendo fruto de decisões familiares, como era tradição, isso seria suficiente para que os males atuais deixassem de existir. Tal união fora o meio que a Justiça Divina utilizara para corrigir desatinos cometidos por ela, no passado, contra o noivo Vladimir. Assim, deu-lhe a oportunidade de, na convivência com Yuri Vanilevitch, redimir-se perante ele e perante si própria. Quanto ao seu filho Yuri Georgovitch, havia sido pai dos envolvidos em outras encarnações, e agora era um generoso amigo espiritual, que aceitara reencarnar para ajudar Ludmila e os outros, constituindo-se em elo entre todos os envolvidos.

De posse de tais informações, tínhamos mais condição de entender os meandros daquele drama, para tentar ajudar o grupo.

Auxiliados por entidades espirituais ligadas aos nossos amigos, passamos a colaborar para trazer mais tranquilidade aos encarnados.

Em tudo isso, ainda faltava um poderoso elo: Gregory Fiodorovitch, que, preso ao passado, tudo fazia para encontrar seu grande amor. Acompanhamos sua trajetória, percorrendo cada aldeia dos Urais.

Certo dia, cansados de tanto procurar sem resultado, os viajantes, ao chegaram até um local onde a estrada se bifurcava, sentiram-se indecisos sobre qual dos caminhos seguir, quando, então, viram aproximar-se uma carroça com um casal. Victor fez um sinal e eles pararam.

– Bom homem, preciso de uma informação. Estamos indecisos sobre o caminho que devemos tomar. Poderia nos dizer qual o melhor?

Ao tirar o chapéu da cabeça, o desconhecido tornou:

– Depende do que procuram, senhor.

– Estamos tentando encontrar alguém, mas já visitamos uma grande quantidade de aldeias sem resultado. Além disso, meu *barine* está doente e precisa de atendimento.

– Bem, se é assim, sugiro que tomem o caminho da esquerda, porque o da direita só leva a uma pequena aldeia, nada mais. Quanto ao outro, o da esquerda, é estrada com mais movimento e passa por muitas aldeias.

Contente, acreditando ter economizado percurso desnecessário, Victor agradeceu ao homem e, chegando até Gregory, que aguardava com a cabeça para fora do postigo, informou:

– Senhor, creio que devemos ir pela esquerda. À direita, segundo nosso informante, não existe nada além de uma pequena aldeia. Tudo o mais está do outro lado.

Gregory ouviu e ficou pensativo, indeciso quanto ao rumo a ser tomado. Na verdade, estava no limite de suas forças. Todavia, olhava para o pequeno caminho da direita e algo o atraía para lá. De súbito, como se uma luz se fizesse em sua mente, ordenou:

– Vamos para a direita!

– Mas, senhor! Nada existe lá...

– Não importa, Victor. Existe uma aldeia e é isso o que importa. A caminho!

Uma sensação de bem-estar o envolvia, apesar da fraqueza extrema e das dores superlativas que o incomodavam. Ali, junto dele, Boris Pietrovitch e eu trocamos um olhar e sorrimos satisfeitos por ver que nossa sugestão fora aceita.

Mais algum tempo de viagem, viram a estrada abrir-se, um vilarejo surgir. Anoitecia, e a aldeia, com seu casario, mais parecia uma pintura que houvesse sido imortalizada por artista divino. Os últimos raios de sol incidiam sobre ela, naquele final de dia, tingindo-a com cores diversas, de forma encantadora.

As primeiras luzes começavam a acender. Lentamente, entraram na aldeiazinha, tentando encontrar um local onde pudessem abrigar-se. De repente, relanceando os olhos, Oleg divisou uma grande mansão, já iluminada pelas tochas, protegida por alto muro e grande portão de ferro. Dirigiram-se para lá, mais animados.

Naquele tempo, como quase não existissem pousadas e hospedarias, era comum os viajantes, ao chegarem a alguma aldeia, abrigarem-se nas casas de moradores. Como Gregory Fiodorovitch era um homem rico e de posição, habitualmente seria recebido pelos nobres e grãos-senhores das províncias.

Assim, pararam defronte ao portão, e Oleg tocou a sineta. Não demorou muito, apareceu um criado. Ao ver a grande caleça, perguntou:

— O que deseja?

— Bom homem, viajamos há muito tempo, e meu senhor está doente, precisando de abrigo. Poderia receber-nos, em nome de Deus?

O criado olhou para ele, depois para a carruagem, depois voltou a olhar para Oleg, e afinal disse:

— Queira aguardar. Vou avisar o intendente.

Pouco depois surgiu um homem. Ao ver o criado e a carruagem, não teve dúvidas.

— Estão procurando abrigo, não é? Pois sejam bem-vindos!

Mandou abrir o portão, e Victor entrou com a carruagem. Gregory teve que ser carregado por seus criados, pois estava sem forças, enquanto o intendente indicava os aposentos para onde deveriam levá-lo.

Victor, mais acostumado às regras de etiqueta do que Oleg, assim que acomodaram o patrão, disse:

— Perdoe-nos, senhor. Ainda não nos apresentamos. Sou Victor; meu companheiro, Oleg. Meu senhor é Gregory Fiodorovitch, e viemos de Moscou. Agradecemos por sua generosidade. Viajamos há quase dois anos, e meu senhor está muito doente.

— Muito prazer. Eu sou o intendente Alexei Grotienko, para servi-los. Creio que estão necessitados de alimentação. A refeição será servida dentro em pouco, mas é simples. Só lamento que talvez não agrade ao paladar refinado de seu patrão, pois não esperávamos visitas.

— Não se preocupe, senhor. Meu patrão certamente não irá alimentar-se. Estamos preocupados com ele. Está febril! Veja! Delira...

Realmente, Gregory debatia-se no leito, transpirando e murmurando palavras ininteligíveis.

– Irina, ajude nosso hóspede! – ordenou o intendente.

A jovem criada pediu licença e saiu do quarto, voltando com uma caixa de madeira. Logo, outra serva trouxe uma bacia e panos. Irina molhou um pano na água e colocou-o sobre a fronte do enfermo; depois, tirou da caixa um pequeno vidro e derramou algumas gotas em sua boca.

O intendente tranquilizou os recém-chegados:

– Não se preocupem. Irina tomará conta do *barine*. Venham comigo. Precisam alimentar-se.

– Senhor, gostaríamos de nos lavar antes.

– Sem dúvida. Acompanhem-me.

Victor e Oleg refrescaram-se com água limpa e, em seguida, acompanharam o intendente até a mesa, onde estava servida a refeição. Esfomeados, comeram bastante, enquanto Grotienko conversava com eles, desejando saber por que razão eles haviam demorado tanto para fazer o trajeto de Moscou até a aldeia.

– Nosso patrão tem problemas na perna e sofre dores insuportáveis. Inúmeras vezes tivemos de parar para socorrê-lo, pois ardia em febre, como hoje. Durante dois invernos, fomos obrigados a permanecer numa hospedaria, pois o frio piora ainda mais a condição do senhor Gregory. Então, por meses, ficamos parados, sem poder prosseguir. – esclareceu Victor.

– Posso aquilatar o que sofreram! Mas devem comer. Querem mais um pouco de *kvass*? – indagava, gentil.

– Não, obrigado, senhor. Até que gostaria, mas receio que já tenhamos bebido demais. Precisamos velar por nosso patrão durante esta noite.

– Não se preocupem. Irina ficará com o *barine* para que possam dormir e recuperar-se.

Ambos agradeceram novamente e, alegando profundo cansaço, pediram permissão para se recolher. Antes, passaram pelos aposentos de Gregory. A febre tinha baixado, sob os cuidados da jovem Irina. Ela os acalmou, e eles foram dormir.

CAPÍTULO VINTE E DOIS

Reencontro

POR LONGOS DIAS, o estado de Gregory Fiodorovitch continuou a inspirar cuidados. Oleg e Victor não saíam de sua cabeceira. A febre não cedia, e o enfermo delirava, lembrando trechos da viagem, negócios que haviam ficado para trás, preocupações com o trajeto, enfim, as imagens de fatos gravados em sua mente e que o afligiam.

Falava em voz baixa, quase inaudível, e suas palavras saíam truncadas, de modo que apenas seus companheiros entendiam. Verdade é que Oleg e Victor estranharam esse súbito agravamento das condições do enfermo, justamente agora que ele estava bem instalado, nada lhe faltava e recebia os melhores cuidados.

Mas, nós, no plano espiritual, o acompanhávamos, conhecedores da razão. No íntimo, Gregory "sabia" que chegara ao seu destino e, entendendo que não mais precisava manter as reservas orgânicas e a firmeza de propósitos, tão necessárias para vencer e atingir seu objetivo, que conservara durante todo o

263

período com sua vontade férrea, relaxou, entregando-se, advindo a crise que demorava a ser debelada.

Todavia, chegou o momento em que Gregory começou a melhorar. Dois meses eram passados desde que ali chegaram, ficando abrigados na mansão. Agora, o doente já conseguia alimentar-se melhor e não tinha mais aqueles acessos de febre que tanta preocupação causara a todos na mansão, a ponto de temerem por sua vida.

Toda aldeia sabia que na mansão do *barine*, conde Konstantin Kamerovitch, havia um hóspede que chegara muito enfermo. Ninguém o conhecia e nem ao menos sabiam seu nome, porém, piedosamente, rezavam por ele, suplicando a Nossa Senhora de Kazan que ele ficasse curado e pudesse prosseguir sua vida de filho de Deus.

Certo dia, quando o doente, já bem melhor, tomava sua sopa de legumes, entrou no quarto um homem que ele não conhecia. Parecia meio ébrio, e Grotienko apresentou-o:

– Senhor, este é meu filho único, Dimitri.

Gregory cumprimentou-o, cordialmente. No entanto, a presença do recém-chegado alterou seu estado emocional. Ficou agitado, o coração descontrolou-se, batendo apressado, enquanto uma terrível sensação de mal-estar e angústia o dominava.

O enfermo parou de comer e fechou os olhos, levando a mão ao peito.

– Como está, meu senhor? Está sentindo alguma coisa? – indagou Victor, atento.

– Não é nada. Creio que comer rápido não me fez bem. Mas não se inquiete. Vou repousar um pouco – respondeu Gregory.

Diante disso, todos deixaram o aposento, entendendo que ele queria ficar sozinho, com exceção de Irina, que não saía de sua cabeceira; a criada apenas afastou-se um pouco, acomodando-se num canto do aposento, de onde podia vê-lo e atendê-lo em caso de necessidade.

Também incomodado, Dimitri retornou para casa mais cedo do que de costume, e comentou com a esposa:

– Há pouco, estive na mansão e aconteceu uma coisa estranha. Como o hóspede estava bem, pela primeira vez, desde que chegou, meu pai resolveu apresentar-me a ele. Queria que eu o conhecesse, afirmando ser uma pessoa excelente. Entrei. Ele estava sentado no leito, tomando uma sopa, e meu pai apresentou-nos. Ao vê-lo, tive uma sensação esquisita, como se já o conhecesse, entende?

– Como assim, Dimitri? – perguntou Ludmila.

– Não sei explicar. Passei a sentir um terrível mal-estar e deixei o aposento. Não queria falar com ninguém. Sem dizer nada, saí da mansão e vim para casa. Nem ao menos conversei com meu pai, motivo pelo qual eu tinha ido até lá!

– Como é o nome dele? Talvez você já o tenha visto por aí em suas viagens.

– Não me lembro. Ao vê-lo, o mal-estar foi tão grande que não ouvi mais nada. Quanto a conhecê-lo de algum lugar, impossível, Mila. Ele chegou a nossa aldeia, vindo de longe, pediu hospedagem e permaneceu preso ao leito desde esse dia!

– Realmente estranho! Esse homem deve ser bem desagradável, ou ter uma expressão horrível, para tê-lo impressionado tanto – considerou a esposa.

– Aí é que você se engana. Mesmo enfermo, tem boa aparência. Está magro, pálido, porém sua voz é branda e trata os criados com delicadeza e respeito.

– Então, por que a sua rejeição por ele?

Dimitri meneou a cabeça negativamente e murmurou, pensativo:

– Não sei... não sei...

Ludmila, cujo fato de o marido chegar a casa àquela hora era novidade, sorriu de leve, monologando em pensamento: "Bem, para alguma coisa serviu esse estranho, já que Dimitri está em casa e, pelo jeito, não sairá mais esta noite para encontrar-se com amigos e embriagar-se ainda mais". Depois, em voz alta, convidou-o:

– Esqueça isso. Vamos jantar. A comida está pronta.

– Onde está Yuri? – ele perguntou.

– Na *isba* de Andrei. Só voltará mais tarde. Agora, vamos comer.

Sentaram-se à mesa rústica, e ela serviu-o com uma porção de guisado de coelho. Dimitri pôs-se a comer em silêncio, de cabeça baixa, como se algo o atormentasse. Não contara tudo para Ludmila. Impressões estranhas o tomavam de assalto, e ele pensava: "Por que, ao lembrar-me do hóspede da mansão, sinto raiva, mas também medo, como se ele pudesse fazer-me algum mal? Como se eu corresse algum risco com a presença dele? Mas não é só isso! Inacreditavelmente, sinto ciúme dele! Como pode ser? Por quê? Por quê? Ciúme de quem? Só se for de meu pai, por ele estar lá hospedado, na mansão onde sempre morei, onde cresci e que considero como minha própria casa. Que bobagem! Só se eu estiver ficando louco! Preciso entender o que está acontecendo comigo".

Dimitri acabou de comer em silêncio e foi dormir, alegando cansaço. Ludmila, que se preocupara com a expressão que vira no rosto dele, à hora da refeição, inquietou-se ainda mais ao vê-lo recolher-se tão cedo. Talvez o marido estivesse realmente esgotado pelas atividades do dia. Assim, ela resolveu deitar-se também.

Apesar de cansado, Dimitri não conseguia dormir, a imagem do estranho não saía da cabeça. Só adormeceu horas depois, sem conseguir desligar-se do fato que tanto o impressionara.

∾

Dimitri desprendeu-se em espírito e, preocupado com o cavalheiro desconhecido, deslocou-se até a mansão. Era madrugada e estava tudo escuro. Entrou no aposento do hóspede e viu a serva, que, num canto, ressonava sobre um tapete. Ao fitar o leito, viu que o doente dormia. Sentiu o impulso de acabar com ele: era um inimigo e precisava matá-lo. Já tinha feito isso com o outro, Yuri Vanilevitch, agora era a vez desse infeliz. Caminhou em sua direção, decidido, quando ouviu uma voz que dizia:

Paixão de Primavera

— O que deseja?

Virou-se bruscamente e, recostado à janela, viu o miserável que estava tirando-lhe o sossego. Agora o reconhecia perfeitamente. Sim! Sabia quem ele era, o maldito. Sabia que ele amava Ludmila e que ela o amava também.

— Então você está de volta, Mikhail Ulianov! Não pense que pode tirar-me a mulher amada. Você, um reles empregado, que nada poderia dar a ela! O que deseja, afinal? Ela é minha!

— Não adianta, Nikolai Petrovitch. Com todo o seu ouro, ela acabou por abandoná-lo, lembra-se? É a mim que ela ama. Àquela época, eu era seu empregado e obrigado a suportar seus ataques de fúria, sua maldade, sua tirania. Agora não. Sou livre, e nada pode fazer contra mim.

— Eu o mato, miserável! — gritou Dimitri, partindo para cima do rival, disposto a acabar com ele.

Gregory defendeu-se como pôde, não desejando revidar os ataques do antigo patrão, irascível e violento.

Nesse momento, Ludmila ouviu ruídos estranhos no quarto ao lado, onde Dimitri dormia. Levantou-se e foi ver o que estava acontecendo. O marido debatia-se como se estivesse brigando com alguém. Estava gelado e coberto de suor. Ao sentir a mão dela em sua testa, despertou assustado.

— O que houve, Dimitri? Debatia-se tanto que eu acordei.

Ainda tentando tomar pé da situação, com a respiração opressa, disse, sentando-se no leito:

— Tive um pesadelo horrível!

— É só um pesadelo. O que aconteceu para ficar tão impressionado?

— Não sei. Até o momento que acordei, eu me lembrava. Agora, esqueci tudo. No entanto, parece-me que eu lutava contra um inimigo. Estranho!

Enquanto procurava acalmá-lo, Ludmila pegou uma caneca com um pouco de água, ele tomou num gole só e voltou a deitar-se. Ajeitando sobre ele as cobertas que haviam escorregado do leito, ela o tranquilizou:

267

— Está tudo bem. Não foi nada. Volte a dormir.

Dimitri fechou os olhos, ainda ofegante, e pensou: "O que será que aconteceu? Estou cansado, como se realmente tivesse lutado com alguém".

Impressionado, demorou a dormir, somente conseguindo quando já era dia.

Na mansão, Gregory também despertara assustado, com a nítida impressão de que brigara com alguém. Mas não tinha inimigos; pelo menos, não que se lembrasse. Pediu o amparo de Nossa Senhora de Kazan. Mais sereno, voltou a dormir tranquilamente.

Na manhã seguinte, Ludmila despertou com o firme propósito de ir até a mansão fazer uma visita. A reação do marido, ao ver o hóspede enfermo, era, no mínimo, estranha e incompreensível, e ela sentia que o pesadelo do marido tinha relação com esse fato.

Levantou-se bem cedo e preparou a primeira refeição. Colocou na mesa o pão fresco, o leite de cabra, a nata e a geleia que fizera no dia anterior. Dimitri levantou-se tarde. Enquanto tomava o leite quente e comia o pão com nata, que tanto gostava, ele comentou:

— Perdi a hora. Quase não dormi essa noite.

— Por causa do pesadelo? – ela quis saber.

— Talvez. O fato é que só consegui cochilar um pouco quando já estava claro.

— Esta noite você recupera o sono perdido. Como está agora?

Ele pensou um pouco e respondeu:

— Na verdade, não sei. Ainda me sinto cansado, tenho o corpo todo dolorido. Bem, vou trabalhar. Estou atrasado e tenho muito serviço hoje.

Dimitri saiu, e Ludmila passou aos afazeres domésticos, quando seu filho Yuri chegou.

— Você saiu mais cedo hoje, meu filho.

O rapaz cumprimentou a mãe, dando um beijo em seu rosto. Depois, passando geleia numa grossa fatia de pão, justificou:

— Tive de ir até a mansão falar com o intendente Alexei sobre as sementes que serão plantadas e aproveitei para passar aqui em casa.

Paixão de Primavera

A mãe, aproveitando a deixa, perguntou:

– Yuri, você já viu o hóspede da mansão?

Antes de levar à boca um pedaço de pão, respondeu:

– Não, mãe. Ele não sai do quarto. Estive lá outras vezes, mas nunca surgiu a oportunidade de vê-lo. E Dimitri, acordou bem? Eu o ouvi debater-se bastante essa noite e fiquei preocupado.

Ludmila parou de varrer o chão da *isba* e desabafou:

– Eu também estou preocupada, meu filho. Dimitri disse que teve um pesadelo horrível e não conseguiu dormir mais. Só cochilou de manhãzinha, quando praticamente era hora de levantar. Por isso, acordou tarde e saiu ainda há pouco.

– Ele bebeu muito ontem, mãe?

– O curioso é que não! Contra seus hábitos, chegou cedo, comeu e foi dormir. Não é estranho?

– Muito estranho. Quem sabe ele está refletindo mais na vida e em tudo o que tem feito de errado? Sempre é tempo! Todos nós temos o direito de mudar, antes que nos aconteça algo pior – considerou o rapaz.

Ludmila olhou para o alto, depois para o filho, enquanto dizia:

– Ai, meu filho! Assim você me assusta! Até parece que está prevendo alguma coisa!

Ele chegou perto da mãe e deu-lhe um abraço, tranquilizando-a:

– Não, mãe, eu não sei de nada. Acredito, porém, que tudo quanto plantamos, colhemos. Não é assim que acontece com a natureza? Se plantarmos coisas negativas, ruins, não iremos colher bênçãos, não acha? Bem. Eu me vou. Tenho de retornar logo à plantação. Que Nossa Senhora de Kazan a proteja!

– Obrigada. E proteja você também, meu filho. Vá com Deus!

Ludmila viu quando ele montou no cavalo, que deixara na frente da *isba*, e logo desapareceu, cavalgando apressado.

Acabou de arrumar a casa, lavou roupas no riacho que corria nos fundos do quintal, depois se banhou. Comeu alguma coisa sozinha, visto que os homens só voltariam ao anoitecer, arrumou-se e saiu de casa.

Sentia falta da mãe, com quem tantas vezes conversara. Agora que precisava de alguém para desabafar, falar de seus problemas, não tinha ninguém. Na verdade, Andrei e Anna faziam as vezes de pais para ela, mas, em determinados momentos, desejava ter sua mãe por perto, para poder chorar em seu colo, como quando era criança. Mas ela se fora, deixando um vazio em seu coração. Após a morte do marido, ela ficara muito enfraquecida, quase não se alimentava, e acabou doente dos pulmões, falecendo poucos meses depois de Boris.

Ludmila levou a mão aos olhos para enxugar uma lágrima. A verdade é que estava um pouco tensa. Talvez pela decisão que tomara: ir até a mansão conhecer o hóspede. Pensara em tudo. Irina, criada da casa, era sua amiga e há muito tempo não se encontravam. Então, com essa desculpa, encheu-se de coragem.

Poucas vezes tinha entrado na mansão do *barine*. Embora tivesse sido a casa onde seu marido vivera sempre até o casamento, e seu sogro ali continuasse morando, eles não tinham o hábito de ir até lá. Quando havia festa, encontravam-se na praça da aldeia, e não na bela mansão.

Ao chegar, tocou a sineta. Enquanto esperava, passou uma vista de olhos pelo traje que vestira. Nem ela mesma entendera por que, sem motivo algum, escolhera o seu melhor vestido. Arrumara-se com esmero, penteara cuidadosamente os cabelos e colocara carmim nos lábios. Talvez pelo fato de ir à mansão.

Um criado veio atender e, ao vê-la, abriu o grande portão.

– Boa tarde! Como vai, Ludmila?

– Muito bem, obrigada. Preciso falar com Irina, posso?

– Sem dúvida. Entre.

Ludmila acompanhou o criado, que a conduziu até a sala de estar e pediu-lhe que esperasse enquanto avisaria Irina de sua chegada.

Alguns minutos depois, Irina entrou na sala, caminhando ao seu encontro.

Paixão de Primavera

– Ludmila! Há quanto tempo não nos encontramos! Estou muito contente em vê-la.

– Eu também, Irina. Entretidas com as ocupações, acabamos não tendo tempo para rever os amigos.

– É verdade. Trabalho também não me falta, mas eu gosto. Venha comigo, vamos lá para cima. Sou responsável pelo nosso hóspede e não posso ausentar-me dos aposentos dele durante muito tempo.

Satisfeita pela inesperada informação, Ludmila considerou, enquanto acompanhava a amiga à escadaria que a levaria ao andar superior:

– É verdade! Ficamos sabendo que a mansão recebeu um hóspede! Ele ainda está muito doente?

– Não. Agora está recuperando bem, mas ainda necessita de cuidados – respondeu Irina, subindo os degraus.

Caminharam por um corredor comprido, e, diante de uma grande porta de madeira, Irina fez um gesto com a mão:

– Aqui ficam os aposentos dele. Vamos entrar.

Com o coração a bater descompassado, Ludmila deu alguns passos, falando baixinho:

– Ele não vai ficar incomodado com minha presença?

– Não tema. É um cavalheiro muito bom e gentil. O melhor que já conheci em toda a minha vida.

Ludmila ficou admirada com o conceito que a amiga tinha do desconhecido. Reparou que estavam em uma saleta bastante acolhedora. Sentaram-se, e Irina explicou:

– O quarto de dormir do *barine* é logo ali. Fiquemos aqui, conversando. Se ele me chamar, poderei ouvi-lo sem dificuldade. Diga-me, como vai Dimitri? Ontem ele esteve aqui, mas saiu de repente, sem explicações. O intendente Grotienko ficou preocupado, pois o filho foi embora sem dizer-lhe nada.

– Dimitri está bem, dentro do possível. Ontem ele quase não bebeu, o que é uma novidade e uma bênção. Mas estou curiosa para saber algo a respeito do hóspede! De onde ele veio? – indagou Ludmila, direcionando a conversa para o assunto que a interessava.

– De Moscou. Como tem problema em uma das pernas, a viagem estendeu-se bastante, e ele acabou adoecendo. Ao chegar aqui, estava muito mal, a febre não cedia. Enfim, passei esse tempo todo cuidando dele. Seus dois criados também não saíram de perto dele, preocupados.

– Ah! Então, eles estão aí no quarto dele agora?

– Não. Pela primeira vez, em meses, eles saíram para andar pela nossa aldeia.

– Ah!

Nesse momento, a porta abriu-se. Oleg e Victor entraram sem fazer barulho. Ao ver que Irina recebia uma visita, respeitosamente inclinaram-se, cumprimentando a senhora.

Ao levantarem a cabeça, porém, olharam para a recém-chegada e trocaram um olhar, espantados. Oleg, com as mãos postas, ajoelhara-se no chão, como se estivesse diante de uma divindade, enquanto murmurava:

– Ludmila! Não posso crer! Não posso crer!

Ludmila, a princípio, não reparara nos dois homens que haviam entrado. No entanto, quando eles a cumprimentaram, viu-se obrigada a erguer a fronte, fazendo um delicado gesto de cabeça. Nesse momento, reconheceu um deles:

– Oleg! O que está fazendo aqui?

Num átimo, por sua mente passou um mundo de pensamentos. Ela lançou um olhar para a porta do quarto onde estava o enfermo, olhou para eles e entendeu.

Levantou-se abruptamente e correu para o quarto. Na penumbra, aproximou-se do leito, com o coração aos saltos, chorando de emoção. Apesar do tempo e da distância, jamais se esquecera dele. Jogou-se sobre ele, abraçando-o:

– Gregory! Meu querido Gregory Fiodorovitch!

O enfermo, que cochilava, ouviu que alguém o chamava, e aquela voz ressoou na acústica de sua alma, atingindo suas fibras mais profundas. Ele conhecia aquela voz! Nem o tempo poderia apagar de suas mais caras lembranças a tonalidade inconfundível da voz de sua amada.

Paixão de Primavera

Ao abrir os olhos, Gregory a viu em lágrimas, à sua frente.

– Ludmila! Não pode ser! Finalmente eu a encontrei! Minha querida!

Choraram nos braços um do outro, matando a saudade, enquanto Oleg e Victor, emocionados, com lágrimas nos olhos, acompanhavam a cena do reencontro. Somente Irina ficou observando a cena, de boca aberta, aparvalhada, sem entender o que acontecia. De repente, perguntou:

– Alguém pode me explicar o que está acontecendo?

Ao ouvir a amiga, Ludmila caiu em si, voltando ao presente. Afinal, ela era uma mulher casada, e certamente esses arroubos poderiam não ser bem entendidos. Então, com delicadeza, explicou-lhe:

– Amiga Irina, desculpe-me a emoção. Conheço há bastante tempo Gregory Fiodorovitch, desde que morei em Moscou, como também o caro Oleg. Quanto ao outro...

Os criados, também emocionados, sorriam de felicidade ao vê-la. Victor adiantou-se e, fazendo uma reverência, apresentou-se:

– Sou Victor, cocheiro do *barine*. Realmente, não me conhece, mas eu a vi algumas vezes no jardim da mansão de madame Trussot, enquanto aguardava o senhor Gregory. Não imagina o quanto a procuramos durante todos estes anos!

– Estávamos perdendo as esperanças de encontrá-la! – exclamou Oleg.

Irina estava perplexa, sem entender nada. Diante do espanto da amiga, Ludmila, caindo em si, percebeu a importância do momento. Ninguém deveria saber do relacionamento que existira entre eles, pois, se a verdade fosse divulgada, ela temia pela reação de Dimitri. Assim, ao vê-la tão perdida, olhando de um para outro, sem entender o que se passava, disse-lhe:

– Irina, esta é uma longa história, que pretendo contar-lhe direitinho. Só preciso de um favor seu.

– Pode falar. Você sabe que faria qualquer coisa por você, Ludmila.

– Eu sei, minha amiga. Então, peço-lhe, encarecidamente, que nada conte a ninguém sobre o que aconteceu aqui. Nem ao intendente, nem aos outros criados, a ninguém. Posso contar com sua discrição?

– Sem dúvida. Por nossa Senhora de Kazan, juro-lhe que nada direi a ninguém.

– Eu sei. Confio em você. Obrigada. Depois, podemos sair daqui e conversar.

Os recém-chegados concordaram com um gesto de cabeça:

– Sim, agora ficaremos ao lado de Gregory. Pode sair tranquila, Irina.

Ludmila ainda lançou um olhar repleto de amor para Gregory e despediu-se dele, dizendo que voltaria logo.

– Não demore, minha querida. Agora que a encontrei, não posso mais ficar sem sua presença – murmurou Gregory, com a voz impregnada de infinito amor.

Enquanto as duas mulheres saíam, Gregory, agora com expressão bem diferente, animada, com os olhos brilhando, perguntou aos criados:

– Ficamos aqui esse tempo todo e vocês não tinham descoberto Ludmila?

– Senhor, sua saúde nos inspirava tantos cuidados, em virtude da febre que não cedia, que não arredamos o pé deste aposento! Somente hoje, por coincidência, como o senhor tivesse melhorado, nós saímos a caminhar pela aldeia e descobrimos o paradeiro dela. Voltamos correndo, exatamente para dar-lhe a boa notícia, quando encontramos Ludmila conversando com Irina, na sala ao lado! Ela também desconhecia sua presença aqui, até ver-nos. Ao me reconhecer, correu para o leito e... o resto o senhor já sabe! – explicou Oleg.

Gregory estava em estado de graça e pôs-se a fazer mil planos. Nesse momento, os criados trocaram um olhar, e Victor disse:

– Senhor, é preciso que saiba toda a verdade. Ludmila está casada com Dimitri, o filho do intendente Grotienko, que esteve aqui ontem, pouco antes do anoitecer.

Gregory ouviu em silêncio as notícias. Ao ouvir referência ao homem que estivera em seus aposentos na noite anterior e que lhe provocara mal-estar tão grande, sentiu-se mal. No entanto, logo procurou esquecer esse episódio funesto, pensando que o importante era ter atingido seu objetivo e encontrado Ludmila. Assim, contendo os ímpetos do coração amoroso, percebeu que teria de reajustar-se perante a realidade. Respirou fundo, pensou por alguns segundos, depois tornou:

– Agradeço-lhes pelas notícias e pelo empenho que demonstraram durante estes anos de busca. Estou muito feliz, finalmente, por ter encontrado minha amada Ludmila. Não me importa saber que ela está casada, e talvez feliz. Estou contente por vê-la e respeitarei sua vida. Vê-la, encontrá-la de vez em quando, já me basta.

Os dedicados criados trocaram um olhar, e Oleg indagou:

– E agora, senhor? O que pretende fazer de sua vida?

– Estou decidido a permanecer aqui, nesta aldeia. Comprarei uma casa e fixarei residência aqui. Quanto a vocês, meus fiéis companheiros, ficarão livres para decidir que destino dar às suas vidas. Se quiserem permanecer aqui, será um imenso prazer. Se não, podem retornar a Moscou. Dar-lhes-ei recursos suficientes para recomeçarem suas vidas com independência, sem estar sob as ordens de ninguém. Agora, deixem-me só. Preciso refletir em tudo o que aconteceu hoje.

Sozinho, na penumbra, ele voltou seu pensamento para o homem que tinha a ventura de ser o esposo de Ludmila. Teria sido por isso que sentira tão grande mal-estar diante de Dimitri? E o pesadelo que tivera àquela noite e que tanto o impressionara? Lembrava-se de ter estado com alguém que o odiava, mas não se recordava do teor da conversa. Despertara sentindo grande angústia a oprimir o peito. "Ah! Mas não devo pensar em coisas tristes. Encontrei Ludmila e é isso que importa!" – pensou ele, mais sereno.

CAPÍTULO VINTE E TRÊS

Explicações necessárias

AO DEIXAREM A MANSÃO do *barine*, Ludmila e Irina caminharam, afastando-se um pouco da aldeia, até um recanto aprazível, ali perto, onde poderiam conversar mais à vontade, sem ser interrompidas.

Sentaram-se no solo, agora recoberto por uma vegetação rasteira, e Ludmila preparou-se para as explicações devidas. Respirando fundo, pensou por alguns instantes e, diante do olhar ansioso da amiga, começou a falar:

— Irina, lembra-se de uma ocasião há muitos anos, quando festejávamos o retorno da primavera e um grupo de cossacos entrou na aldeia, espalhando o medo entre os moradores?

— Sim, lembro-me. Foi quando você partiu, raptada pelo chefe dos cossacos, deixando nossa aldeia.

Ludmila deu um longo suspiro, enquanto as imagens do passado surgiam, em sua tela mental, como se ocorridas naquele instante.

— Eu dançava à luz das fogueiras, quando o vi aproximar-se. Imediatamente, senti uma atração por aquele homem belo e forte. Quando terminou a música, ele aproximou-se e entregou-me um lindo broche de pedras preciosas. Ao vê-lo tão perto, fiquei sem ação, envolvida por sua presença e olhar. Os cossacos não partiram no dia seguinte, conforme o combinado com o intendente Grotienko, pois uma das rodas da carroça estava quebrada. Exultei ao saber disso. Encontramo-nos outras vezes, e senti que estava perdidamente apaixonada por ele. Assim, quando o bando partiu, pensei que morreria longe de sua presença, por não poder vê-lo mais. Estava assim, amargurada, quando repentinamente, num galope rápido, ele voltou e arrebatou-me, levando-me em seus braços.

– Ah! Lembro-me bem dessa cena, Ludmila, que deixou a todos temendo por sua vida. Ninguém sabia o que iria acontecer!

– Posso imaginar. Todavia, querida Irina, iniciou-se, naquele momento, uma história de amor. Passamos a viver juntos, e ele tratava-me como uma rainha. Por algum tempo, fui verdadeiramente feliz. Todavia, logo minha vida sofreria grandes transformações, e o sofrimento dominaria meus dias e noites sem-fim.

Ludmila, com voz dorida, emocionada pelas lembranças, narrou à amiga os fatos ocorridos posteriormente: a chegada de Dimitri ao acampamento, vindo no encalço dela, a morte de Yuri Vanilevitch e tudo o que aconteceu depois. Não deixou de contar nem mesmo a participação de Dimitri, que a abandonou, grávida, no meio de uma floresta, de noite.

A companheira meneou a cabeça, penalizada, murmurando:

– Agora entendo a razão de seu comportamento em relação a Dimitri, ao retornar à nossa aldeia. Senti que você tinha raiva dele e não compreendia a razão. Vocês sempre foram amigos! Também, ao chegar, Dimitri contou que você não quis retornar com ele, continuando na vida que escolhera.

– Meus pais contaram-me a versão dele, mas eu não podia provar o contrário, isto é, que ele me abandonara covardemente, ao saber que eu esperava um filho de Yuri Vanilevitch. Mas tudo isso já passou e depois, aceitando a vontade de meus pais, casei-me com ele. A verdade, no entanto, é que enfrentei muito sofrimento àquela época, sem ter alguém para amparar-me. Se não fosse a ajuda de algumas pessoas generosas que encontrei no caminho, eu e meu filho teríamos perecido.

Assim, Ludmila continuou narrando os fatos posteriores. Sua chegada a Moscou, as dificuldades que enfrentara com um bebê no colo, o aparecimento de madame Trussot, a vida que fora obrigada a levar e o encontro com Gregory Vanilevitch, que, apaixonado por ela, e sabendo do seu horror por aquele lugar de perdição, planejou retirá-la de lá. A fuga, o desencontro com Gregory, que não aparecera no local marcado, e sua ida para os cortiços de Moscou, após encontrar Andrei, que seria um pai para ela, recebendo-a como alguém da família.

– Por essa época, conheci um cavalheiro encantador, Leon Tolstói, que se tornou meu grande amigo e apresentou-me numa casa rica, onde trabalhei durante muitos anos, como babá. Depois, cansada de ficar longe de minha família e temendo pelo futuro de meu filho, caso algo me acontecesse, resolvi retornar para esta aldeia.

Ludmila parou de falar, olhou para amiga e concluiu:

– Eu nunca mais vi Gregory Vanilevitch, até esta tarde. O resto você já sabe.

– Sua história parece um romance, Mila! Por isso ficou tão alterada ao ver os criados do senhor Gregory.

– Sim, eu já conhecia Oleg, que trabalhava na casa de madame Trussot e me ajudou a fugir das garras dela. Quanto a Victor, era criado e cocheiro de Gregory e ficava esperando seu patrão na mansão de madame, por isso conhecia-me, como ele explicou.

Ludmila deu um longo suspiro, depois prosseguiu:

– Como você pode imaginar, minha ligação com Gregory é profunda. No início, pensei sentir por ele apenas amizade e gratidão, pois cultivava a lembrança de Yuri Vanilevitch no coração. Com o passar do tempo, no entanto, notei que o amava cada vez mais. Coisa estranha! Durante todos estes anos de ausência, jamais o esqueci. Não saber o que tinha acontecido com ele, a razão pela qual não comparecera ao nosso encontro, deixava-me angustiada. Que ele tivesse me abandonado, se arrependido da decisão de fugir comigo, isso jamais me passou pela cabeça, tal a confiança que eu depositava nele. Sem ter notícias de Gregory, eu ficava preocupada, imaginando se estaria vivo ou morto. Apesar disso, no fundo, algo me dizia que ainda iria encontrá-lo.

Comovida com o relato da amiga, Irina segurou a mão dela e disse:

— Querida Ludmila, jamais pensei que você pudesse ter sofrido tanto. E agora, como vai ser? O *barine* Gregory é homem bom, delicado, generoso, e merece também ser feliz.

Ludmila deixou que as lágrimas rolassem pelo seu rosto, quando considerou:

— Mais do que ninguém, sei disso, Irina. Todavia, agora estou casada e nada vai mudar essa realidade. Dimitri é péssimo marido: violento, agressivo e beberrão. Porém, sou esposa dele! Entende agora por que ninguém mais pode saber dessa história?

— Sem dúvida. Não tema, amiga. Por minha boca, ninguém jamais saberá.

— Obrigada, Irina. Confio em você.

De repente, a outra lembrou que precisava voltar.

— Mila, agora eu tenho de voltar ao meu trabalho. Apareça outras vezes para me visitar. Está bem?

— Obrigada, voltarei. Afinal, existem tantas coisas que não sei a respeito de Gregory... — respondeu Ludmila.

Depois de trocarem um último abraço, ambas tomaram rumos diferentes, Irina retornou à mansão e Ludmila para sua *isba*.

Ao chegar ao lar, buscou seu quarto e chorou muito: de alegria, por ter reencontrado Gregory, e de tristeza, por estar casada com Dimitri.

Quando seu marido e o filho retornaram da lida, já estava reajustada. Lavara o rosto para tirar os vestígios de lágrimas e estava com a ceia pronta. Sentaram-se à mesa, e ela acompanhou calada a conversa entre ambos, a falarem sobre o plantio. Yuri, vez por outra, fitava-a, achando-a diferente. Quando terminaram de

Paixão de Primavera

comer, Dimitri avisou que sairia um pouco. Ludmila continuou calada, sabendo que ele iria ao encontro dos amigos e que seria uma noite de bebedeiras. Yuri acercou-se dela:

– Mãe, o que a aflige? Noto que andou chorando, está pálida e calada. Nem quando Dimitri disse que iria sair a senhora comentou, como sempre faz. O que está havendo?

– Nada, meu filho. Estou bem. Sabe como é, tem dias em que me sinto mais melancólica, sem razão. Amanhã estarei bem de novo. Nada como uma boa noite de sono para melhorar o ânimo. Estou cansada e vou dormir. Boa noite, filho!

O rapaz não estava convencido que sua mãe dissera a verdade, mas nada podia fazer. Resolveu recolher-se também.

– Boa noite, mãe.

Durante a noite, Ludmila ainda chorou bastante. Tantas interrogações vinham à sua mente! Por que Gregory estava ali, naquela pequena aldeia, tão longe de sua casa e de seus negócios? O que teria acontecido para que não comparecesse ao encontro com ela, no dia da fuga? Então, diante de tantas incertezas, resolveu que voltaria à mansão; precisava falar com ele, dirimir suas dúvidas. No rápido encontro que tiveram, não houve tempo para conversar, pois ela julgou melhor explicar-se à amiga, de modo que ninguém ficasse sabendo que ela conhecia o hóspede da mansão, especialmente seu sogro, Alexei Grotienko.

Assim tendo decidido, despertou no dia seguinte mais serena.

Entregou-se às atividades rotineiras com mais ânimo: amassou o pão e colocou-o para assar, lavou roupas no riacho, varreu a *isba* e depois preparou a refeição. Enquanto isso, pensava num pretexto para poder voltar à mansão e, finalmente, encontrou. Irina era hábil bordadeira. Então, levaria uma peça de roupa para ela bordar. Satisfeita com a desculpa encontrada, arrumou-se bem, embrulhou a roupa que supostamente deveria ser bordada e, na parte da tarde, no horário que os homens trabalhavam, tomou o rumo da mansão.

Explicou ao criado que atendeu ao portão o desejo de falar com Irina, e ele a conduziu.

– Irina está cuidando do enfermo. Pode subir Ludmila, você já conhece o caminho.

Rapidamente, ela venceu os degraus da escadaria. Com o coração aos saltos, bateu à porta dos aposentos de Gregory. Irina veio atender. Sorriu para a recém-chegada, dizendo baixinho:

– Eu tinha certeza de que você viria hoje. Entre, o senhor Gregory está sozinho.

Ludmila sorriu, agradecendo a delicadeza. Com o coração ainda mais acelerado, entrou no quarto. Agora, as cortinas estavam descerradas, e a claridade do sol entrava no aposento. Aproximou-se do leito. Gregory, recostado nos travesseiros, estava de olhos fechados, mas abriu-os ao sentir a presença de alguém. Ao ver sua amada ali, ao seu lado, sorriu contente:

– Eu sabia que você viria, Ludmila. Não suportava mais a ansiedade por vê-la novamente. Devo-lhe explicações! Não creia, minha querida, que eu a tenha abandonado naquela noite. Foi uma fatalidade. Só Deus sabe o que sofri!

Ela notou que ele estava um pouco agitado e colocou a mão sobre os lábios dele, com delicadeza, acalmando-o:

– Nunca tive dúvidas a respeito disso, meu querido Gregory. Sei que deve ter tido uma forte razão para não comparecer ao nosso encontro, mas, se isso o alivia, conte-me! Preciso mesmo saber o que o destino preparou para separar-nos dessa forma, por tantos anos.

Ludmila puxou uma cadeira para perto do leito e acomodou-se para ouvi-lo.

Em voz baixa, mas audível, Gregory narrou-lhe o que acontecera naquela noite de tão triste memória. Falou sobre o acidente que sofrera, as consequências posteriores, a necessidade de viajar a Paris e o tormento de todos esses anos longe dela, sem saber seu paradeiro.

– Minha adorada Ludmila, por muitos anos, mantive homens a procurá-la, por todo lado, sem obter a mais ligeira notícia.

Paixão de Primavera

Mesmo na França, mantinha-me sempre informado das buscas. Tudo em vão. Somente fui ter notícias suas, de modo completamente inesperado, muitos anos depois, ao retornar à nossa santa Rússia. Ocorreu um fato interessante. Ouça-me!

Gregory parou de falar por alguns instantes, como se buscasse na memória o instante em que a verdade veio a lume.

– Fui visitar um amigo muito querido na província de Tula, onde ele possui uma propriedade rural, Iasnaia Poliana. Trata-se de Leon Tolstói, o grande escritor de nossa terra, conhecido no mundo inteiro.

Ludmila deu um grito, estupefata:

– Mas eu o conheço! É meu amigo também. Devo muito a ele!

Gregory sorriu, animado, meneando a cabeça:

– Eu sei! Fiquei sabendo disso naquele dia em que o visitei, em sua propriedade. Conversávamos satisfeitos por nos reencontrarmos, depois de longo tempo, quando, em determinado momento – só pode ter sido pela mão misericordiosa de Deus! – ele, que tanto gosta de relatar vidas em seus livros, começou a narrar-me a história de uma jovem que conhecera ao fazer o recenseamento nos cortiços de Moscou. Ela era viúva, tinha um bebê e andava pelas ruas, sem abrigo, quando conheceu Andrei, um bom homem, que apiedado da infeliz jovem, levou-a para sua casa...

– Sou eu! É a minha história! – exclamou, surpresa e emocionada.

– Sim, é a sua história, Ludmila! Somente então fiquei sabendo que meu amigo e você se conheciam. Se eu soubesse disso antes, tudo seria diferente, pois Tolstói conhecia sua trajetória, sabia onde estava! No entanto, embora ele fosse o confidente do amor que sentia por você, do nosso projeto de fuga, eu nunca havia dito seu nome a ele!

– Mas por quê? – ela indagou estupefata.

– Por delicadeza de cavalheiro. Não queria expor seu nome a comentários de ninguém. Reconheço que fui exageradamente discreto, mas fui educado assim. Sou assim!

Então, ouvindo-o, Ludmila enterneceu-se, ao saber que Gregory tudo fez para encontrá-la. Ele prosseguiu:

— Comecei pela residência da *barínia* Catarina, a procurar notícias, pois sabia que você trabalhara lá. Ali fui informado que pedira demissão do emprego, porque pretendia voltar para sua aldeia, nos Urais. Mas a senhora Catarina não sabia o nome da aldeia.

— É verdade. Nunca disse o nome de minha aldeia. É tão pequena, e nos Urais existem tantas, que, com certeza, ninguém a conheceria!

Ele puxou-a para si, abraçando-a com amor:

— Não importa, minha querida. Viajei longo tempo para encontrá-la...

— Então... é por isso que está aqui?

— E pode existir outra razão? Jamais a esqueci, e sua imagem sempre esteve em minha mente. Não vou falar dos sacrifícios da viagem, das dificuldades, dos perigos e do tempo que levamos. O que importa é que estou aqui e a encontrei.

— Mas já não somos mais os mesmos, Gregory. O tempo passou...

Ao tocar com a mão, delicadamente, o rosto dela, e olhando-a nos olhos, disse:

— Os anos passaram e você continua tão linda como sempre. O tempo foi generoso com você, minha querida. Agora, ficaremos sempre juntos.

Ao ouvir tais palavras, soltou-se dos braços dele e considerou:

— Gregory! Não podemos ficar juntos. Sou casada e tenho uma vida, uma família!

— Eu sei, querida. Você é casada com Dimitri, filho do intendente Grotienko, e eu a respeito. Quando disse que ficaremos juntos, é porque pretendo permanecer aqui, nesta aldeia. Não me aproximarei de você. Só o fato de vê-la de vez em quando, saber que está bem, me deixa satisfeito.

Paixão de Primavera

— Ninguém poderá saber que nos conhecemos. Essa notícia não pode se espalhar. Meu marido é violento e temo pelo que possa fazer se souber.

— Ninguém saberá, fique tranquila.

— Conversei ontem com Irina. Ela é de confiança, não trairá nosso segredo.

— Eu sei. É uma moça de valor e eu a aprecio muito. Quanto aos meus criados, não falarão.

Nesse momento, Gregory lembrou-se de que eles tinham andado pela aldeia, fazendo perguntas, e até souberam onde ela morava. Para não assustar Ludmila, evitou comentar o fato. Conversaria com os companheiros de viagem e arrumariam uma desculpa plausível.

Ludmila olhou para Gregory, que ficara pensativo de repente, e pôde perceber, com as cortinas abertas e a claridade do sol, o quanto estava pálido e emagrecido. Bem diferente daquele que conhecera muitos anos antes.

— Gregory, qual a razão de sua enfermidade? Pelo que se comenta na aldeia, você chegou aqui muito mal.

— É verdade. Depois do acidente que sofri, na noite em que nos preparávamos para a fuga, minha saúde jamais foi a mesma. Fiquei com um problema na perna que me causa muitas dores. A viagem que empreendemos foi bastante longa, e os solavancos da estrada só fizeram piorar minha saúde. Sem contar que, no inverno, meu estado torna-se particularmente doloroso. Assim, quando aqui cheguei, estava com muita febre. Graças aos cuidados de Irina, como pode ver, agora estou bem.

Ela entendeu perfeitamente que Gregory estava assim por sua causa, por desejar, de todas as formas, reencontrá-la.

Conversaram por mais algum tempo, até que Irina entrou no quarto, atenta às obrigações como enfermeira.

— Lamento interromper a conversa. Ludmila, pela janela eu vi que o intendente acaba de chegar e não é conveniente que a veja aqui. Vamos descer. Haverá muito tempo para explicações.

Ludmila despediu-se de Gregory e saiu bem a tempo. O intendente levara o cavalo até as cocheiras e fazia algumas recomendações ao servo enquanto elas deixavam a casa por uma porta lateral.

Ele cumprimentou a nora, surpreso:

– Que bons ventos a trouxeram a esta casa? Veio sozinha, Ludmila?

Diante dessas palavras, Ludmila sentiu-se na obrigação de justificar sua presença:

– Sim, vim sozinha. Dimitri e Yuri estão trabalhando. Trouxe uma blusa para Irina bordar, mas já estou de saída. Obrigada, Irina, pela gentileza. Até mais ver, senhor Alexei.

Despediram-se, e ela caminhou apressada, de retorno ao lar. Sentia o rosto em brasas pela mentira que fora obrigada a dizer.

～

No quarto, apesar de satisfeito com a visita de sua amada, Gregory mantinha-se preocupado. Como justificar as perguntas de seus empregados aos moradores da aldeia?

Nesse momento, ouviu uma voz suave que dizia:

– O *barine* deveria estar feliz! No entanto, vejo rugas de preocupação em sua testa!

Ele virou-se e sorriu de leve:

– Ah, minha boa amiga Irina! Estou feliz, sim! Mas tenho um problema a resolver.

– Se eu puder ajudar...

– Talvez possa! – e contou-lhe a dúvida atroz em que se debatia, temendo que as perguntas de Oleg e Victor pudessem vir a complicar a situação de Ludmila.

– Entendo, *barine*. Realmente pode despertar suspeitas o fato de duas pessoas estranhas pedirem informações sobre Ludmila, uma mulher casada.

Gregory explicou a ela que viajara por um território tão extenso, e por tanto tempo, com a única intenção de encontrar Ludmila, e que pediam informações sobre ela em toda aldeia que chegavam. Narrou-lhe o plano de fuga que tinham feito, frustrado pelo acidente que sofrera naquela noite, impedindo-o de comparecer. Essa fatalidade fez com que perdesse completamente o contato com sua amada, até descobrir que ela viajara de retorno aos Urais.

A jovem estava emocionada. Com as mãos postas, exclamou:

– Que amor mais lindo, *barine*! Ludmila contou-me a versão dela, mas agora o senhor relatou-me fatos que eu desconhecia. Não se aflija. Vou pensar em algo para contornar a situação.

Permaneceram em silêncio, por algum tempo, entregues aos próprios pensamentos. De repente, Irina disse:

– Já sei! Ludmila não chegou aqui sozinha. Veio acompanhada de Andrei e sua família. Se alguém questionar, podemos dizer que, na verdade, seus criados desejavam informações de Andrei. O que acha, *barine*?

Ele pensou um pouco e concordou:

– Acho que é possível. Oleg e Victor saíram?

– Não. Estão ajudando os criados lá embaixo, para passar o tempo.

– Muito bem. Chame-os.

Alguns minutos depois, os dois criados entraram no quarto do patrão.

– Mandou chamar-nos, senhor?

– Sim. Precisamos conversar. Vocês andaram fazendo perguntas. Se isso vier a cair no ouvido de Dimitri Alexeievitch, teremos problemas. Agora, preciso que encontrem as mesmas pessoas e, com sutileza, digam que, na verdade, procuravam por Andrei e sua família. Que se referiram a Ludmila porque ela veio com eles, e seria mais fácil alguém se lembrar de uma bela moça do que de um velho. Entenderam?

– Com certeza. Pode deixar por nossa conta. Vamos acertar a situação, e ninguém falará mais no assunto. Contudo, é preciso alertar Andrei, para que confirme que somos amigos.

– Tem razão. Pedirei a Irina que fale com Ludmila, ela explicará tudo a Andrei.

Bem a tempo. Logo no dia seguinte a essa decisão, as coisas complicaram-se.

Dimitri, a quem alguém fora contar que andavam perguntando sobre a sua esposa, procurou pelos forasteiros, até encontrá-los, entretidos a beber e a conversar com aldeões, numa pequena taberna. Dimitri chegou e, acusando temperamento nervoso e violento, foi logo agarrando Victor pelo pescoço:

– Vou acabar com você! O que deseja com minha mulher, miserável?

Ao tentar defender-se, o outro dizia:

– Calma, bom homem! Nem sei quem é sua mulher!

– Mas você e aquele outro ali – apontou para Oleg – andaram perguntando por minha esposa – e deu-lhe um safanão, jogando Victor ao chão.

– E quem é sua esposa? – indagou Victor.

– Ah! Não sabem? Pois é Ludmila, a mulher sobre quem estiveram fazendo perguntas!

Oleg justificou-se, entrando na conversa:

– Deve haver algum engano. Na verdade, procurávamos por Andrei, que é nosso amigo há muito tempo. Talvez tenhamos citado o nome de Ludmila, porque ficamos sabendo que ela é natural desta aldeia, e ele teria vindo para cá com ela e o filho Yuri. Só isso! Nem conhecemos sua esposa, pode acreditar!

Victor levantou-se, limpando o pó da roupa, e confirmou:

– É verdade! Se o ofendemos, pedimos desculpas. Realmente, nosso interesse era encontrar Andrei. Se nós tocamos no nome de sua esposa, é só porque soubemos que Andrei viajou com a família, acompanhado por essa Ludmila e seu filho, Yuri.

Mais calmo, observando a expressão dos forasteiros, que pareciam falar a verdade, Dimitri tranquilizou-se:

– Se é assim, tudo bem. Então, vamos beber alguma coisa.

Os demais companheiros começaram a conversar e tudo acabou em paz.

Mais tarde, Oleg e Victor retornaram à mansão, informando, satisfeitos:

– Tudo certo, senhor. Não teremos mais problemas.

Assim, resolvido o impasse, depois de alguns dias, ninguém mais tocou no assunto.

CAPÍTULO VINTE E QUATRO

Na aldeia

A PARTIR DESSE DIA, Gregory Fiodorovitch começou a melhorar a olhos vistos.

Abandonando o leito, passou a caminhar pelo jardim da mansão, apoiado em sua bengala. Depois de alguns dias, mais confiante e desejoso de novos ares, certa tarde saiu para conhecer a aldeia.

Ao verem aquele cavalheiro desconhecido, mas elegante, bem-vestido e distinto, os moradores do vilarejo sorriram, certos de que se tratava do hóspede da mansão, aquele por quem haviam orado durante meses, suplicando as bênçãos de Deus, para que se curasse da enfermidade que o prostrara ao leito. Gregory cumprimentava-os com sorriso amistoso, e eles começavam a aproximar-se dele, curiosos.

— O *barine* deve ser o hóspede da mansão, pois não?

— Sim, sou eu mesmo.

— Estamos felizes por vê-lo recuperado! Oramos bastante pelo *barine* e até julgamos que não fosse sobreviver, tal a gravidade de seu estado, segundo as notícias que corriam por toda a aldeia – disse um deles.

Comovido pelas atenções, Gregory agradecia.

– Obrigado! Obrigado a todos pela bondade.

Outros aldeões, que voltavam do campo, ao verem o pequeno ajuntamento na praça, aproximaram-se para saber o que estava acontecendo. Diante do cavalheiro desconhecido, juntaram-se aos demais e puseram-se a tagarelar, fazendo-lhe perguntas, que ele respondia com prazer. Os mujiques, criaturas simples e de bom coração, estavam felizes por conhecer o hóspede da mansão, aquele por quem tinham se preocupado e orado bastante.

Em pouco tempo, Gregory tornara-se amigo de todos. Um dos mujiques que acabara de chegar aproximou dele e apresentou-se, enquanto indicava, prestativo e com orgulho, a casa que ele mesmo construíra:

– Sou Anatole. *Barine*, aquela ali é a minha *isba*! Se precisar de mim, estarei à sua disposição.

– Muito prazer, Anatole. Sou grato pela gentileza.

Em seguida, imitando o exemplo, vários mujiques começaram a falar ao mesmo tempo, desejando mostrar-lhe onde moravam e convidando-o para fazer-lhes uma visita.

– Agradeço-lhes, meus bons amigos. Aos poucos, irei conhecer a casa de cada um de vocês. Agora, sinto-me um pouco cansado pelo esforço e devo voltar à mansão. Até outro dia!

Ao ouvirem as palavras e respeitando sua vontade, os aldeões começaram a afastar-se, acenando com a mão e desejando-lhe saúde. No entanto, um garoto insistiu em acompanhá-lo.

– Como é seu nome? – indagou, sorridente.

– Chamo-me Nikolai, *barine*, para servi-lo.

Gregory então, aproveitando a ocasião, perguntou ao garoto:

– Nikolai, ouvi falar de um homem que se chama Andrei. Ele não estava na praça, enquanto conversávamos, pois não?

– Não, *barine*! Andrei não deve ter voltado ainda do campo.

Paixão de Primavera

– Ah! E onde ele mora?

Nikolai, entendendo o interesse do novo amigo, respondeu:

– É fácil, *barine*! – disse o garoto, pegando-o pela mão. – Eu o levarei até lá!

Gregory lançou olhar em torno. Todos tinham voltado a suas casas e a aldeia estava deserta. Aceitando o préstimo do menino, acompanhou-o. Andaram por alguns minutos, até que o garoto parou diante de uma casa:

– Chegamos, *barine*. É aqui a *isba* de Andrei.

Gregory agradeceu-lhe. Tirando uma pequena moeda do bolso, deu-a ao garoto:

– É sua, Nikolai. Agradeço-lhe a gentileza.

– Não precisa pagar-me, *barine*. Apenas quis ajudá-lo!

– Eu sei, Nikolai. Mas não é um pagamento, é um presente. Aceite!

O garoto pensou um pouco, depois concordou:

– Se é assim, eu aceito. Obrigado, *barine*. Vou comprar doces para minha irmãzinha – e saiu correndo, muito satisfeito.

Gregory bateu palmas e logo uma mulher atendeu. Disse-lhe que desejava falar com Andrei. Curiosa diante do desconhecido, Anna abriu a porta gentilmente e convidou-o a entrar. Ofereceu-lhe uma cadeira, ao mesmo tempo em que o examinava discretamente. Logo em seguida, apareceu na sala um homem de certa idade:

– Desculpe-me a demora, *barine*. Estava no quintal cuidando de minhas plantas e precisei lavar as mãos sujas de terra.

– Não se preocupe, Andrei. Tinha imenso desejo de conhecê-lo.

– Sim? Sinto-me honrado em recebê-lo em nossa casa, *barine*. Dizia há pouco que desejava conhecer-me? Não entendo! – afirmou curioso, sentando-se também.

O visitante sorriu, comovido:

– Sou Gregory Fiodorovitch, hóspede da mansão. Tenho uma imensa dívida de gratidão para com você, Andrei. Estive em sua casa em Moscou, porém já tinham viajado. Consegui notícias de um amigo seu, Anton, que afirmou terem vindo para os Urais.

293

– Entendo. Ninguém mais conhecia nosso destino. Como está ele?

– Quando eu o vi, estava muito bem. No entanto, como viajamos por muito tempo, agora não sei. Porém, tranquilize-se, caro Andrei. Sou amigo de Ludmila e viajei até aqui apenas para encontrá-la.

Andrei permaneceu pensativo por alguns instantes, buscando na memória algo que lhe acontecera e soara como algo estranho, depois murmurou:

– Por isso Ludmila pediu-me que confirmasse a versão de que dois homens estavam na aldeia à minha procura... Não entendi a razão, uma vez que não os conheço, porém, como era um pedido dela, que é digna da maior confiança, concordei.

– Sim, os dois homens são meus criados, Victor e Oleg. Não sei se você sabe de minha antiga relação com Ludmila...

Andrei olhou para aquele cavalheiro, que para ele era um estranho e, com expressão grave e respeitosa, disse:

– *Barine*, Ludmila não é pessoa de falar de sua vida. É fechada, discreta. Na verdade, ignoro quase tudo sobre ela.

– Então, vou lhe contar, Andrei, pois sei que é digno de confiança. Ludmila e eu somos amigos há muitos anos, mas ela prefere que esse fato permaneça em segredo, para que o esposo dela não saiba. Pelo que fui informado, tem temperamento irascível e violento.

– É verdade. Ludmila sofre muito com tal marido.

Gregory abriu seu coração e contou-lhe que conhecera Ludmila em Moscou, e se afeiçoara a ela. Depois, ela desapareceu, e ele ficou imensamente preocupado, sem saber o que tinha acontecido, se estava viva ou morta.

– Tudo isso é novidade para mim. Confesso-lhe que nada sei a respeito de Ludmila, apesar de amá-la como a uma filha. Ela sempre manteve sigilo sobre sua vida. Sei apenas que Ludmila foi casada com um cossaco, que morreu antes de saber que ela esperava um filho dele. O que o senhor me contou talvez lance luz sobre outros fatos.

Paixão de Primavera

Andrei parou de falar por momentos, como se estivesse entre recordações, depois prosseguiu:

– Eu a encontrei, certo dia, vagando pelas ruas de Moscou, com um bebê no colo, e apiedei-me de sua situação, pois estava faminta, cansada e em grande desespero. Conversei com ela, que me afiançou ser sozinha, não ter família. Confesso-lhe que estranhei, pois ela trajava-se ricamente e seu aspecto era de alguém de trato. Não era uma pessoa qualquer. Então, apiedado de sua situação, levei-a para morar em nossa casa. É tudo o que sei.

Andrei fez nova pausa. Depois, pensativo, refletindo sobre o motivo da visita daquele homem que não conhecia, e temendo por Ludmila, que nunca falara sobre ele, fitou-o com gravidade e considerou:

– Mas... eu ainda não entendo o que o *barine* deseja.

Compreendendo a preocupação do dono da casa, Gregory tranquilizou-o:

– Nada tema, Andrei. Como afirmei, sou amigo de Ludmila. Pergunte-lhe, e ela confirmará o que acabo de dizer.

– Tudo bem. Vou confirmar. Mas o que o *barine* deseja, afinal?

– Desejo apenas manter-me informado sobre a vida dela. Se ela precisar de alguma coisa, qualquer coisa, avise-me. Quero ajudar Ludmila e seu filho Yuri. Pretendo permanecer aqui na aldeia e teremos ocasião de nos ver mais vezes. Por ora, é só. Obrigado, Andrei. Espero que sejamos amigos.

Após despedir-se cordialmente, Gregory saiu, caminhando de volta à mansão.

O sol sumira por detrás das montanhas, e a noite descera sobre o vilarejo, mas Andrei permanecia pensativo e preocupado. Precisava falar com Ludmila a sós. Por coincidência, naquele momento, Yuri entrou na *isba* todo sorridente.

– Boa noite, Andrei! Vim trazer um pedaço de bolo que minha mãe acabou de assar. Está muito bom!

– Seja bem-vindo, Yuri. Anna vai adorar.

Ao ouvir a voz de Yuri, que vira crescer e amava como a um filho, Anna surgiu da cozinha e, vendo o pedaço de bolo, ficou satisfeita e agradecida pela lembrança da amiga. Convidou Yuri para cear com eles, mas o rapaz alegou que precisava voltar para casa. Dimitri chegara bêbado, e ele temia pela mãe.

– Então vá, meu filho. Se precisarem de alguma coisa, é só avisar – afirmou Andrei, preocupado. – Rudi ainda não chegou, mas não deve demorar.

Quando chegou a casa, Yuri viu que a mãe chorava, certamente em virtude das agressões de Dimitri, que continuava a beber. Para evitar a presença dele, recolheram-se cedo. Não tendo com quem discutir, ele beberia e adormeceria onde estivesse.

Na manhã seguinte, Andrei acordou, mas não foi ao campo. Queria conversar com Ludmila. Com uma desculpa, dirigiu-se à casa dela. Dimitri ainda dormia, e Yuri já havia saído para o trabalho.

– Ludmila, preciso conversar com você, mas não quero que ninguém nos ouça. Eles já saíram?

– Apenas meu filho foi trabalhar. Dimitri está dormindo ainda e não creio que acorde tão cedo – disse ela, surpresa com a visita matinal de Andrei e, sobretudo, com sua seriedade.

Andrei sentou-se, aceitando o chá que ela ofereceu. Olhando-a disfarçadamente, notou as marcas de lágrimas em seu rosto.

– A noite não dever ter sido fácil para você, minha filha – murmurou ele.

Ela sorriu, melancólica:

– Estou acostumada, Andrei. Se foi esta a vida que Deus me reservou, aceitarei minha cruz até o fim.

Andrei queria abordar o assunto que o trouxera até ali, mas estudava as palavras. Afinal se resolveu, comentando com delicadeza:

– Ludmila, ontem fiquei conhecendo o hóspede da mansão.

– Ah! Gregory Fiodorovitch! – disse ela, corando.

– Então é verdade que vocês se conhecem? Por que nunca me disse nada?

Paixão de Primavera

– Sempre fui muito fechada, Andrei, sabe disso. Não consigo falar de meus problemas. Reencontrei-o por acaso, num dia em que fui à mansão ver Irina.

– Contou-me ele que se conhecem há muito tempo e que são amigos.

– Sim, é verdade, Andrei. Creio que já é tempo de você ficar sabendo de fatos importantes de minha vida.

Ludmila, em voz baixa, passou a narrar tudo o que aconteceu com ela, desde que conheceu Yuri Vanilevitch, o cossaco, até sua fuga da mansão de madame Trussot, o desencontro com Gregory, e concluiu:

– O resto, meu amigo, você já sabe. Encontrou-me numa hora de grande desespero: eu não sabia o que fazer, não tinha para onde ir, estava com fome, com frio, exausta de tanto vagar pelas ruas de Moscou.

Enquanto ela falava, Andrei revia as imagens que ficaram gravadas na memória, como se comovera profundamente com o drama daquela jovem tão bela e tão infeliz. Depois, com os olhos úmidos, segurou as mãos dela nas suas, murmurando:

– Não imaginava que tivesse sofrido tanto, Ludmila. Sim, sabia que sua vida não devia ter sido fácil, mas nunca imaginei que tivesse passado por tantos problemas.

– Pois foi nessa hora, meu amigo, que Nossa Senhora de Kazan mandou-me você, para me socorrer, amparar e proteger. Caso contrário, não sei o que seria de mim e de meu filho. Naquele dia, eu estava no limite de minhas forças.

– Graças a Deus, naquela hora, ao vê-la, deixei-me envolver pela compaixão. Vi em seus olhos que estava faminta e ofereci-lhe um pedaço de pão, que você devorou; depois, levei-a para meu cortiço. Mas... e Gregory, o que aconteceu para que não tivesse comparecido ao seu encontro?

– Que se pode fazer contra o destino, Andrei? Naquela madrugada, ele sofreu um acidente e ficou muito tempo enfermo. Somente fiquei sabendo desse fato agora, ao reencontrá-lo de novo aqui, por uma bênção do céu!

– Agora entendo melhor por que viajou até aqui. Queria reencontrá-la – foi o que ele me assegurou. Sentiu-se culpado por não ter podido ir ao seu encontro, no momento em que você mais precisava, e não se perdoou por isso, embora não tivesse culpa pelo desencontro. Ludmila, estou muito feliz por você. Mas... o que vai fazer de sua vida agora?

Ela sorriu, tristemente, fez um gesto com as mãos, e respondeu:

– Nada. Não vou fazer nada. Continuarei como sempre vivi. Tenho uma vida, um marido, uma família. Não posso abandonar tudo isso.

– Compreendo, minha amiga. É exatamente a atitude que eu esperava de você. Gregory afirmou-me que pretende permanecer aqui. Pediu-me que o avisasse, caso você tivesse algum problema ou precisasse de algo.

Ludmila sorriu, enternecida, e seus olhos umedeceram:

– Essa atitude é bem própria dele. Sempre pensando em ajudar. Obrigada, Andrei. Espero que vocês se tornem amigos. Esse homem é o ser humano mais digno que já conheci. Veja, conheceu-me na casa de madame Trussot, poderia sair beneficiado dessa situação, mas nunca me forçou a nada, pois sabia como aquela vida era inconveniente e pesada para mim. Sempre mostrou o maior respeito por mim, e eu tenho veneração por ele.

O velho abraçou Ludmila, comovido, e despediu-se, partindo para suas tarefas, agora bem mais tranquilo e sentindo ainda mais respeito e admiração por ela.

～

Aos poucos, tudo foi entrando nos eixos.

Gregory conversou com o intendente Grotienko e falou-lhe do desejo de permanecer ali na aldeia:

– Quero ter uma casa. Seria possível? – perguntou.

– Por que não? No entanto, as *isbas* existentes são todas pequenas. Não serviriam para o senhor.

Se tiver alguma desocupada, candidato-me a ocupá-la.

— Mas são *isbas* para mujiques, senhor! Por que não permanece na mansão? Será sempre um hóspede bem-vindo! O meu *barine*, conde Konstantin Kamerovitch, sempre que manda correspondência deseja saber se o seu hóspede está sendo bem tratado e se nada lhe falta.

— Sou profundamente grato a ele. No entanto, não quero abusar da hospitalidade de seu patrão. Não tem importância que seja uma casa pequena. Depois, poderei aumentá-la. Ajude-me, Alexei.

Diante disso, Alexei arrumou uma *isba* para Gregory. Após mobiliá-la de maneira razoável, ele mudou-se para lá. Algum tempo depois, resolveu escrever para o dono das terras, dispondo-se a adquirir um terreno para construir sua casa, se fosse permitido. Logo recebeu a resposta do conde Konstantin Kamerovitch, na qual se colocava à disposição de Gregory Fiodorovitch, para o que fosse necessário. Vender-lhe-ia um terreno para que construísse sua casa. No entanto, faria mais, dispondo-se a mandar para o Ural tudo quanto Gregory julgasse necessário ao empreendimento, desde os materiais para a construção propriamente dita, até móveis, artigos de decoração e utensílios.

Assim, dois anos depois, Gregory já estava instalado na nova casa. A construção era simples, mas de bom gosto; não era grande como a mansão, mas suficiente para as necessidades do novo ocupante. Oleg, após vê-lo confortavelmente instalado, um dia comunicou-lhe que desejava retornar a Moscou. Ainda não havia saído de sua cabeça a ideia de descobrir o destino da mulher que o havia traído miseravelmente. Assim, Gregory deu-lhe uma bela quantia, um bom cavalo e o necessário para a viagem. Depois, despediu-se dele numa manhã nevoenta, com um abraço apertado, pesaroso pela partida, mas sabendo que era o que ele realmente desejava:

— Meu amigo Oleg! Sou infinitamente grato por tudo o que você fez por mim. Estarei sempre à sua disposição. Se precisar de algo, não hesite em pedir-me. Está levando com você uma carta minha, que abrirá as portas para um bom emprego. Meu gerente saberá arrumar-lhe uma colocação compatível. Então, continuaremos ligados um ao outro. Boa viagem!

Depois de se despedir de Victor, ele partiu, em lágrimas, deixando os amigos inconsoláveis.

— Ao menos, restou-me você, Victor! – disse, comovido.

— É verdade, senhor. Lamento não poder acompanhar Oleg, como tínhamos combinado, já que meu coração prendeu-me a este lugar. Por nada no mundo deixaria minha querida Irina, por quem estou cada vez mais apaixonado.

— No que faz muito bem. Ela merece seu amor.

Nesse tempo, Gregory já estava adaptado aos costumes da aldeia. Fizera muitos amigos, visitava e era visitado, e participava de todas as festas do vilarejo.

A única pessoa que mantinha distância dele era Dimitri Alexeievitch. O esposo de Ludmila não suportava a presença de Gregory, que lhe parecia alguém capaz de tirar-lhe a felicidade. Um ciúme doentio de Ludmila passou a dominá-lo e, via em tudo um perigo oculto. Andava sempre tenso, irritado e descontente.

Mais uma vez, as cores sombrias do inverno cediam lugar a novos dias, mais ensolarados e alegres. Do alto dos montes, a neve derretia e cascatas surgiam, cristalinas e rumorejantes, prosseguindo em pequenos regatos. Nas aldeias, com o degelo, apareciam os primeiros pingos nas cornijas das janelas, que, ao cair, formavam poças. Depois, no solo, corriam ziguezagueando, formando enxurradas que desciam sempre, despejando-se nos riachos, engrossando o volume dos rios.

No solo úmido, a terra transformava-se com as novas ramagens, o verde recobria tudo, e as flores explodiam em cores e perfumes, como milagre da natureza,

Aproximava-se a comemoração da chegada da primavera. Os moradores agitavam-se, preparando as roupas e os quitutes para a festa, momento mais importante do ano para toda a aldeia.

CAPÍTULO VINTE E CINCO

A caçada

OS DIAS ESCUROS, nevoentos e úmidos do inverno tinham ficado para trás. A temperatura, em patamares mais aceitáveis, permitia que os aldeões trocassem as vestimentas pesadas e quentes da estação invernal por roupas mais leves e coloridas.

Com a aproximação da primavera, os moradores voltavam a realizar a feira na praça da aldeia, o que era difícil por ocasião do inverno, em virtude das tempestades de neve e do vento cortante que sibilava pelas ravinas, nas encostas dos montes.

O frio ainda era intenso. Naquela manhã, os mujiques saíram animados, alegres, de suas *isbas*. Com grande satisfação, montavam as bancas rústicas para apresentar seus produtos. O mais importante, porém, é que podiam se encontrar e conversar à vontade, falar dos negócios, saber das novidades e contar fatos engraçados. As crianças aproveitavam para correr e brincar, cansadas de ficar em casa; os jovens, para encontrar alguém do sexo oposto, desejosos de escolher uma moça para namorar e, quem sabe, casar. A verdade é que se sentiam felizes. Riam de tudo e de nada.

Sob a monotonia do inverno, com seu cortejo de dificuldades, não podiam sair, em virtude das nevascas. Eram impedidos de trabalhar e obrigados a permanecer em casa grande parte do tempo, o que gerava certa tristeza e desencanto. Às vezes, encontravam-se na casa de alguém para poder estar juntos e conversar.

Ao aproximar-se a primavera, porém, uma nova esperança surgia no coração, com o prenúncio de melhores dias.

A praça já estava bastante movimentada, quando Ludmila saiu de casa acompanhada por Yuri e pelos amigos Andrei, Anna e Rudi. Deixando os mais velhos caminharem na frente, Yuri e Rudi os seguiam a pouca distância, conversando. Ambos estavam animados.

– Será que Natasha irá à feira? – indagava Yuri, ansioso.

Rudi sorria da preocupação do amigo, afirmando:

– Com certeza, Yuri. O que mais ela poderia fazer neste dia tão bonito? Creio que você está apaixonando-se, amigo!

– Talvez. E, porventura, você tem algo contra? – retrucou Yuri.

O outro levantou os braços num gesto característico, serenando-o:

– Claro que não, Yuri. Natasha é simpática, atraente, e acho que fariam um belo par.

– Ainda bem, Rudi. Julguei que talvez você não gostasse dela. Outro dia, na casa de Oskar, estranhei sua expressão quando a viu entrar.

– Não, você está enganado. Acho que é uma boa moça. Dou-lhe todo meu apoio, Yuri.

Estavam próximos da praça e sorriram satisfeitos, diante da quantidade de pessoas que ali estavam. Ao vê-los chegar, os amigos vieram recebê-los, distraindo-os com as brincadeiras comuns aos jovens.

Ludmila, Anna e Andrei cumprimentaram os amigos, depois foram percorrer a feira, interessados nos produtos expostos. Anna ficou encantada com uma colcha de retalhos muito benfeita. Na mesma banca, havia algumas blusas bordadas por Irina, que não pôde comparecer, mas mandou seus trabalhos. Assim, despreocupados, olhavam tudo, conversavam e riam com todos. Felizes e com o coração em festa. O dia mostrava-se lindo e procuravam aproveitá-lo da melhor maneira.

Permaneciam assim: andando, trocando ideias, ora com um ora com outro, quando viram Gregory chegar. Sempre elegante e bem trajado, sorria para todos. Ao ver o grupo de Ludmila, aproximou-se para cumprimentá-los, alegre e simpático. Beijou a mão das damas, que coraram de satisfação, desacostumadas desse hábito da corte. Diante de Ludmila, olhou-a nos olhos e perguntou respeitoso:

– Como estão todos? Ainda não tive o prazer de encontrar seu marido. Ele não veio?

Um tanto constrangida, ela informou:

– Dimitri está descansando. Trabalhou muito ontem, para aproveitar o tempo bom, e está exausto. Mas certamente virá.

– Ah! Sim, certamente não deseja perder esta feira tão animada. Meus respeitos, senhoras. Agora me deem licença. Espero ver tudo o que tem aqui. Necessito ainda de muitas coisas para minha casa e não posso desperdiçar esta oportunidade.

Gregory inclinou-se, gentilmente, e continuou seu passeio, junto de Victor, companheiro inseparável.

– Veja, Victor! Que belas roupas de lã para bebê! Vou comprá-las todas. Será que Irina vai gostar?

– Sem dúvida, senhor. Ela ficará radiante, pois precisa mesmo cuidar do enxoval de nosso filho, que chegará dentro de alguns meses.

– E trará muitas alegrias à nossa casa! – afirmou Gregory, levantando os olhos ao céu e, depois, dirigindo-se à vendedora. – Quanto lhe devo, senhora?

A vendedora somou e passou o valor, que, costumeiramente, foi pago por Victor.

De repente, encontraram Ludmila, que comprava uma torta doce. Sorriram, satisfeitos, e puseram-se a conversar. Andrei trocava ideias com Gregory sobre o jardim que ele queria fazer em sua casa nova, e Ludmila conversava com Victor, a quem perguntava sobre o estado da amiga Irina, ao que ele lhe respondia, com expressão de felicidade:

— Minha esposa está muito bem, Ludmila. Alguns desconfortos em virtude da gravidez, normais, que ela enfrenta com tranquilidade.

— Irina sempre foi firme e não é de reclamar por pouco! Conheço-a desde criança. Ela caía e, apesar da dor, não chorava. Quando chegará o bebê?

— Daqui a quatro meses, segundo os cálculos de minha mulher. Mal consigo esperar o tempo passar! Estou muito feliz!

Nesse instante, um movimento inusitado aconteceu ali perto. Era Dimitri que chegava, cambaleando e derrubando tudo por onde passava. Ao ver Ludmila ao lado de Gregory, encheu-se de ódio. Diante de todos, que pararam o que faziam para ver o que acontecia, Dimitri aproximou-se da esposa, agarrou-a pelo braço, e pretendeu arrastá-la à força, gritando insultos e fazendo ameaças. Andrei deu um passo para acudir Ludmila, indignado, quando Gregory, mais rápido, adiantou-se e tomou sua defesa:

— O que está havendo, Dimitri? Não admito que trate uma mulher desta maneira. Deixe-a em paz!

Com voz empastada pela bebida, ele virou-se. Fitando Gregory, ficou ainda mais violento e passou a vomitar novos insultos:

— Ah! O *barine* Gregory Fiodorovitch atreve-se a defender esta mulher! Com que direito?

— Com o direito de todo homem honrado que não pode ver alguém mais forte agredir uma mulher indefesa e que nada estava fazendo de errado. Solte-a!

— E ainda se atreve a me dar ordens! – cheio de ódio, com voz rouquenha, ele virou-se para os demais. – Vocês querem saber por que ele a defende? Pois vou lhes contar...

Todos na praça observavam a cena, horrorizados, sem coragem para intervir. Nisso, providencialmente, Alexei Grotienko chegara. Escutou a discussão e, abrindo espaço no meio do povo, viu o que se passava. Aproximou-se do filho e arrancou Ludmila de suas mãos, ordenando com firmeza:

– Dimitri, pare com isso! Vamos embora. Você não está em condições de ficar aqui.

Quase estourando de raiva, Dimitri não pôde fazer nada. Arrastado pelo pai e por outro amigo, foi obrigado a afastar-se. Nesse exato instante, surgiram Rudi e Yuri, que, entretidos com os amigos, não sabiam o que estava ocorrendo. Ao ver a mãe em prantos e Dimitri sendo levado por Alexei, Yuri entendeu tudo:

– Mãe, a senhora está bem?

Ludmila se apoiava nos braços de Andrei, que a acalmava e tranquilizava o rapaz:

– Ela está bem, mas precisa descansar, Yuri. Vamos levá-la para casa.

Antes de sair, cheia de vergonha, Ludmila olhou para Gregory, que se mantinha ao seu lado e desculpou-se:

– Lamento, Gregory. Você não merecia isso.

– Não se aflija, Ludmila. Preocupo-me com você. Está melhor?

– Sim, estou bem.

Andrei agradeceu a atenção de Gregory. Abraçando Ludmila, retirou-a dali, levando-a para casa. Anna, mortificada, explicou a Yuri e Rudi o que tinha acontecido.

Na praça, após a saída deles, os comentários prosseguiram. Era lamentável o que tinha acontecido, justamente no dia em que teriam a festa à noite! Estavam todos aborrecidos. Seguramente, Ludmila não iria comparecer.

～

No entanto, à noite, quando estavam todos reunidos em torno das fogueiras, Ludmila chegou acompanhada da família, de

Andrei, Anna e Rudi. Até Dimitri comparecera, agora com melhor aspecto, passada a bebedeira.

Ao chegar a sua casa, levado pelo pai, Dimitri dormiu por várias horas. Ao acordar, a esposa teve uma conversa muito séria com ele, explicando-lhe que suas suspeitas não tinham razão de ser:

– Você me humilhou perante toda a aldeia. Não basta suportar as suas grosserias dentro de casa, agora me expõe perante os amigos também?

Com a cabeça mais livre dos vapores da bebida, Dimitri pediu desculpas à esposa, assegurando-lhe que o ocorrido jamais voltaria a acontecer. Ludmila fitou-o e disse, ainda magoada, porém com sinceridade:

– Quando você chegou à feira, Gregory Fiodorovitch estava conversando com Andrei, e eu com Victor, ao qual pedia notícias de Irina. Gregory apenas reagiu diante da sua atitude contra mim, uma mulher. Aliás, não apenas ele tomaria minha defesa naquela hora, qualquer homem com um mínimo de decência faria o mesmo.

Ele desculpou-se novamente, afirmando que tudo o que acontecera naquele dia era porque ele a amava muito e não suportava a ideia de vê-la perto de outro homem. Ao que ela respondeu que nunca tinha dado margem a motivos para que tivesse ciúme dela. Enfim, após muita conversa, acabaram fazendo as pazes. Mais calmo, Dimitri perguntou se Ludmila pretendia comparecer à festa, e ela afirmou que não, ao que ele sugeriu:

– Mila, acho que você deve ir sim. Eu também irei e prometo-lhe comportar-me bem. Só beberei chá.

Dimitri falava com expressão compungida, envergonhado pelo comportamento da manhã. Em seu olhar, havia um pedido de desculpas tão terno que sensibilizou Ludmila. Ele parecia o rapaz dos primeiros tempos, carinhoso e agradável. Diante disso, ela concordou:

– Está bem, Dimitri. Eu irei.

Ele a abraçou, agradecido pela nova oportunidade. Ludmila foi ao quarto arrumar-se, e ele permaneceu na pequena sala, entregue aos pensamentos: "Eles pensam que me enganam. Mas estarei sempre atento. Mudarei de tática. Não se pegam moscas com fel, mas com mel".

Assim, quando os aldeões os viram na festa, ficaram muito satisfeitos. Relanceando o olhar, Dimitri viu Gregory sentado junto de alguns amigos. Gregory também o viu e ficou tenso, ao vê-lo caminhar ao seu encontro. Antes que ele pudesse dizer algo, Dimitri pediu-lhe desculpas pela atitude da manhã, justificando-se:

– Eu estava fora de mim. Perdoe-me, Gregory Fiodorovitch. Meu comportamento foi imperdoável, com minha esposa e com você. Quero que sejamos amigos – afirmou, estendendo-lhe a mão, em sinal de paz.

Gregory sorriu e apertou sua mão.

– Amigos?

– Amigos!

– Então, vamos aproveitar a noite. Quero beber muito... chá! – afirmou Dimitri, enquanto todos riam diante das suas palavras.

Dimitri sentou-se ao lado de Gregory e começaram a conversar. Ludmila, que observava a cena preocupada, sorriu e afastou-se com Anna para perto das amigas.

Mais tarde, as jovens e mulheres começaram a dançar, para satisfação geral. Quando Ludmila foi ao centro da roda para apresentar-se, todos a aplaudiram. Discretamente, Dimitri observava a reação de Gregory, que procurou manter-se impassível, mas, ainda assim, não conseguiu evitar um brilho maior no olhar, fato que não passou despercebido a Dimitri. Ao terminar a dança, ele sorriu, olhando para o novo amigo:

– Minha mulher dança magnificamente, não acha Gregory? Sou apaixonado por ela!

– Sim, sem dúvida. Certamente o amigo é muito abençoado pela mulher que escolheu. Parabéns, Dimitri!

Ludmila aproximou-se, e eles a cumprimentaram, assim como os demais que estavam próximos. Começaram a chamar todos para dançar, e, fazendo uma grande roda em torno das fogueiras, dançaram bastante, divertindo-se a valer.

A noite passou rapidamente. Logo, cansados, resolveram recolher-se. No dia seguinte teriam de levantar cedo para trabalhar.

Em poucos minutos, juntaram tudo, limparam o local, e cada um tomou o rumo a sua *isba*.

A partir dessa noite, Dimitri e Gregory tornaram-se amigos. Encontravam-se sempre, muitas vezes em casa de amigos, após o trabalho, ou na praça da aldeia, local onde os moradores gostavam de conversar. Dessa forma, frequentemente estavam juntos.

Certo dia, Dimitri convidou Gregory para caçar. Gregory não desejava ser indelicado, mas não tinha nenhum interesse por esse tipo de atividade, e explicou ao amigo:

– Nunca participei de uma caçada. Não sei caçar, Dimitri! E, com o problema que tenho na perna, só vou atrapalhar!

Dimitri deu uma gargalhada:

– Não, não vai atrapalhar. Também não precisa caçar. Vá para observar e aproveitar. Creio que ainda não teve oportunidade de andar pela floresta, não é? É muito linda! Dentro dela nos sentimos integrados com a natureza. Você vai gostar!

Sem alternativa, pois Dimitri provavelmente não aceitava um não como resposta, Gregory concordou. Combinaram para dali a dois dias, e Dimitri afirmou-lhe que levaria o que fosse necessário. Apenas perguntou:

– Tem uma carabina, Gregory?

– Sem dúvida – respondeu.

Depois, julgando que poderia precisar de ajuda, indagou:

– Victor pode ir conosco?

Dimitri, com cara de quem não gostou muito da sugestão, respondeu reticente:

– Pode, claro. Não sei se seria conveniente, pelo estado da mulher dele. Mas se você insiste!

Paixão de Primavera

– Melhor não. Você tem razão, Dimitri. Irina pode precisar dele – concordou Gregory.

– Não se preocupe. Tenho dois amigos que irão conosco. Serguei e Anatole.

Gregory calou-se, aceitando a decisão do outro.

Combinaram o horário da saída e o local de encontro. Despediram-se e não se viram mais.

Por alguma razão, Gregory sentia-se tenso e angustiado. Incômoda sensação de mal-estar e de perigo o dominavam, como se algo fosse acontecer. Entretanto, não podia deixar de comparecer ao combinado, precisava manter a palavra. O fato de Victor não ir junto só aumentava sua insegurança.

Na véspera da caçada, Gregory deitou-se e não conseguia dormir, preocupado. Vinha à mente a impressão que tivera de Dimitri, quando o vira pela primeira vez. Sua presença causava-lhe uma sensação estranha, de ameaça, como se ele representasse um perigo.

– "Bobagem!", pensou, "Ele mudou totalmente e agora somos amigos! Estou preocupado à toa. E, na verdade, não vou caçar! Ele quer me levar como companhia e para que eu conheça a região. É isso mesmo! Está apenas querendo ser gentil. Além disso, confio em Deus. Que posso temer? Nada!"

Após essas reflexões, Gregory fez uma oração pedindo o amparo divino. Mais sereno, entregou-se ao sono.

Ao amanhecer, levantou-se, vestiu uma roupa apropriada e chamou Victor, que acordava sempre muito cedo. Levou-o até o escritório e, tirando um papel da gaveta, entregou-lhe, dizendo:

– Meu amigo Victor! Guarde bem este documento e só o abra caso eu não volte.

– Senhor! O que está acontecendo? Por que tanta preocupação?

– Apenas precaução, amigo. Não se inquiete. Este papel contém minhas determinações, caso algo aconteça comigo.

– Sim, senhor.

Despediram-se. Gregory pegou sua carabina, montou o cavalo, que o criado preparara para ele, e dirigiu-se ao local do encontro, onde já o esperavam. Os dois amigos aos quais Dimitri se referira, Anatole e Serguei, eram também seus conhecidos, e foi recebido com festas. A galope, seguiram alegremente na direção da floresta. À medida que se entranhavam na mata, Gregory aproveitava para ouvir os trinados dos pássaros, os ruídos dos pequenos animais que passavam ligeiros, um pequeno regato a rumorejar serpenteando entre as pedras. Ele estava encantado. Seus receios da noite haviam desaparecido por completo, e ele sentia-se satisfeito por estar ali, podendo apreciar a beleza da vegetação e a majestade das árvores e dos pinheiros.

Dimitri fez um sinal de parada e todos desmontaram.

– Deixemos os cavalos e prossigamos a pé, sem fazer ruído, para não assustar nossas presas.

Com as carabinas nas mãos, puseram-se a caminhar em silêncio. Para Gregory, não era fácil a caminhada: a perna doía, e os obstáculos do caminho dificultavam seus passos. Mais adiante, Dimitri ficou atento, parado, apurando os ouvidos e o faro. Depois, falou em voz baixa:

– Silêncio! Por aqui tem um animal grande. Talvez um urso.

Anatole e Serguei, mais experientes, também tinham percebido e concordaram, passando a andar ainda com mais cuidado, evitando o menor ruído. Dimitri levantou o braço livre e fez um sinal, para que Serguei fosse por um lado, e Anatole por outro, de modo a cercarem a presa. Quanto a Gregory, fez apenas um sinal indicando que permanecesse onde estava.

Cada um deles seguiu por um lado e Gregory ficou sozinho no meio da floresta. Apoiado numa árvore, para diminuir a dor da perna, e segurando a arma, ele vigiava atentamente tudo ao seu redor, preocupado. De repente, percebeu que Dimitri voltava, com a carabina apontada para o seu lado. Sem entender, Gregory tremeu de medo, sem desconfiar do que o amigo queria fazer. Súbito, ficou ainda mais apavorado, ao ver que um grande urso estava atrás de

Paixão de Primavera

Dimitri, e levantou os braços, tentando avisá-lo, justamente no momento em que o amigo ia atirar em sua direção! Dimitri, que caminhava com olhar duro e decidido para Gregory, viu a expressão de pavor do outro e sorriu levemente, satisfeito ao vê-lo naquele estado. Logo em seguida, porém, Dimitri sentiu a presença ameaçadora do grande animal às suas costas. Agora, continuava a fitar Gregory, mas seu olhar mudara, mostrando medo e preocupação. Procurava mentalmente calcular a que distância o animal estaria, pois precisava agir rápido. Então, virou-se para atingir o urso, ao mesmo tempo que se afastava um pouco. Entretanto, ele não percebeu que estava à beira de um precipício e, ao enroscar o pé numa raiz, despencou ribanceira abaixo.

Os gritos de Dimitri e de Gregory soaram ao mesmo tempo, alertando os companheiros, que acorreram ao local, a tempo de ver o urso desaparecer no meio da mata e Gregory em choque, encostado na árvore. Como não vissem Dimitri, perguntaram a Gregory que, incapaz de falar, fez um sinal, indicando a ribanceira. Imediatamente, correram e viram Dimitri, que parecia desacordado, uma centena de pés abaixo. Apressaram-se a socorrê-lo. Anatole, com muito cuidado, desceu pela encosta, enquanto Serguei jogava uma corda para poderem içá-lo. Com bastante dificuldade, conseguiram resgatar Dimitri. Experientes, rapidamente juntaram uns galhos e, amarrando-os com fibras encontradas na vegetação, improvisaram um leito, espécie de padiola, amarrando-a no cavalo com as cordas que trouxeram, na qual acomodaram o ferido.

Retornaram à aldeia com todo o cuidado, levando-o para sua *isba*. Ao vê-lo chegar, Ludmila rompeu em prantos. Dimitri tinha um grande corte na cabeça e estava todo coberto de sangue. Colocaram o ferido no leito, pensando o que fazer. Pelas imediações não havia nenhum médico, apenas sendo possível encontrar um nas grandes cidades. Contavam apenas com um herbanário, pessoa que vende ervas medicinais, numa das aldeias vizinhas.

Anatole, imediatamente, saiu num galope em busca de ajuda. Duas horas depois, chegou de volta. O homem entrou,

311

aproximando-se do ferido, que continuava desacordado. Notou que ele respirava normalmente. Apalpou seu corpo, ao saber como caíra. Limpou o sangue da cabeça e fez um curativo, aplicando algumas ervas que facilitariam a cicatrização. Depois, observando que todos o olhavam, confiantes, esperando que lhes desse uma esperança, disse:

– Não sou médico. Só entendo de ervas e de plantas. Contudo, vejo que o estado dele é grave. Temos que esperar que sua natureza forte e rija possa reagir. Se ele tiver febre, coloquem compressas frias na testa. Infelizmente, nada mais posso fazer.

O homem foi embora, e todos ficaram em silêncio, pasmos diante da tragédia que se abatia sobre aquela família.

CAPÍTULO VINTE E SEIS

Consequências

O TEMPO PASSOU inalterável. Na aldeia, tudo continuava do mesmo jeito, cada qual com suas atividades, preocupados com o plantio, a colheita, as condições do tempo. Na casa de Ludmila, porém, os acontecimentos impuseram grandes mudanças.

A partir do acidente, Dimitri permaneceu no leito, aparentemente sem dar sinais de vida. Embora estivesse fora de perigo, julgava-se que apenas pelos olhos tinha contato com o mundo, pois não falava nem apresentava reações. Por esse fato, não sabiam se ouvia, se entendia o que era dito, se estava consciente ou não. Irina – que aprendera noções de enfermagem, por observar desde criança sua avó tratar de doentes – ensinou Ludmila os cuidados que deveria ter com o enfermo, o que passou a fazer com dedicação e carinho.

Gregory Fiodorovitch, agora muito mais presente naquela casa, em virtude de ser considerado um amigo e de ter participado do infeliz acidente – fato que mais os uniu –, discretamente supria as necessidades da casa, por meio de Yuri. Com a tragédia, os recursos escassearam, uma vez que o responsável pela família não estava em condições de trabalhar, e Ludmila também não, pois além dos deveres domésticos na *isba*, agora também cuidava do marido. Somente Yuri contribuía para as despesas com seu magro salário.

Invariavelmente, Gregory fazia-lhes uma visita. Animava Ludmila, sempre muito cansada, pois era ela que banhava o doente, trocava suas roupas, alimentava-o. Depois, cuidava dos afazeres domésticos: cozinhava, lavava e consertava as roupas. Durante o tempo que lhe sobrava, permanecia ao lado dele, para que Dimitri sentisse o carinho da família. Quando Gregory vinha visitá-lo, ficavam conversando junto ao doente, e o amigo sempre tinha uma palavra de esperança e de consolo para oferecer-lhe.

Quando Ludmila estava ocupada com a casa, a lavagem de roupas ou preparando a refeição, Gregory sentava-se ao lado do enfermo e conversava com ele. Contava-lhe suas experiências e histórias engraçadas, lia um livro em voz alta, pois recebia sempre, de Moscou e de São Petersburgo, os jornais e as últimas novidades publicadas. Nos dias de folga, Yuri vinha juntar-se a ele, e passavam momentos bastante agradáveis em conjunto. Em outras vezes, Gregory fazia uma oração, suplicando a Deus que ajudasse o doente, para que ele pudesse ainda ser feliz com sua família. Apesar de jamais terem percebido qualquer reação no enfermo, por pequena que fosse, Ludmila notou que, após esses serões, ele dormia mais sereno.

Em momento algum, Gregory tocara no problema que tanto o incomodava, nem para a família nem para outras pessoas, nem mesmo para Victor, seu fiel companheiro de tantos anos. No entanto, a lembrança do fatídico dia da caçada ficara marcado, com tintas indeléveis, em sua memória. Ele tentava esquecer o que acontecera naquela manhã, tirar da lembrança as trágicas imagens, porém elas voltavam sempre, insistentes. Especialmente o momento em que vira Dimitri caminhar para ele, de carabina em punho, com expressão fixa e determinado a matá-lo. Essa sua

Paixão de Primavera

intenção o impressionara bastante. Gregory jamais esqueceria aquele olhar.

Sim, Gregory sentira a intenção dele e reconhecia que suas preocupações eram verdadeiras. Lembrava o mal-estar que sentira durante a noite que precedera a caçada. A sensação de perigo, o medo de que algo pudesse lhe acontecer era forte demais para ser desprezado.

Profunda gratidão a Deus passou a dominar seus dias. Gregory tinha a íntima convicção de que fora salvo por Deus, a quem orara com fervor naquela noite, véspera da caçada, suplicando ajuda.

Na verdade, nunca fora muito ligado à religião. Pertencia à Igreja Ortodoxa Russa por tradição. Como o amigo Tolstói – de grata memória, que falecera há algum tempo, segundo notícias que lera nos jornais –, não acreditava naquilo que os padres pregavam aos seus fiéis. No entanto, também jamais se dispusera a estudar o assunto, como seu velho amigo o fizera, e relegou a questão para mais tarde, talvez por não considerar o tema religião relevante para o momento. Àquela época, quando Tolstói pesquisara o assunto religioso e lhe contara, com bastante ênfase, os absurdos que encontrara nos ensinos da Igreja Ortodoxa em relação ao Evangelho do Cristo, que o fizeram estudar os textos bíblicos profundamente, Gregory, era tão jovem! Contava apenas com vinte e poucos anos e era muito apegado à vida, aos próprios negócios, que o mantinham permanentemente ocupado.

Desde que entrara em contato com o Conde Kamerovitch, a quem pedira permissão para construir sua casa na aldeia – uma vez que estava em seus domínios –, ele o ajudara bastante, inclusive remetendo-lhe materiais de construção, móveis, utensílios domésticos e objetos de decoração. O relacionamento entre eles se intensificara. Passaram a manter uma correspondência regular, talvez porque o conde se apiedasse dele, um homem de sociedade, acostumado aos ambientes mais sofisticados da Europa, perdido numa aldeia no meio dos montes Urais. Talvez até por esse motivo, o conde enviava-lhe notícias, jornais e publicações para seu entretenimento.

315

Algum tempo depois do trágico dia da caçada, acontecimento que mudara sua vida, chegaram algumas publicações que o conde Kamerovitch gentilmente lhe remetera de São Petersburgo. Junto ao pacote, anexara uma missiva, na qual, entre outros assuntos, enfatizava a importância das novas ideias em circulação na França e em outros países da Europa. Pedia que lesse tudo com atenção redobrada, pois não iria arrepender-se. Valeria a pena.

Curioso e interessado, Gregory começou a ler. Entre as publicações, um livro que trazia um título bem sugestivo: *"Le Livre des Esprits"*. Abriu a obra e, na primeira página, além do nome do livro, logo abaixo, havia uma explicação: *"Contenant les Principes de La doctrine Spirite"*. Em seguida: *"Sur la nature des esprits, leur manifestation et leurs rapports, avec les hommes; les lois morales, la vie présente, la vie future, et l'a venir de l'humanité; Écrit sous la dectés et publié par l´orders d´Esprits Supérieurs par Allan Kardec".*[21]

Gregory interessou-se vivamente pela publicação. Estava surpreso. Somente a página inicial já aguçava o interesse pelos assuntos enfocados. "Deve ser bem recente", pensou. Procurou a data e quedou-se, mais surpreso ainda: Paris, abril de 1857.

Perplexo, Gregory procurou lembrar-se de notícias antigas que pudessem esclarecê-lo.

"Como esse livro não chegou ao meu conhecimento?", questionou-se.

Depois de muito pensar, acabou por recordar-se que, em Paris, certa ocasião, lera algo a esse respeito. Inclusive sobre as tais mesas girantes, assunto que eletrizava a sociedade parisiense. Mas, à época, não demonstrou maior interesse, por julgar tratar-se de uma brincadeira, um modismo tão comum na sociedade da época, sempre ávida por novidades e prazeres. Recordou que exatamente nessa

---

21. *"O Livro dos Espíritos*. Contendo Os Princípios da Doutrina Espírita. Acerca da natureza, manifestação e relações dos espíritos com os homens; das leis morais; da vida presente, vida futura e porvir da humanidade. Escrito e publicado, conforme o ditado e a ordem de Espíritos Superiores, por Allan Kardec."

ocasião, tendo resolvido as questões que o preocupavam quanto aos negócios e preparava-se para retornar à Rússia, estranhas sensações passaram a dominá-lo. Sentia-se ora febril, ora gelado. Calor e frio alternavam–se de forma incompreensível para ele. Terrível angústia e um grande mal-estar, cuja razão não entendia, faziam-no desejar a morte, como derradeiro recurso para deixar de sofrer. Não encontrava satisfação em coisa alguma. Estivera muito doente e nada realmente o interessava, permanecendo dentro de sua residência, invariavelmente sem sair dos aposentos e, de preferência, no leito, completamente prostrado. Não tinha fome nem sede e foi piorando cada vez mais. Abandonou tudo. Não fosse o pai ter assumido os negócios, passando a gerir seus bens, tal estado o teria levado fatalmente a uma derrocada financeira. Permanecera assim, apático e angustiado, por anos consecutivos.

Após tais reminiscências, curioso, Gregory começou a leitura e deslumbrou-se. A cada nova página, as ideias pareciam-lhe claras, lógicas e absolutamente verdadeiras. Chegou a emocionar-se várias vezes com a leitura, conforme os assuntos enfocados.

De súbito, veio à lembrança o modo como fora curado. Absolutamente incrível!

Nunca tinha se recuperado da perda da mulher amada e sofria muito com a falta de notícias dela, sentindo o coração apertado por dor intensa. Mas, na verdade, a situação era muito mais grave. Ele notou que, ao tomar a decisão de retornar à Rússia, seu estado piorava, e passava noites em claro, dominado por medo estranho e incompreensível, como se seus aposentos estivessem cheios de seres horríveis que quisessem destruí-lo. Essa sensação enlouquecedora acabou por dominá-lo também durante o dia, afastando-o dos amigos, da sociedade, de tudo. Temia deixar a residência, passear, ver pessoas, divertir-se. Mantendo-se recluso, tinha a sensação de ter envelhecido sem viver.

Gregory lembrava-se de tudo o que acontecera. A situação, à época, era desesperadora. Tinha consciência de que não existia nenhum prognóstico favorável, uma vez que consultara as maiores sumidades médicas da França sem qualquer resultado. Certo dia, Rose Marie, uma velha criada da casa, levou-lhe a refeição e o viu sentado numa poltrona, a olhar o jardim pela janela. Aproximou-se, colocou a bandeja numa pequena mesa, ao seu lado, de modo que não precisasse levantar-se. Depois, talvez preocupada com seu estado, disse-lhe algo que ele não entendeu. Ele levantou a cabeça, meio agastado, pois tinha dificuldade em falar com as pessoas, e perguntou-lhe o que desejava. Ela, limpando nervosamente as mãos no avental, disse-lhe, um tanto temerosa:

– O senhor precisa lutar.

Em seguida, pediu licença, parecendo arrependida do que dissera e deixou o aposento, apressada, quase a correr.

Ali, ele ficou, refletindo sobre a frase: "O senhor precisa lutar! O senhor precisa lutar!" e, prosseguindo em suas indagações, perguntava-se: "Por Nossa Senhora de Kazan, lutar contra o quê?" Não conseguia esquecer aquelas palavras. Comeu alguma coisa e continuou pensando no que tinha ouvido: "O senhor precisa lutar!" Tentou dormir e não conseguiu. Decidido a colocar ponto final naquela situação, ordenou ao criado de quarto que lhe mandasse Rose. Quando ela entrou, de cabeça baixa, temendo uma reprimenda, perguntou-lhe a razão de suas palavras. Ela informou-lhe que ele precisava lutar contra essa situação, contra a doença. Ele explicou-lhe que estava tomando remédios prescritos pelos médicos, ao que ela lhe respondeu que apenas os medicamentos não seriam suficientes para curá-lo. Então, ele tornara a perguntar:

– Você conhece algum outro método?

Ela, respirando fundo, disse-lhe simplesmente:

– Sim, a oração.

– Você poderia orar por mim? – indagou.

Diante da concordância dela, ele colocou-se à sua disposição. Rose Marie fez uma oração singela e curta, pedindo o amparo de Deus a ele. Em seguida, calou-se e foi embora. Após aquele dia, de maneira absolutamente inacreditável, ele começou a melhorar. Passou a noite sem problemas e sem medos. Em alguns dias, era como se ela tivesse tirado com a mão todo o sofrimento: a angústia e o mal-estar que foram seus companheiros inseparáveis por tantos anos. Não teve dúvidas, então, em creditar sua cura à fé demonstrada por Rose. Ela salvara sua vida.

Diante dessas recordações e fazendo uma ponte entre sua cura miraculosa e tudo o que lera até aquele momento, Gregory começou a pensar que, talvez, sua cura se devesse a conhecimentos de Rose Marie! Quem sabe os mesmos sobre os quais lia agora, na obra de *monsieur* Allan Kardec, que ampliavam sua visão? Sim! Só isso justificaria sua surpreendente mudança, após uma simples e curta oração! Agora, ele podia entender melhor a manipulação dos fluidos e a ação do magnetismo como fontes de cura.

Imensa gratidão por *monsieur* Allan Kardec e por Rose Marie, especificamente, dominou-o, enchendo seu coração de afeto.

Ao revirar todo o material que chegara, encontrou também outra obra, do mesmo autor, publicada em Paris, em abril de 1864: *"L'Evangile selon Le Spiritisme"* (O Evangelho Segundo o Espiritismo), com a explicação das máximas morais do Cristo, em concordância com o Espiritismo e suas aplicações às diversas circunstâncias da vida." Um pouco mais abaixo leu: "Fé inabalável só o é a que pode encarar a razão frente a frente, em todas as épocas da Humanidade".

Ao ler essa frase, sua mente expandiu-se. Ela era tão clara, perfeita e verdadeira, que ficou perplexo. Sim, nada mais real. Jamais se interessara por religião, por perceber tantos absurdos apregoados como verdades indiscutíveis e por reconhecer-se incapaz de aceitá-los.

Abriu o livro ao acaso e encantou-se com os textos, as ideias bem colocadas, compreensíveis e instigantes, que lhe abriram um novo leque de percepção. Agora, os ensinamentos do Cristo apareciam sob ótica nova, verossímeis e mostrando o amor, a bondade, a misericórdia e a justiça de Deus.

Gregory estava entusiasmado com os novos conceitos. Quando foi à casa de Ludmila, levou a obra e referiu-se a ela com entusiasmo, e os amigos também quiseram conhecê-la. Naquele dia, estavam no quarto do doente, além de Yuri e Ludmila, também Rudi, Andrei e Anna. Gregory abriu o livro ao acaso e caiu no Capítulo 6, cujo título era "O Cristo Consolador", e leu o texto "O jugo leve", que se iniciava pela transcrição evangélica. Ao ler a mensagem, ele já a traduzia o francês para o idioma russo, de modo que todos pudessem entendê-lo.

– Vinde a mim, vós todos os que andais em sofrimento e vos achais carregados, e eu vos aliviarei. Tomai sobre vós o meu jugo, e aprendei de mim, que sou manso e humilde de coração, e achareis repouso para as vossas almas. Porque o meu jugo é suave e o meu fardo é leve. (Mateus, 11: 28 a 30).

Em seguida, leu os comentários de Allan Kardec.

Naquelas pessoas simples que, até aquele instante, jamais haviam tido a oportunidade de conhecer o Evangelho do Cristo, as palavras de Jesus calaram fundo no coração necessitado de entendimento; seus olhos brilharam de emoção e de uma nova esperança, acalmando seus íntimos receios. Era como se nova luz vertesse do alto, iluminando aquele pequeno quarto, derramando bênçãos e produzindo inefável paz.

Interessados, crivaram-no de perguntas, que ele foi respondendo à medida que iam sendo feitas. Referiu-se também a *O Livro dos Espíritos* e soube tão bem sintetizar o conteúdo da obra, que seus ouvintes ficaram interessados.

Ao conversarem entre si, não prestaram atenção no doente. De súbito, Gregory olhou para ele e parou, emocionado. Duas lágrimas rolavam dos olhos de Dimitri!

– Graças, meu Deus! Dimitri está consciente!

Os demais, ao ouvi-lo, pararam de falar e se viraram para o leito, e também eles choraram de alegria, ao ver aquilo que acreditaram ser um milagre de Jesus. Durante aqueles dois anos, Dimitri apenas não pudera manifestar-se, mas permanecera consciente o tempo todo.

Uma nova fase iniciou-se na vida da família e do doente. Mais entusiasmados, eles continuaram conversando com o entrevado, mas era diferente. Agora, "sabiam" que ele entendia tudo o que era dito.

Gregory percebeu algo mais. Com as leituras do Evangelho, passou a notar nos olhos de Dimitri, uma expressão diferente, como se ele estivesse incomodado com sua presença, talvez de vergonha, pelo ato que quase praticara, pois evitava fitá-lo.

Então, Gregory pensou bastante em como conversar com ele. Depois, um dia, aproveitando um momento em que estava sozinho com o entrevado, fez uma prece. Depois, começou a falar:

— Meu amigo Dimitri, por tudo o que temos aprendido com o *Evangelho de Jesus* e os conhecimentos trazidos pela Doutrina Espírita, entendo que você pode ter algo contra mim. Senti isso desde a primeira vez que nos encontramos na mansão do conde. Hoje, sabemos que somos todos espíritos e voltamos à carne para progredir e reparar os danos causados ao próximo em outras existências. Talvez eu o tenha prejudicado muito e, se sou culpado, peço-lhe humildemente o seu perdão.

O doente tinha os olhos rasos de lágrimas, que não chegavam a cair, e trazia a expressão atormentada, como querendo dizer-lhe algo. Gregory entendeu e prosseguiu:

— Caro amigo, não se inquiete! Sei perfeitamente que você, em determinado momento, quis tirar-me a vida. Não se sinta culpado por isso.

Ao ouvir estas palavras, ditas com serenidade por Gregory, ele a princípio mostrou-se aflito, conforme Gregory continuava, depois pareceu relaxar um pouco, respirando mais aliviado. A expressão dos olhos de Dimitri modificou-se, e era como se ele estivesse pedindo perdão a seu companheiro. Gregory entendeu.

— Não precisa pedir-me perdão, Dimitri. Se você chegou a pensar em algo contra mim é porque, certamente, não sou uma vítima inocente, mas seu algoz em outra existência. Assim, entendo perfeitamente seus sentimentos. Em relação à sua esposa

Ludmila, quero que saiba que jamais existiu algo entre nós. Somos apenas amigos e estarei sempre, se você permitir, ajudando-a a atravessar essa fase difícil.

Aliviado, Dimitri respirou profundamente. Seus olhos pareciam sorrir, quando Gregory, finalizando a conversa, disse:

– Tenho em você um grande amigo, Dimitri, e o estimo sinceramente.

Após essas palavras, ele aproximou-se do doente e deu-lhe um abraço afetuoso.

Quando Ludmila entrou no quarto trazendo o almoço do esposo, encontrou um ambiente de paz e harmonia. Pela primeira vez, viu uma expressão alegre nos olhos dele e ficou feliz e agradecida a Gregory, pois entendeu que algo acontecera naquela manhã.

Como se só esperasse aquele entendimento, Dimitri teve seu estado de saúde agravado, nos dias posteriores. Com a chegada do inverno, e sem poder deixar o leito, as complicações pulmonares, sempre temíveis, surgiram, e o enfermo começou a piorar a cada dia. Era a pneumonia que ceifava tantas vidas. No caso dele, impossibilitado de tossir, as secreções comprometiam cada vez mais os órgãos, dificultando a respiração.

Por dias e dias permaneceram ao lado dele, sem deixá-lo um só instante. Quando perdia a respiração, abriam a janela, e duas pessoas levantavam-no para que pudesse respirar melhor.

Ao cabo de uma semana, numa madrugada fria e nevoenta, quando o vento uivava lá fora, agitando os pinheiros, os plátanos e os salgueiros, Dimitri abriu os olhos, fitou a esposa, como que pedindo perdão por tudo o que lhe fizera. Depois, numa nova crise, deixou o corpo físico, partindo para outra realidade, diante das lágrimas da família e dos amigos que ali estavam.

Do mundo espiritual, acompanhamos todo o processo de desligamento, ajudando-o nesta hora difícil. Apesar de nosso irmão Dimitri ter contas a ajustar com as leis eternas do Criador, o tempo que ele permanecera preso ao leito ajudou-o bastante.

Paixão de Primavera

Por dádiva divina, recebera a bênção do acidente que o vitimara, oportunidade para não se complicar ainda mais com novo crime. E, preso ao leito, tivera oportunidade de refletir acerca de tudo o que fizera de errado, analisando suas ações e pedindo perdão a Deus pelos seus erros. Espiritualmente, sentia-se mais liberto, uma vez que a noção da continuidade da vida além-túmulo era uma realidade para ele.

Durante aqueles anos de imobilidade forçada, Dimitri ligara-se mais a Deus. Apesar de ninguém saber, orava sempre. Como não podia falar, pensava e buscava o socorro de Nossa Senhora de Kazan, pedindo-lhe ajuda para atenuar seu sofrimento. Ao rever seus atos, lamentava profundamente o mal que fizera àqueles que só o ajudaram na última existência, como Yuri Vanilevitch e seus guerreiros cossacos. Ele o via sempre ao seu lado, sua vítima não o acusava, ao contrário, procurava ajudá-lo, certo de que o perdão das ofensas e a reconciliação com os adversários são imprescindíveis para se alcançar a felicidade.

Dominado por um sono invencível, mergulhou no esquecimento. Ao acordar, já estava no mundo espiritual, para recomeçar uma nova vida, plena de aprendizado e alegrias.

À sua volta, os familiares e amigos choravam, endereçando-lhe votos de um bom retorno à verdadeira vida. Somente seu pai, Alexei Grotienko, que não se interessara pelas novas ideias espíritas, estava desesperado. Perdera o único membro da família que ainda lhe restava. Agora, ficaria sozinho, afirmava ele, entre lágrimas.

Yuri, aproximando-se dele, consolou-o:

– Não, você não ficará sozinho. Não estamos nós aqui, não somos parte de sua família? Na próxima primavera, vou casar-me com Natasha e você terá nos braços nossos filhos, que certamente virão.

– Isso é muito bom, Yuri. Mas meu filho morreu e estou inconsolável...

Ao abraçá-lo, Yuri falou com firmeza e convicção:

– Não deve pensar assim. Dimitri continua vivo! A morte não existe! Ele virá, um dia, para falar conosco e nos contar sobre sua nova vida, acredite!

– É verdade, Yuri? Você realmente acredita nisso?

– Sim, sem dúvida alguma. Ninguém morre, só mudamos de lugar.

Alexei abraçou o rapaz com amor, enquanto lágrimas, como a chuva benéfica, lavavam seu rosto sofrido. Sim, se a morte era uma ilusão e a vida continuava, era preciso prosseguir vivendo.

CAPÍTULO VINTE E SETE

Tudo se resolve

Após a morte de Dimitri, aos poucos, tudo voltou à normalidade.

Ludmila, nos primeiros tempos, sentia-se meio estranha. Sua vida parecia vazia, sem sentido e sem objetivo. Yuri, observando a mãe e notando seu estado de apatia constante, certa manhã aproximou-se e considerou, preocupado:

— Minha mãe, vejo-a sempre triste e calada, quando deveria estar feliz. Cumpriu sua tarefa junto a Dimitri, fez tudo o que precisava e assistiu-o até o último instante. O que lhe falta, afinal?

Ela quedou-se, pensativa, olhando a nesga do céu que entrevia pela janela, respirou fundo e respondeu:

— Também não sei o que se passa comigo, meu filho. Realmente, é como se faltasse algo em minha vida. Não sei explicar!

Com a acuidade de que era dotado, o rapaz ponderou:

— Minha mãe, durante anos a senhora deu o máximo de suas condições, pois a situação assim o exigia.

Trabalhou muito e sem descanso. Era a última a deitar-se e a primeira a levantar-se com a aurora. Agora, apenas com as responsabilidades da casa, que não são poucas, sente certo vazio, deixado pela ausência de Dimitri, que centralizava nossas atenções e cuidados.

Ao levar a ponta do avental aos olhos, para enxugar uma lágrima que surgira, ela murmurou:

– Tem razão, meu filho, mas...

O rapaz interrompeu-a, prosseguindo em suas considerações:

– Mãe, o tempo que Dimitri esteve naquele leito foi importante para ele e para nós. Todos nós notamos as mudanças que se operaram nele, durante aquele período. E nós também mudamos, pois, para aqueles que conviviam com ele, era difícil tolerar seu comportamento no dia a dia, sempre irascível e violento sob o efeito da bebida. Confesso-lhe que procurei ajudá-lo de todas as maneiras, porém houve momentos em que estive para desistir, tal a resistência dele para melhorar-se. Todavia, durante o tempo em que esteve preso ao leito, aprendemos a amá-lo. Hoje, quando já não está entre nós, sentimos falta dele.

Ludmila fitou o filho surpresa, enxugando uma lágrima, ao vê-lo revelar pela primeira vez seus sentimentos em relação ao padrasto. Percebia, no entanto, que ele falara igualando-se às demais pessoas, quando, na verdade, sempre tivera infinita paciência com Dimitri, demonstrando a cada instante seu carinho. Mais uma vez, reconheceu a grandeza de alma do filho. Fez um agrado em seus cabelos, com ternura:

– Sempre admirei sua perseverança, Yuri. Você foi incansável, meu filho.

– Não, mãe. Apenas cumpri um dever. Sentia que precisava ajudá-lo, como se fosse uma missão, entende? Contudo, apesar da falta que sentimos dele, a vida prossegue. A senhora tem o direito de ser feliz. Gostaria que saísse mais, que passeasse pelas redondezas, que visitasse suas amigas. Gregory vive a convidá-la para sair e a senhora sempre recusa. Por quê?

– Ah, meu filho! Você não sabe como tudo é complicado. A morte de Dimitri ainda está muito recente e viva em meu coração, em minha mente. Quem sabe, daqui a algum tempo, eu possa pensar de outra maneira?

O rapaz sorriu.

– Quem sabe? Faltam poucos meses para meu casamento com Natasha. Quero vê-la bem bonita. Por que não pede para Irina fazer-lhe um novo traje? Não será difícil comprar o tecido em Perm[22]. Gregory trouxe de lá, para sua casa nova, uma grande variedade de coisas!

Nesse momento, uma voz masculina soou na porta:

– Será que ouvi meu nome?

Mãe e filho voltaram-se e sorriram.

– Gregory! – exclamou Yuri, animado. – Estava justamente falando em você!

O recém-chegado cumprimentou Ludmila galantemente e depois o rapaz, com carinho, enquanto uma expressão de divertida curiosidade bailava em seus olhos. Yuri apressou-se a explicar:

– Tentava convencer minha mãe a mandar confeccionar um traje novo para meu casamento com Natasha e lembrava-me de que você adquirira muitas coisas em Perm, para sua nova residência.

– Sim, tem razão. Conheço um negociante que traz o que for preciso. Basta pedir, explicando detalhadamente o que se deseja, para evitar erros. E não precisa ser de Perm, podemos pedir de qualquer lugar – Moscou, São Petersburgo...

– Não lhe disse, minha mãe?

Ludmila sorriu ante a ansiedade do filho, assegurando-lhe:

– Calma, Yuri! Vou pensar e resolver o que fazer, está bem? Mas não creio que o que propõe seja essencial, meu filho. Não preciso comprar traje nenhum, ora essa! Tenho um vestido que

---

22. "Perm – Cidade da Rússia, nos Urais, banhada pelo rio Kama, afluente do Volga. De 1940 a 1957, chamava-se Molotov. Centro industrial (mecânica, petroquímica)" – Fonte: *Dicionário Enciclopédico Ilustrado Larousse*.

servirá perfeitamente para a ocasião. O que julgo realmente imprescindível, meu querido, é que você seja feliz!

O rapaz abraçou a mãezinha num gesto de ternura.

– Eu serei, mãe! Eu serei! Tenho certeza.

Em seguida, Yuri despediu-se, alegando tarefas importantes e inadiáveis que Alexei Grotienko lhe confiara. A mãe o abençoou, e ambos viram-no montar seu cavalo e partir. Gregory não pode deixar de comentar, com satisfação:

– Mila, vejo com bastante otimismo o interesse e a confiança que o intendente Grotienko tem por Yuri. Desde o acidente que vitimou o filho, tornando-se mais presente nesta casa, ele não poderia deixar de notar o carinho e as atenções de Yuri em relação ao doente. Seguramente, também seus raros dotes de caráter, a generosidade, a gentileza, a mente ágil e atilada, a honradez. Esse período os aproximou, e eu acredito mesmo que Grotienko fará de Yuri seu sucessor na intendência destes domínios, quando não estiver mais em condições de trabalhar. Eu vejo mais: Yuri tem percepções extraordinárias, que *monsieur* Allan Kardec denominou de mediunidade, com as quais poderá ajudar muita gente no Ural. Sentir a presença daqueles que já morreram e poder comunicar-se com eles é uma condição que, no futuro, disseminar-se-á por todos os lugares, mas ainda é desconhecida na atualidade.

Naquele momento, Ludmila lembrou-se de que, por várias vezes, após a morte de Yuri Vanilevitch, teve a sensação de que ele estava ao seu lado, e arrepiou-se toda.

– Quando você fala assim, Gregory, sinto um pouco de medo. Reconheço a veracidade desses conhecimentos que adquirimos com a Doutrina Espírita, mas confesso que o invisível ainda me apavora.

– Não há razão para isso, minha querida. Os espíritos são como nós, com a única diferença de não terem mais o corpo perecível.

– Eu sei de tudo isso pelos nossos estudos, Gregory, mas ainda sinto-me insegura ao pensar que "eles" podem estar aqui nos olhando!

Paixão de Primavera

– Então, não falemos mais nisso. Mesmo porque, não preciso de palavras para sentir-me feliz ao seu lado. Basta olhá-la! – disse Gregory, com um sorriso.

Eles trocaram um longo olhar, intenso e cheio de amor, contentes por estarem juntos. Gregory sugeriu:

– Mila, vamos sair um pouco! Você fica muito presa à *isba*, às tarefas domésticas. O dia está lindo!

Ludmila titubeou. No fundo, sentia-se um pouco envergonhada de sair com ele, por ser viúva, temendo comentários dos aldeões; para ela, ser vista com outro homem era como se estivesse traindo o marido. Diante da insistência dele, porém, ela acabou aceitando. Eles saíram caminhando pelas redondezas, apreciando o bosque e o farfalhar das copas dos pinheiros, mas também dos plátanos, das tílias, das groselheiras, das ameixeiras, das macieiras; o trinado dos pássaros, o canto das cotovias e o delicioso rumorejo de um riacho próximo. Tudo que encontravam pelo caminho os encantava. Olhando para o alto, por entre as árvores, entreviam a luz do sol que iluminava lindamente aquele dia. Fazia frio e, sob as copas do arvoredo, pisavam nas lâminas finas de gelo que recobriam o solo, resultado da geada que caíra à noite.

Caminhavam felizes, apreciando a natureza, embevecidos pela companhia um do outro. Em certo momento, Ludmila sugeriu que seria melhor retornarem.

– Por que, minha querida? Sinto um prazer tão grande em estarmos a sós e podermos conversar...

Um pouco impaciente, ela tornou:

– Eu sinto a mesma coisa, Gregory. No entanto, já faz algum tempo que saímos e não quero dar margem a comentários.

Ele parou de andar e, segurando seus braços, virou-a para si, fazendo com que ela o olhasse, depois falou com firmeza:

– Ludmila, você sente medo porque ainda teima em manter esta situação. Não acha que já é tempo de tomarmos uma atitude, de decidirmos nossa vida? Afinal, nada devemos a ninguém, somos donos de nossas existências!

— Não é bem assim, Gregory, não entende? Ainda estou de luto! Mal enterrei meu marido, e você quer que eu assuma novo compromisso?

Um pouco contrariado, ele aduziu:

— Em primeiro lugar, minha querida, não é verdade que mal enterrou seu marido. Há mais de um ano que Dimitri faleceu e é hora de tirar esse luto pesado. Além disso, todos na aldeia são nossos amigos e torcem por nós. Sabem muito bem como foi sua vida ao lado de Dimitri, o quanto você sofreu e continuou sofrendo, devotando-se a ele após o acidente, até o falecimento. Além disso, Ludmila, não se esqueça de que nós nos conhecemos muito antes e sofremos por desencontros dos quais não temos culpa alguma! Será que não é o momento de gozarmos um pouco de felicidade?

— Eu não sou a mesma jovenzinha de dezesseis anos que você conheceu em Moscou, Gregory.

— Nem eu sou mais aquele rapaz de vinte e um anos que a fitava embevecido e calado, no salão de madame Trussot! Ambos estamos mais maduros, querida, e a vida é generosa conosco, pois nos concedeu nova oportunidade de ser felizes! Por que não aproveitar?

— Mais de trinta anos se passaram desde aquela época, Gregory. Veja como eu estou! Meus cabelos estão ficando grisalhos, minha pele já não é a mesma, nem meu corpo. Sinto-me velha...

Ele tapou sua boca delicadamente com a mão, impedindo-a de prosseguir. Abraçou-a com carinho infinito, enquanto analisava seu rosto, numa leve carícia. Depois, murmurou com ternura:

— Para ser mais exato, trinta anos e oito meses, mas você continua linda, Ludmila, e eu a amo. Amo cada traço de seu rosto. Sua pele tem a mesma textura, macia e delicada, e seu corpo está perfeito, como se o tempo não tivesse passado. Não ponha obstáculos a nossa união, meu amor. Permita-se ser feliz!

Ludmila respirou profundamente e disse:

— Está bem, Gregory. Prometo que vou pensar no assunto.

Ele inclinou a cabeça, concordando com a decisão dela, não obstante, um tanto decepcionado. Recomeçaram a caminhar de volta para a aldeia, ambos calados e pensativos. Ao chegarem à *isba* de Ludmila, ele não quis entrar. Ao despedir-se, no portão, Gregory pediu:

— Pense bem em tudo o que conversamos Ludmila. Não desistirei de você. Aguardarei sua resposta.

Em seguida, afastou-se, sem olhar para trás.

Ludmila entrou na *isba* descontente consigo mesma. Por que tinha que ser assim? Amava Gregory com todas as forças de seu coração. Então, por que não conseguia vencer-se? Por que esse temor de tomar uma decisão?

Procurou o quarto e deitou-se com o coração partido. As lágrimas rolaram, umedecendo o travesseiro. O fato é que ela não confessava nem a si mesma que temia a reação de Dimitri, agora no mundo espiritual. Sabia que ele não aceitaria vê-la com outro homem, mesmo se fosse o amigo que tanto o ajudara enquanto esteve entrevado no leito. Ela lembrava-se dos acessos de ciúme do marido quando ainda na carne, de sua violência, agressividade, e tremia de medo. Talvez, se não soubesse desse "outro mundo", pudesse dedicar-se a Gregory sem reservas, mas agora que sua mente se abrira para a existência do mundo espiritual, era impossível desconhecer a realidade e as consequências que poderiam advir. Em prantos, ela orava, suplicando a proteção de Nossa Senhora de Kazan.

Quando Yuri chegou procurando pela mãe, encontrou-a adormecida. Cobriu-a, pois já era noite e fazia bastante frio.

~

Ao despertar, Ludmila encontrou-se num lugar diferente. Parecia uma paisagem conhecida dos Urais, como tantas que existiam, mas uma névoa recobria tudo e não conseguia saber onde estava. Pôs-se a caminhar, na tentativa de descobrir indícios que a esclarecessem, quando a névoa aos poucos foi se desvanecendo, e ela viu-se num jardim florido, pouco mais além, onde havia um bosque de pinheiros. Estava sozinha. Mais tranquila, deparou-se com um banco de pedra e sentou-se. Apesar do local ser lindo e a temperatura agradável, definitivamente ela não conhecia o jardim. Pensativa, à sua memória voltou a última conversa com Gregory. Lembrando-se de tudo o que fora dito, recomeçou a chorar, preocupada com a situação, que lhe parecia insolúvel. De repente, levantando a cabeça, vislumbrou à distância um vulto de homem que caminhava à sua direção, então aguardou que se aproximasse. Talvez aquele homem pudesse esclarecer como chegara até ali. Ao aproximar-se mais, Ludmila notou que o conhecia. Mas de onde? Era um senhor de idade indefinível, com ampla barba a cobrir o rosto; vestia-se como um camponês, porém branda luminosidade o envolvia. Quando o recém-chegado ficou a cerca de dez passos, ela prendeu a respiração, perplexa:

– Senhor Tolstói...

Sim, era eu mesmo. Sorri e abri os braços para envolvê-la com amor. Minha amiga correu e agasalhou-se em meu peito, com serena confiança, parecendo não se dar conta de que eu já falecera, e que essas efusões de carinho não eram comuns entre nós, em outros tempos.

– *Que a paz de Jesus esteja contigo, Ludmila!*

–Ah, meu amigo! O *barine* sempre me ajudou tanto! Senti falta de nossas conversas, de seus conselhos. Não tinha quem me ouvisse e pudesse orientar...

Nesse instante, ela lembrou-se de alguém e não quis ser ingrata.

– Não tinha ninguém... até que encontrei Andrei.

– *Sim, Andrei tem sido um grande e leal amigo em todos os momentos de sua existência. Mas sei que está sofrendo, Ludmila, e vim para ajudá-la. Nada tema, minha filha. Tudo correrá bem. Confie em Deus, nosso Pai Amantíssimo, que jamais deixa de socorrer seus filhos nas dificuldades.*

Paixão de Primavera

– Não sabe tudo o que sofri na vida e como ainda sofro, *barine* Tolstói.

Presa às suas preocupações, ela preparava-se para relatar-me seus problemas, o que não permiti, visto que nada iria acrescentar de bom naquele momento. Procurei acalmá-la, mostrando muita compreensão diante de sua dor:

– *Não se canse de contar-me suas provações. Sei de tudo, Ludmila. O Altíssimo sempre nos assiste com infinito amor e nos concede aquilo que precisamos para a elevação de nosso espírito. Assim, todas as dores têm uma finalidade útil, de aprendizado e crescimento espiritual. Os relacionamentos difíceis, as situações, as dificuldades e os sofrimentos são recursos de que o Senhor se utiliza para reconduzir-nos ao caminho do dever e do amor. Quando plantamos o mal, prejudicando a outrem, colhemos dores e sofrimentos; quando fazemos o bem, sentimo-nos agraciados, pois infinitas bênçãos vertem sobre nós. Desse modo, com o tempo, passamos a entender que só o amor nos dar-nos-á a felicidade que almejamos. Mas trouxe você aqui, neste momento, com a permissão do Alto, com o objetivo de facilitar a solução do problema que tanto a aflige.*

Parei de falar por alguns momentos, dando-lhe tempo para analisar o que fora dito. Enquanto eu falava, mentalmente ela revia os momentos difíceis que atravessara na vida, todos os sofrimentos, as amarguras, e recomeçou a chorar. Aguardei um pouco, depois prossegui:

– *Não chore, Ludmila. Tem alguém aqui que deseja falar com você. Antes, porém, é preciso que recorde de fatos ocorridos no passado, para poder entender as circunstâncias que determinaram tuas desventuras na atual encarnação.*

Assim dizendo, coloquei a mão sobre sua testa e disse:

– *Feche os olhos, minha filha, e entregue-se às lembranças do pretérito. Estamos no século 18, no ano de 1709, em Moscou.*

Ela cerrou os olhos, e logo as imagens começaram a surgir em sua tela mental. A princípio, ela viu-se na casa paterna, muito jovem, quando o pai comunicava seu casamento para breve, com

333

o noivo escolhido pela família, Vladimir Bulgatov, em quem reconheceu Yuri Vanilevitch. Apesar de perceber-se com outra aparência e outro nome – Natasha –, reconhecia-se naquela jovem. Diante da decisão do pai, Natasha chorou bastante, mas acabou por resignar-se, sabendo que o noivo era muito rico. Depois, em outra cena, surgiu de novo, encantadora, vaidosa, egoísta e interesseira, vestida primorosamente, bem penteada e adornada com joias valiosas. Ao som da música que tocava no salão, caprichosamente ornamentado, ela saiu dançando com elegante cavalheiro, Vladimir Bulgatov, seu noivo.

De repente, surgiram outras cenas. Era madrugada e fazia muito frio, mas Natasha, ludibriando a vigilância dos criados, saiu de casa para encontrar-se com Mikhail Ulianov, a quem amava com paixão, o Gregory atual. O encontro dos dois foi marcado por efusões de carinho e beijos apaixonados. Uma carruagem de aluguel os levou para a humilde residência do rapaz, que morava sozinho, e poderiam ficar à vontade. Entraram abraçados, e ele pediu-lhe explicações, ao saber que ela iria casar-se com Vladimir Bulgatov. Natasha, em lágrimas, explicou que nada poderia fazer, mas jamais deixaria de amá-lo, sugerindo, inclusive, que eles poderiam continuar encontrando-se, mesmo depois de seu casamento. Mikhail estranhou tal proposta, que era contra seus princípios, mas, por amá-la muito, nada retrucou. Assim, os amantes só deixaram aquele ninho de amor com o despontar da alvorada.

Outras cenas surgiram. A vida de Natasha resumia-se a festas e saraus. Acordava muito tarde, tomava o desjejum e logo iniciava os preparativos para o compromisso da noite. De repente, surge a imagem de um novo homem, Nikolai Petrovitch, um aristocrata extremamente rico, que a privava da convivência com o Czar, e patrão de Mikhail Ulianov. Apesar de estar noiva de Vladimir, que se dobrava aos seus encantos, e amar o jovem Mikhail, vaidosa, Natasha entregou-se a esse homem, apenas por sua posição social, pois ansiava ser muito rica e respeitada na corte. Descobrindo o envolvimento de ambos, Vladimir encheu-se de ódio, e os amantes tiveram de fugir, às pressas, numa carruagem puxada por quatro bons cavalos.

Ante essas cenas, Ludmila ficou agitada, com o coração batendo forte, por medo das consequências que viriam, enquanto chorava, inconformada, diante dos erros que cometera. Novas imagens surgiram: Vladimir descobriu onde os fugitivos estavam e, indo atrás dos traidores, matou Nikolai. Quanto à Natasha, abandonou-a à própria sorte. A jovem, que não era realmente má, apenas vaidosa, volúvel, inconsequente e interesseira, ficou desacreditada na corte, e o Czar, que tinha consideração por Nikolai Petrovitch, obrigou-a a exilar-se numa província longínqua, onde veio a falecer alguns anos depois, consumida pelo remorso, sem nunca ter encontrado seu amor, Mikhail Ulianov, que, ciente da traição da amada, profundamente magoado, nunca mais a procurou.

Natasha morreu pobre e isolada de todos, numa pequena vila, assediada pela própria consciência, que não lhe concedia paz, e por aqueles que ela havia prejudicado: Nikolai Petrovitch, o amante que perdera a vida por sua causa, e Vladimir Bulgatov, o noivo desprezado, que jamais se recuperara naquela existência, morrendo de tanto beber. Apesar dos erros, Natasha repensou sua existência, desejando reparar os males que praticara. No final da vida, teve bastante tempo para refletir. Ao retornar para o mundo espiritual, compreendendo a enormidade de suas faltas, desejou ajudar àqueles que tanto havia prejudicado.

Ao rever as cenas de seu passado, Ludmila chorou muito, compreendendo a razão dos insucessos que enfrentara na vida atual e dos sofrimentos que a atingiram.

Por estar ciente de seu passado, julguei haver chegada a hora. Então, fiz um gesto, e alguém se aproximou. Ao perceber a presença de mais alguém, Ludmila estranhou, pois julgava que estávamos a sós. Enxugando as lágrimas, virou-se e, ao ver o recém--chegado, sufocou um grito na garganta:

– Dimitri? É você mesmo?

Sua primeira preocupação foi com o estado dele, pois não tinha noção de que estávamos em outro plano, e, pela sua lógica, o esposo estaria ainda entrevado.

– Dimitri, você está andando! Graças a Deus está curado!

Ainda em fase de recuperação no mundo espiritual, ele respondeu, com meu auxílio:

– *Sim, Ludmila, agora estou bem melhor. Agradeço infinitamente o tempo que Deus me concedeu de ficar preso àquele leito, pois tive a oportunidade de refletir bastante a respeito de tudo o que fiz em minha existência. Agora, sinto-me mais despojado das amarras que me prendiam à vida física. Por isso, vim para libertá-la dos laços que nos uniam. Sei que você ama Gregory Fiodorovitch e que ele também a ama. É um homem digno e merece ser feliz. Confesso-lhe que conservava, no coração, muito rancor por ele, mas aprendi a estimá-lo depois do acidente. Acompanhei sua dedicação, senti o carinho que tinha por mim... apesar do que tentei fazer contra ele.*

Ludmila estranhou aquelas palavras e indagou, surpresa:

– Dimitri, o que diz? Apesar do que tentou fazer contra ele? Nunca soube que tivesse desejado prejudicar Gregory!

Evitei que ele falasse de situações que nada contribuiriam no momento, olhei-o, e ele entendeu:

– *Não se preocupe, Ludmila. Isso não importa agora. O importante é que eu e ele somos realmente amigos.*

Dimitri fez um gesto de despedida e desejou que ela fosse muito feliz.

– Dimitri, apesar de todos os problemas que tivemos, eu gosto muito de você. Agradeço-lhe a generosidade. Obrigada! Seja feliz também!

Ludmila não havia notado, mas Yuri Vanilevitch estava presente, mantendo-se um pouco afastado. Assim decidiu meu amigo Boris Pietrovitch, amigo espiritual – que ali participava do encontro, também despercebido dela –, de modo a não confundir ainda mais sua cabeça, o que fatalmente aconteceria, se visse Yuri Vanilevitch. Ludmila deveria despertar apenas com as lembranças realmente essenciais.

Pouco depois, Ludmila abriu os olhos físicos. O sonho estava nítido em sua mente. Lembrava-se de ter recebido minha visita e a de Dimitri, o esposo falecido.

Apesar de não se recordar de tudo o que fora dito, ficara o que era realmente importante.

As primeiras claridades do dia entravam pela janela. Ludmila despertou estranhamente feliz e liberta das preocupações que agasalhara na noite anterior. Era como se tudo estivesse muito claro em sua mente, sobretudo que o esposo falecido a libertara dos laços que os mantinham presos um ao outro. Não se lembrava das palavras, mas sabia que ele não estava descontente com ela.

Ludmila levantou-se cantarolando, alegre e bem-humorada. Preparou a refeição, e, quando o filho acordou, estranhou vê-la tão contente, diferente do dia anterior.

– O que houve, mãe? Ontem, quando cheguei, a senhora estava dormindo, notei que tinha chorado, e agora a encontro tão bem!

Com belo sorriso, ela concordou:

– Acordei feliz, meu filho. Hoje o dia promete ser muito bom e alegre. Pensei bastante em tudo o que conversamos ontem e cheguei à conclusão de que você tem razão. Tenho que mudar minha vida.

Satisfeito, o rapaz abraçou a mãezinha e saiu para o trabalho.

Ludmila banhou-se, vestiu seu melhor traje, penteou os cabelos e saiu animada e decidida, rumo à casa de Gregory.

A casa nova era grande, construída com capricho e bom gosto, quase uma mansão, com um lindo jardim na frente e um pomar no fundo. Tocou a sineta, e o criado veio atender. Ao vê-la, ele sorriu:

– Ludmila! Entre. Vou avisar o *barine* de sua presença.

Ao entrar na sala, sentiu um cheiro bom de flores recém-colhidas que invadia o ambiente. Estava assim entretida, quando ouviu o ruído de passos atrás. Voltou-se e deu com Gregory, que viera apressado e sorridente, ao saber de sua presença.

– Que prazer vê-la em minha casa, Ludmila! Nunca tinha me dado essa honra!

Com o coração quase a sair pela boca, ela deu dois passos ao encontro dele e disse, com os lábios trêmulos:

– Gregory, você tem toda a razão. Perdemos tempo demais!

Ele não disse nada. As palavras eram desnecessárias. Ganhou o espaço que os separava e abraçou-a demoradamente, com paixão. Beijaram-se com infinito amor, várias vezes. Depois, afastou um pouco seu rosto do dela, e Ludmila pôde notar que ele estava com os olhos úmidos, tal qual ela.

– Que milagre foi este, querida? Ainda ontem você mostrava-se tão... tão...

– Ontem foi ontem – ela interrompeu-o, firme. – Hoje é outro dia. Tudo muda de um dia para outro, não sabia?

Ele sorriu, asseverando:

– Sim, e agora também acredito em milagres! Mas conte, o que aconteceu?

Acomodaram-se em uma namoradeira estofada, e ela começou a falar:

– Tive um sonho essa noite. Sonhei que estava num lugar estranho, cheio de névoas ao se desfazerem, era um lindo jardim. Alguém vinha ao meu encontro e o reconheci: era Leon Tolstói, meu amigo! Sim, ele mesmo! Nosso amigo! Estava belo e parecia que, à sua volta, havia uma branda luminosidade. Conversamos e sei que ele ajudou-me bastante, serenando meu espírito. Depois, vi Dimitri! Ele não estava mais entrevado, andava normalmente. Está curado! Você pode acreditar?

– Sim, minha querida, acredito. E o que ele disse?

– Não sei dizer o que conversamos, mas acordei com a certeza de que ele me libertou dos elos que nos uniam pelo casamento.

Gregory, que ouvia as palavras da amada bastante comovido, entendeu que, na realidade, Ludmila tivera um desprendimento durante o período de sono e fora auxiliada por amigos

Paixão de Primavera

espirituais, especialmente pelo querido Tolstói. Fizeram uma oração a Deus, agradecendo ao querido amigo pela ajuda, e também a Dimitri, que ele entendia não mais fazer oposição ao seu casamento com Ludmila.

Depois, sereno, murmurou:

– Isso quer dizer que podemos nos casar, Ludmila. Então, peço-a oficialmente em matrimônio. Aceita?

Ludmila sorriu, extasiada:

– Claro que aceito, querido!

– O que acha de nos casarmos no mesmo dia de Yuri?

– Acho esplêndido!

Abraçaram-se de novo, finalmente sentindo-se felizes, depois de tanto sofrimento.

Ali presentes, nós também estávamos, muito contentes com o sucesso do encontro, na noite anterior, de todos os espíritos envolvidos.

CAPÍTULO VINTE E OITO

A chegada da primavera

NA ESTAÇÃO INVERNAL, sempre intensa na região, os dias eram escuros e monótonos; as tempestades de neve, uma constante; e as rajadas de vento, cortantes. Isso os obrigava a permanecer em seus lares, abrigados da inclemência do tempo e aquecidos pelo fogo que crepitava na lareira. Impedidos de trabalhar ao relento, dedicavam-se a atividades dentro de casa, enquanto tomavam uma caneca de chá, que saía fumegante da chaleira, confortando-os.

Mas agora o inverno terminava e, na pequena aldeia do Ural, os moradores se tornavam mais alegres e animados.

Era sempre a mesma festa que se repetia ano após ano. Com o degelo, a natureza explodia em cores e perfumes, engalanando-se de vida. O solo ganhava revestimento novo, cobrindo-se de verde, e as árvores, antes desnudas sob a neve, batidas pelo vento inclemente, agora brotavam novos ramos e exibiam luxuriante ramagem.

Pequenos animais atreviam-se a deixar as tocas e esconde-rijos, para aquecerem-se ao sol da manhã e buscarem o alimento, agora mais farto. Os pássaros voavam livres, e as cotovias e rouxinóis alegravam a manhã com seus trinados.

Na cordilheira, à distância, os Urais majestosos e cobertos de neve, tendo como pano de fundo um céu muito azul, compunham paisagem magnífica. Os raios de sol, que incidiam nas ravinas, formavam um painel de luzes e sombras, deixando ver as águas provenientes do degelo, que despencavam das alturas em cascatas brilhantes, como fagulhas a jorrar do alto, buscando a terra para refletir sua luminosidade.

Na aldeia, a alegria era geral.

Os moradores preparavam-se para o duplo casamento: de Yuri Yurievitch e Natasha, e de Gregory Fiodorovitch e Ludmila. Um *pope* viera de uma das aldeias próximas, para celebrar a união dos noivos.

Ainda fazia frio, mas o dia estava esplêndido. A praça da aldeia fora lindamente enfeitada para a ocasião. Os camponeses colheram uma profusão de flores nos campos e, com elas, teceram guirlandas que adornavam o local; das *isbas* mais próximas, trouxeram cadeiras e bancos para que todos ficassem bem acomodados. À frente, improvisaram um altar, revestindo uma mesa com bela toalha branca, bordada de galões coloridos e também decorada com flores.

Tudo pronto. Na hora aprazada, os convidados começaram a chegar. Vinham das propriedades existentes nas imediações e até de aldeias vizinhas, e eram recebidos com grande satisfação. Os noivos e o *pope*, assim como os convidados, já aguardavam o início da cerimônia, quando se ouviu a música que indicava a aproximação da comitiva das noivas.

Logo, puderam ser vistas, seguidas pelos familiares.

À frente, vinha Natasha, encantadora em seu traje de noiva, bem primaveril, tendo sobre a cabeça uma guirlanda de flores, que prendia os bastos cabelos castanhos.

Pouco mais atrás, seguia Ludmila, também bela no vestido que o noivo mandara buscar em São Petersburgo e que ela escolhera por um catálogo. Seu vestido era menos jovial que o de Natasha e mais condizente com sua idade e condição de viuvez. Ela optara pela simplicidade, mas Gregory fez questão de que sua noiva usasse na cabeça, uma bela tiara de diamantes, presente de sua mãe, que não pudera comparecer ao casamento do filho, em virtude de o esposo estar enfermo. O acessório prendia o véu, vedando seu semblante.

Os músicos postaram-se ao lado do altar, e as noivas aproximaram-se, sendo recebidas por seus respectivos noivos.

O sacerdote da Igreja Ortodoxa Russa iniciou a cerimônia, enquanto uma paz infinita envolvia tudo. O vento cessara como por encanto, e o silêncio era quebrado apenas pelas palavras do velho *pope*.

Ludmila trocou um olhar de imenso amor com Gregory, que não cabia em si de satisfação.

Enquanto a cerimônia prosseguia, do mundo espiritual acompanhávamos a cena bucólica. Estavam presentes os pais de Ludmila – Boris Moriskov e Macha –, felizes por ver que tudo se resolvera e que a filha e o neto estavam felizes. Também participavam desse momento solene entidades desencarnadas e amigas, desta e de outras encarnações, assim como Dimitri Alexeievitch e Yuri Vanilevitch, ambos agora em melhores condições íntima e com vibrações mais equilibradas. Recuperavam-se, à luz do Evangelho do Cristo, das marcas das últimas existências, compreendendo os erros cometidos e desejosos de reparar os males causados ao próximo.

Benfeitores espirituais, ligados ao grupo, envolviam todos em emanações de paz e harmonia, enquanto que de suas mentes, luzes, como safirinas, jorravam sobre o altar. Nele, o sacerdote oficiava, e os noivos mantinham-se ajoelhados, dominados por intraduzível sensação de alegria e bem-estar íntimo.

Meu amigo Boris e eu trocamos olhares de entendimento, satisfeitos pelo resultado do trabalho a que vínhamos nos dedicando há anos.

Terminada a cerimônia, os noivos receberam os cumprimentos dos presentes, enquanto os músicos passaram a tocar músicas regionais, alegres e animadas, para descontrair os convidados. Grandes mesas dispostas ali perto, no gramado, convidavam ao banquete, com fartura de comidas e bebidas, frutas e doces para o regalo dos presentes.

Nesse momento, aproveitamos e afastamo-nos um pouco, para deixar nossos amigos à vontade e podermos conversar.

Ao dirigir-me à entidade de maior elevação ali presente, ligada ao grupo, comentei, satisfeito:

– *Caro Frederick, finalmente as condições são bastante favoráveis aos nossos propósitos! Tudo corre bem, e uma onda de paz e amor envolve nossos amigos encarnados.*

A fitar Dimitri e Yuri que, ali perto, entretinham-se a observar a festa, a entidade considerou, otimista:

– *Sim, caro Tolstói. Estamos bastante confiantes de que, finalmente, tudo se resolva entre eles. Dimitri e Yuri estão imbuídos de sincero desejo de mudar, deixando de lado as divergências do pretérito, para construírem um futuro de entendimento e fraternidade. No século 18, Yuri foi traído duplamente por Ludmila, com Gregory e com Dimitri. Em virtude desses fatos, Ludmila estava em débito com Yuri, a quem devia uma reparação, o que determinou a ligação de ambos. Dimitri, apesar de amá-la, deveria resignar-se diante do amor deles, mas complicou ainda mais seus débitos, ao tirar a vida do rival, levado pelos ciúmes. Quanto a Gregory, que espiritualmente era mais consciente e moralmente mais esclarecido, fez de tudo para ajudar Ludmila nas horas de necessidade, pelo grande amor que existia entre ambos, e não se revoltou diante do obstáculo criado por seu antigo rival, Yuri (Vladimir). Posteriormente, reencontrando sua amada no Ural, respeitou o casamento dela com Dimitri. Somente após o retorno dele ao além-túmulo, aproximou-se novamente como pretendente. Em razão do comportamento de ambos, durante todo o tempo, inclusive pela dedicação a Dimitri, preso ao leito, e pelo esforço em procurar estudar a Doutrina Espírita e ajudar os necessitados, fizeram jus a este período de paz e felicidade. Que o Senhor os proteja e ilumine cada vez mais.*

Nesse momento, Yuri e Dimitri voltaram-se e, ao se perceberem objeto de nossa carinhosa atenção, aproximaram-se de nós. Dimitri Alexeievitch sorriu, com o coração um pouco apertado, e, usando de sinceridade, admitiu:

– *Bondosos amigos, apesar de estar contente com as mudanças que se operaram em mim, reconheço que sinto falta da vida que deixei na terra: de meu pai; de minha casa; de Ludmila, quem amo; dos amigos; de Yuri, por quem tenho um sentimento de profundo amor, que não sei avaliar devidamente, pois o considero como filho e, ao mesmo tempo, ascendência sobre mim, como um pai. Não sei explicar!* – disse comovido.

Depois, enxugando os olhos úmidos, prosseguiu:

– *Além disso, confesso: sinto até falta de meu corpo! Ao mesmo tempo, sei que tudo isso não mais me pertence. Felizmente, a gratidão que sinto agora por Gregory fez com que deixasse de sentir tanto rancor por ele, especialmente porque perdoou-me por desejar sua morte naquela fatídica caçada. Ele, mostrando generosidade e nobreza, manteve-se em silêncio, nada revelando a ninguém. Portanto, agora vou cuidar de melhorar-me, aprendendo cada vez mais. No futuro, quero ajudar a todos, como tenho sido ajudado. Minha vida agora é a espiritual, por enquanto!*

Yuri Vanilevitch, fitando o companheiro, que antes considerava inimigo, sorriu de leve, assegurando-lhe:

– *Dimitri, seu tempo aqui no mundo espiritual ainda é pequeno. Aos poucos irá vencendo as impressões da matéria. Os sentimentos prosseguirão, pois são conquistas do ser imortal. No entanto, a importante decisão que tomamos modificará a sua e a minha disposição, trazendo-nos a paz e o esquecimento que tanto almejamos.*

Indaguei, solícito, aproveitando a oportunidade:

– *Ambos estão realmente certos da importante decisão que tomaram?*

Dimitri e Yuri trocaram um olhar de entendimento, respiraram fundo e sorriram:

– *Sim! Tudo está acertado* – informou Yuri.

– *Sem dúvida! Com a bênção de Deus e o amparo dos amigos espirituais, venceremos!* – exclamou Dimitri.

O amorável Frederick, ao ver meu interesse, complementou:

– *Caro Tolstói, como é de seu conhecimento, já obtivemos a anuência do casal de amigos que irá recebê-los. Nossos tutelados queriam apenas comparecer a este evento tão importante para eles. Estão cientes de que, ainda hoje, serão encaminhados à necessária preparação para o retorno, em novo mergulho, à carne.*

Comovido, envolvendo ambos os candidatos com carinho, considerei:

– *Excelente decisão. Mesmo porque é imprescindível aproveitar, ao máximo, o tempo que nossos queridos Ludmila e Gregory podem dispor, ainda encarnados.*

– *Exato. Em virtude desse fato, as esferas superiores permiti-ram-nos acelerar o processo reencarnatório, visto que o procedimento é desejo de ambos, agora convencidos da necessidade do retorno, pois almejam sedimentar os laços afetivos com os desafetos, vencendo de uma vez os resquícios do pretérito.*

Naquele instante, não pude deixar de admirar a imensa bondade e misericórdia do Criador, que busca caminhos e encontra soluções que sequer imaginamos.

Nossos tutelados estavam contentes. Dimitri, por ter seu filho, Yuri Georgevitch, novamente como pai, pois sabia, agora, que ele já havia sido seu pai em anterior existência. Quando Yuri Vanilevitch foi seu irmão, e ambos interessaram-se pela mesma mulher, Ludmila, originou-se a inimizade entre ambos; nessa época, Gregory era poderoso militar, amigo dos dois e, para ficar com Ludmila, enviara-os para a guerra, onde vieram a morrer. Depois, por várias encarnações, as situações foram diferentes, as posições inverteram-se, mas não a animosidade entre Dimitri e Yuri em relação a Gregory e Ludmila. Essa, volúvel e interesseira, nunca deixava clara a situação, ora escolhia um, ora outro, dependendo de seus interesses.

Paixão de Primavera

Esperávamos que, nessa nova encarnação, os envolvidos viessem a se entender, iniciando uma nova fase em suas trajetórias espirituais.

Irmanados num mesmo diapasão, elevamos os pensamentos ao Alto, agradecendo as bênçãos infinitas de Deus e rogando amparo aos novos projetos, em vias de concretização.

~

Uma nova vida cheia de alegria e bênçãos envolvia nossos amigos na terra, provocando grande felicidade. Após o casamento, Ludmila passou a residir na casa de Gregory, e Yuri preferiu morar com Natasha na antiga *isba* da família, onde moraram Boris e Macha. A *isba* que Dimitri construíra para residir com Ludmila após o casamento permaneceu intacta e passou a ser reservada, por nossos amigos, a reuniões do grupo espírita.

Algum tempo depois, Natasha sentiu-se diferente e teve a certeza de que uma nova vida pulsava em seu ventre. Ao confirmar-se a gravidez, pela falta das regras e pelos enjoos constantes, não pôde mais esconder. Certo dia, disse ao marido:

– Estou grávida!

Yuri pulou de alegria, levantando-a em seus braços fortes:

– Tem certeza, meu amor?

– Sim, absoluta!

– Então, vamos contar à minha mãe e a Gregory!

Correram à casa do casal, encontrando-os a conversar na sala. Deram a notícia alvissareira, e a alegria foi geral. Com as mãos enlaçadas, fizeram uma prece agradecendo ao Senhor, por mais essa bênção.

Ludmila ficou muito comovida e não conteve as lágrimas.

– Mãe, a notícia é alegre! – brincou Yuri.

Ela balançou a cabeça, concordando:

– Eu sei, meu filho! Vocês estão de parabéns! Todos nós estamos felizes. No entanto, sinto uma emoção muito forte, como se alguém muito querido estivesse para voltar.

– Também tive a mesma sensação, querida. Vamos aguardar! – concordou Gregory, abraçando-a enternecido.

O tempo de espera foi de grande euforia. Prepararam o enxoval do bebê com carinho, tecendo, bordando e enfeitando cada peça, com infinito amor. O pai de Natasha, carpinteiro, com muita delicadeza e maestria, fez um berço para a criança que chegaria, colocando nele sua arte e seu amor.

Alguns meses depois, em certa noite em que a neve cobria tudo, Natasha começou a sentir as primeiras dores. Imediatamente, Yuri chamou Anna e Andrei, seus vizinhos, para que a esposa não ficasse sozinha, e foi buscar a parteira. No trajeto, avisou a mãe do que estava acontecendo.

Logo estavam reunidos em casa de Yuri. As mulheres no quarto, preocupadas com Natasha, ajudavam-na naquilo que podiam. Com a chegada da parteira, que morava mais distante, o ambiente ficou mais calmo, certos de que a mãezinha estava em boas mãos.

O tempo custava a passar, e o nervosismo de Yuri ia crescendo a cada minuto. Até que, algumas horas depois, quando já clareava o dia, de repente ouviram o choro de um bebê. A alegria foi geral. Na sala, os homens abraçaram-se, pulando de contentamento.

Pouco depois, a mãe de Natasha trouxe um pequeno embrulho para a sala, onde mal se via o rostinho do bebê, bem agasalhado, em virtude do frio.

– É um menino! – informou, orgulhosa, para o papai Yuri.

– Meu filho! Eu sou pai! Eu sou pai! – gritou Yuri, aproximando-se para ver o bebê, cuja carinha vermelha aparecia entre as rendas.

– Como está minha esposa? Quero vê-la! – perguntou, preocupado com Natasha, já se encaminhando ao quarto do casal.

– Não, Yuri! Calma, a parteira está trabalhando ainda, concluindo o parto.

Subitamente, ouviram um novo choro de bebê que estranhamente, vinha do quarto e soou na sala. Olharam para o bebê e correram ao quarto. A parteira acabava de embrulhar outro bebê e o entregou à Ludmila.

Com os olhos arregalados, Yuri não podia acreditar.

– Parabéns, meu filho! Você ganhou outro filho. É um menino! – exclamou Ludmila, chorando de alegria.

Yuri caiu sentado numa cadeira, perplexo e sem voz. Jamais pensara na possibilidade de ter gêmeos. Todos se abraçaram, eufóricos.

Gregory abraçou aquele que era seu filho do coração, que vira bebê ainda nos braços da mãe, em Moscou, e considerou, comovido e bem-humorado:

– Agora sua família aumentou bastante, tem mais dois membros. Você vai precisar trabalhar mais para suprir as necessidades!

Depois de alguns instantes, completou:

– Você sabe que pode contar comigo, Yuri. Em qualquer circunstância, estou à sua disposição.

Yuri abraçou-o, enternecido:

– Eu sei, Gregory. Nunca tive dúvidas quanto a isso. Obrigado, amigo.

Quando a parteira permitiu, todos entraram no quarto para ver Natasha, que estava cansada, mas muito feliz. Sentia sono, queria descansar, mas fez questão de receber a família naquele momento.

Alexei, chegando de uma pequena viagem, passou pela casa de Yuri. Vendo tudo iluminado e o movimento àquela hora, parou para saber o que havia. Ao abrir a porta, notou vozes, percebeu que estavam todos no quarto, e para lá se dirigiu. Deparou-se com a linda cena: as duas avós cada qual tendo nos braços um recém-nascido. O pai de Dimitri cumprimentou-os e depois se aproximou dos bebês, sem esconder a emoção. Ao fitar uma das crianças, sentiu forte atração. Olhou para o orgulhoso Yuri, que, sentado à cabeceira do leito, envolvia Natasha. Alexei, carinhosamente, indagou:

– Vocês já escolheram os nomes?

O novo pai virou-se para a esposa e, como se não tivessem ainda pensado no assunto, coçou a cabeça e disse:

– Bem, Alexei. Natasha e eu tínhamos um nome. Minha esposa queria que nosso filho se chamasse Yuri, como o pai e o avô.

– E o outro? – tornou a perguntar Alexei.

Yuri trocou novo olhar com a esposa e disse:

– Chamar-se-á Dimitri.

Alexei não pôde impedir as lágrimas, que escorreram pelo rosto.

– Dimitri? Tem certeza?

– Sim. Temos certeza. Sentimos satisfação em dar ao nosso filho o nome de Dimitri, a quem nós tanto estimamos.

No plano espiritual, nós também nos emocionamos.

Frederick meneou a cabeça e considerou:

– *Nossos amigos mostraram grande dose de intuição ao escolher os nomes dos novos reencarnantes.*

Ao contemplar a cena que se desenrolava diante de nossos olhos espirituais, externei meu pensamento:

– *Irmão Frederick, conseguirão nossos amigos, nessa nova encarnação, vencer a animosidade que marcou as últimas existências?*

A veneranda entidade respirou profundamente e ponderou com serenidade:

– *Caro irmão Tolstói, uma nova encarnação representa sempre uma incógnita, mas buscaremos trabalhar em benefício de todos os envolvidos. No caso presente, acredito que tudo correrá bem. Nossos irmãos, que iniciam uma nova vida terrena, receberão o amparo de seres conscientes, como Gregory e Ludmila, e eles terão Yuri como pai, que é alguém de nossa inteira confiança. Quanto a Natasha, será boa mãe e, casada com Yuri, será bem orientada, de modo a fazer o melhor no compromisso que assumiu de gerar essas duas crianças.*

– *Tem razão, bondoso benfeitor. O fato de nossos irmãos encarnados estarem dedicando-se ao estudo da Doutrina Espírita, que representa na terra o Consolador Prometido por Jesus, sinaliza serem espíritos mais preparados espiritualmente para o entendimento das verdades* eternas. *Facilmente poderemos entrever essa realidade, visto que, na atualidade, grande parte da população do planeta rejeita ainda as novas ideias, apegada às concepções religiosas tradicionalistas* – comentei, confiante.

O bondoso amigo concordou comigo e tornou, prudente:

– *Tem toda razão, Tolstói. No entanto, quando o espírito enverga um novo corpo, mergulhado nos fluidos densos da matéria, a Misericórdia Divina concede a ele o véu do esquecimento, para que tenha condições de conviver em pé de igualdade em seus relacionamentos, sem se sentir humilhado perante aqueles que prejudicou no passado, nem percebendo-se no direito de cobrar pelos males que recebeu de outrem. Conservamos os conhecimentos adquiridos e as ideias instintivas, que representam as conquistas já realizadas. Na existência terrena, sempre é de se temer uma recaída, apesar da boa vontade dos envolvidos. Então, faz-se necessário mais cuidado, para que não haja um recrudescimento das antipatias. Eis o porquê da presença de nossos amigos, Gregory e Ludmila, ser tão importante. Como avós, tudo farão para aproximar os antigos desafetos, orientando-os sobre as lições evangélicas, para que, moralmente, vençam as divergências. Então, confiemos em Deus e façamos a nossa parte.*

O venerando Frederick fez uma pausa e concluiu, afirmando:

– *É hora de nos afastarmos, deixando nossos amigos encarnados viverem suas vidas. Elevemos nossos pensamentos ao Alto.*

Aceitando seu convite, fechamos nossos olhos, colocando-nos em postura íntima de oração. Brandas emanações de paz envolviam o ambiente conforme nos recolhíamos, buscando sintonizar com as esferas superiores, e suave melodia começou a tocar, como se tangida pela brisa. Frederick, com a fronte buscando o infinito, começou a orar:

– *Senhor Jesus, nós O reverenciamos por Seu amor ilimitado, e nos curvamos respeitosos, lembrando a Sua passagem pelo planeta e as lições enternecedoras que nos deixou, para serem amadurecidas à medida que as luzes do entendimento nos clarifiquem a mente. Queremos*

*agradecer pela divina oportunidade de conhecermos os exemplos sublimes
e por aprender com o Senhor a lição do Amor Incondicional.*

Envolvido por grande emoção, senti uma movimentação extraordinária acontecendo naquele momento e não me contive. Abrindo os olhos, notei que nosso benfeitor estava transfigurado. De suas vestes, de todo seu corpo, irradiava-se uma luminosidade opalina, que se tornava mais intensa, nas mãos estendidas para o alto. Especialmente do coração e da cabeça saíam jatos de luz intensa, sendo que uma parte nos envolvia, assim como os encarnados; a maior parte, porém, buscava o infinito, perdendo-se na imensidão, certamente alcançando as esferas bem-aventuradas. Não contive a emoção, e as lágrimas verteram de meus olhos, enquanto a entidade prosseguia:

*– No entanto, Mestre Amado, ainda presos aos vínculos com
a materialidade da Terra, rogamos Seu amparo para todos aqueles que
ainda se debatem no erro e na revolta, na ignorância e no desespero,
na violência e na maldade. Sabemos que, assim como nós, que tanto
percorremos os caminhos da degradação e do mal, eles também, um
dia, perceberão que, desse modo, somente criam, para si mesmos, mais
sofrimentos e dores, e buscarão melhorar-se. São eles irmãos nossos,
Senhor, e necessitam de Seu amparo e assistência, que se manifestarão
por meio de criaturas como nós, desejosas de servir. Então, Senhor,
nós, seus servos ainda pequeninos, rogamos Seu amparo, para que
saibamos como bem auxiliar, de modo que se regenerem e, no futuro,
possam, por sua vez, auxiliar outras criaturas igualmente necessitadas.
Envolva-os, Senhor, nas Suas bênçãos, e conceda-nos a oportunidade
de servir com acerto. Obrigado, Mestre! Seja nosso porto seguro e a
bússola a indicar-nos o roteiro abençoado, que nos conduz ao Seu
Reino de Amor e Paz.*

Quando Frederick acabou de fazer a prece, o ambiente estava saturado de emanações dulcíssimas e vivificantes. Abraçamo-nos, contentes pela conclusão daquela parte da tarefa, e partimos satisfeitos e realizados.

Para nossos amigos, começava uma nova etapa de vida na terra.

Voltaríamos a visitá-los, sempre que possível e necessário, sem jamais perdê-los de vista.

Ao contemplar o espaço cósmico, diante da imensidão que se estendia à nossa frente, senti-me infinitamente grato a Deus, que nos permitira participar daquele caso.

No entanto, em nossa Colônia Estrela da Manhã, outros processos em andamento nos aguardavam.

Epílogo

Os ANOS SE PASSARAM em morna tranquilidade para nossos irmãos encarnados, sempre sob o amparo do Alto.

Os gêmeos cresciam e se desenvolviam, entre folguedos e estudos. Desses o avô Gregory não abria mão.

Ludmila e seu esposo aproveitavam o tempo em doce idílio, nesse suave período que o Senhor lhes permitira gozar como oásis de paz, em virtude dos anos de sofrimentos. A trégua benéfica os preparava para o futuro, fortalecendo-os. Também faziam jus a essa condição, pelo trabalho que executavam, esclarecendo a pequena comunidade na qual viviam.

Com os sentimentos amodorrados pelo ingresso em novo corpo, Dimitri e Yuri davam-se muito bem, brincavam sempre juntos, nada tisnando a harmonia existente entre ambos.

Bendita reencarnação, divina escola das almas, que refaz relacionamentos, quebra animosidades e cria laços de afeto onde antes só existiam divergências, ódios, ciúmes e desejos de vingança. Aproximando adversários de tempos passados numa nova existência terrena, o Senhor permite que, sob a névoa do esquecimento, possam entender-se, estimar-se e gerar sentimentos mútuos de aceitação e amizade.

Na idade infantil, tudo são flores e encantamento. Não obstante, com o desenvolvimento do corpo físico, chega o momento em que o espírito assume suas potencialidades, mostrando-se tal qual é. E, não raro, diante de situações de conflitos muito naturais, neste caso entre irmãos, poderá sentir despertar em si a animosidade latente, em virtude dos acontecimentos vivenciados no pretérito e das diferenças existentes entre ambos.

É nessa hora que se faz imprescindível toda ajuda e ponderação daqueles que são encarregados de assisti-los, para não permitir que as distâncias aumentem, mas sejam menores; para não deixar que se alarguem as feridas, mas sejam tratadas.

Está aí a grande tarefa dos pais e de todos os que se relacionam com esses espíritos, irmãos nossos: auxiliar, proteger e aproximá-los. Sobretudo, educá-los à luz do *Evangelho* do Cristo, único roteiro capaz de sanar as brechas morais que trazem em si, de eras remotas.

Nesse caso, a orientação espírita, aliada às lições evangélicas, será de extraordinária ajuda, levando os envolvidos a entender o problema e a trabalhar para estabelecer a paz entre eles.

Com o passar do tempo, aquelas reuniões íntimas, iniciadas quando Dimitri Alexeivitch ainda se encontrava encarnado e preso ao leito, foram aumentando, pelo interesse de alguns moradores diante da notícia que chegava sobre os estudos da nova doutrina, encontros conduzidos por Gregory. Assim, sentiam-se atraídos a participar. Outro motivo para a procura dessas reuniões era a necessidade de certas pessoas, que sentiam estranhos e incompreensíveis sintomas, não sabendo a que atribuir o mal-estar que as dominava, acreditando-se doentes. Ao serem informadas de que lá, nessa reunião, poderiam obter mais informações e alívio para seus problemas, venciam o medo do desconhecido e aproximavam-se, sendo grandemente beneficiadas.

Após o primeiro caso atendido, em que obtiveram estrondoso sucesso, tudo mudou. O fato ocorreu quando uma mulher da aldeia estava de cama, gravemente enferma, e recebeu a visita de Gregory, Ludmila e Yuri, que fizeram orações em seu benefício. Ela ficou completamente curada das dores que a martirizavam. A notícia espalhou-se de boca em boca, e os aldeões começaram a frequentar as reuniões, agora na casa de Gregory e Ludmila, por ser mais ampla e mais tranquila. Na antiga *isba* de Boris e Macha, onde eram realizadas a princípio, moravam Yuri e Natasha com os gêmeos, que poderiam tumultuar o ambiente e atrapalhar as atividades, com a tão comum e natural algazarra infantil.

Dessa forma, no segundo decênio do século 20, numa pequena aldeia, entre tantas que existiam nos Urais, já estava instalada uma célula de estudo e prática da Doutrina Espírita, que vertia luzes por toda a região.

Não obstante o bem-estar que esse trabalho trazia para toda a aldeia, os frequentadores evitavam comentar o assunto, pois Gregory, mais instruído e informado, explicara a todos que a Igreja Ortodoxa Russa, se soubesse, não iria gostar e posicionar-se-ia contra o pequeno agrupamento.

Dessa forma, nossos amigos trabalhavam em determinada noite da semana, e a casa, cada vez mais, enchia-se de novos adeptos. Importantes fenômenos aconteceram, comprovando a veracidade das informações de Allan Kardec.

Excelentes médiuns surgiram. No começo, os interessados, em virtude de sintomas desagradáveis que experimentavam, desejavam única e exclusivamente a cura do corpo. Em um segundo momento, esclarecidos sobre a faculdade mediúnica, capacidade do ser humano de perceber o mundo espiritual de várias maneiras e ser intermediário entre os dois mundos, ficavam assustados. Posteriormente, pelos benefícios que passavam a dispensar à família e aos vizinhos, por intermédio de espíritos amigos, entenderam o quanto podiam ajudar no socorro aos necessitados, modificando suas disposições íntimas, pelas bênçãos que passaram a sentir.

E era nesse ambiente de paz, fraternidade, trabalho e amor que as crianças cresciam. Amparados pelo pai Yuri, que tinha tudo para ser o continuador da obra de Gregory, aprenderiam, desde cedo, a se amar e a respeitar todas as pessoas. A rejeição que poderiam sentir pelo avô Gregory – rival do passado – era neutralizada pelo infinito afeto e ternura com que ele tratava os netos.

As ligações com a avó Ludmila eram intensas. Logo começaram a sentir ciúmes da atenção que dispensava a um e a outro. Todavia, Ludmila sabia anular o ciúme infantil dos netos, dando-lhes o mesmo amor e atenção.

Do mundo espiritual, acompanhávamos tudo, auxiliando nas atividades do grupo espírita e nos problemas e dificuldades de cada um.

Então, vieram dias mais difíceis, em que a guerra gerou a separação do grupo, uma vez que todos os homens com idade de servir o exército foram obrigados ao alistamento militar. Com o passar do tempo, o grupo reduziu-se ainda mais. Com a Revolução Russa, que gerou abusos de toda ordem, infundindo medo à população, sob a lei da violência e do arbítrio de seus comandantes, os bolchevistas proibiram toda e qualquer ideia religiosa.

Temerosos, nossos irmãos russos fecharam-se, impedidos de se reunir nas igrejas, apesar de jamais terem perdido a fé em Deus.

No entanto, o grupo espírita, agora reduzido à família de Gregory e Ludmila, prosseguiu estudando e fazendo suas orações, no recesso do lar.

Alguns anos depois, Gregory e Ludmila retornaram ao mundo espiritual, sendo recebidos com grande alegria pelos amigos deste plano.

Hoje, fazem parte de nossa equipe como membros valorosos, sempre dispostos ao serviço no bem. Disseminam a paz e a concórdia entre os povos.

Ao olhar para o céu estrelado, sinto-me em paz comigo mesmo e com as criaturas. Ergo os braços para o alto e agradeço a Deus pelas infinitas dádivas que me tem oferecido, como as oportunidades de trabalho, que se abrem à minha visão de espírito imortal, ciente da necessidade de realização e progresso, como também de minhas muitas inferioridades ainda por vencer. E, reverente, prosterno-me ante a Majestade Divina e digo:

– Obrigado, Senhor!

Leon Tolstay (LEON TOLSTÓI)

Ao terminar a leitura deste livro, talvez você tenha ficado com algumas dúvidas e perguntas a fazer, o que é um bom sinal. Sinal de que está em busca de explicações para a vida. Todas as respostas de que você precisa estão nas Obras Básicas de Allan Kardec.

Se você gostou deste livro, o que acha de fazer que outras pessoas venham a conhecê-lo também? Poderia comentá-lo com aquelas do seu relacionamento, dar de presente a alguém que talvez esteja precisando ou até mesmo emprestar àquele que não tem condições de comprá-lo. O importante é a divulgação da boa leitura, principalmente a da literatura espírita. Entre nessa corrente!

Levamos o livro espírita cada vez mais longe!

📍 Av. Porto Ferreira, 1031 | Parque Iracema
CEP 15809-020 | Catanduva-SP

🌐 www.petit.com.br
www.boanova.net

✉ petit@petit.com.br
boanova@boanova.net

📞 17 3531.4444

💬 17 99257.5523

Siga-nos em nossas redes sociais.

@boanovaed   boanovaeditora

CURTA, COMENTE, COMPARTILHE E SALVE.
utilize #boanovaeditora

Acesse nossa loja   Fale pelo whatsapp